Cicero
Vom höchsten Gut und vom größten Übel

Marcus Tullius Cicero

Vom höchsten Gut und vom größten Übel

De finibus bonorum et malorum libri quinque

Vollständige Ausgabe
Übersetzt und eingeleitet von Otto Büchler

Anaconda

Ungekürzte Lizenzausgabe der Anaconda Verlag GmbH
© Aufbau Verlagsgruppe GmbH, Berlin 1957
(Die vorliegende deutsche Ausgabe erschien erstmals 1957 als
Band 171 der Sammlung Dieterich; Sammlung Dieterich ist eine
Marke der Aufbau Verlagsgruppe GmbH.)
Diese Ausgabe wurde vermittelt von der Aufbau Media GmbH,
Berlin.

Die Deutsche Nationalbibliothek
verzeichnet diese Publikation in der Deutschen
Nationalbibliographie; detaillierte bibliographische
Daten sind im Internet unter
http://dnb.d-nb.de abrufbar.

© dieser Ausgabe 2008 Anaconda Verlag GmbH, Köln
Alle Rechte vorbehalten.
Umschlagmotiv: »Fortuna« (1580), Gemälde eines
unbekannten italienischen Malers, Kunsthistorisches Museum,
Wien / bridgemanart.com
Umschlaggestaltung: Druckfrei. Dagmar Herrmann, Köln
Printed in Czech Republic 2008
ISBN 978-3-86647-246-4
info@anaconda-verlag.de

Haec . . . vitam omnem continent . . .

Diese Blätter umspannen
das ganze Leben . . .

Cicero, De finibus 1,12

INHALT

EINFÜHRUNG

Ciceros Leben und Werk

Die sechs Jahrzehnte, die das Leben und Schaffen Ciceros in sich beschließen (106–43 v. Chr.), fallen in die bedeutsame Epoche des hundertjährigen Bürgerkrieges (133–31 v. Chr.).

Die Republik Rom hatte sich zwar nach dem Sieg über Karthago und nach der Ausdehnung ihrer Herrschaft über das östliche Mittelmeergebiet, äußerlich gesehen, schon zum römischen Weltreich entwickelt. Aber noch war die Verfassung Roms mit ihrem ursprünglichen Ämterwesen die des alten Stadtstaates, zu dessen äußerem Merkmal es gehörte, daß seine Bürger täglich auf dem Forum erschienen, um ihre politischen Rechte und Pflichten auszuüben. Rom war darum vor eine entscheidende politische Probe gestellt. Würde es die Spannkraft haben, das ganze Land Italien samt den überseeischen Provinzen, die bis jetzt nichts als Ausbeutungsobjekte waren, ohne Schaden für sich selbst in die alte Form der res publica einzugliedern? Ganz Italien mußte zum Weichbild der Stadt Rom werden, und diese selbst zur Kapitale eines einheitlichen Weltreiches, zusammengefügt aus unter sich gleichrangigen Ländern rings um das Mittelmeer. Aber der alte Stadtstaat vermochte diese Aufgabe nicht zu leisten. Die Entwicklung schritt über ihn hinaus zu einer neuen Herrschaftsform.

Zwei politische Vorgänge waren es im großen, die die römische Revolutionszeit charakterisieren: die

Spaltung des römischen Volkes in Senats- und Volkspartei und die militärische Entwicklung, die durch die
Gefährdung der Reichsgrenzen bedingt war.

Diese politische Gesamtlage muß sich vor Augen
halten, wer Cicero bei seinem Eingreifen in die Ge-
schehnisse des staatlichen Lebens recht verstehen will.
Die Wissenschaft bemüht sich neuerdings wieder um
eine gerechtere Würdigung des Vielverkannten.
Lange Zeit stand ihr Cicerobild im Schatten des ab-
schätzigen Urteils von Theodor Mommsen, der ihn
einen »Staatsmann ohne Einsicht, Ansicht und Ab-
sicht[1]« genannt hat. Aber in den hundert Jahren seit
damals hat sich ein bemerkenswerter Wandel voll-
zogen bis zu der heutigen Auffassung, die im folgenden kurz dargelegt werden soll.

Als in zunehmendem Maße die Bundesgenossen
zum Reiterdienst herangezogen wurden, traten die
militärischen Pflichten des bisherigen Ritterstandes
in den Hintergrund. Da es den Senatoren verboten
wurde, Geldgeschäfte in den Provinzen zu machen,
überließ der Senat, der das Amt des Statthalters nur
einem ehemaligen Konsul oder Prätor für je ein Jahr
übertrug, die überseeischen Handelsunternehmungen
und die Beteiligung an den Pachtungen eroberten
Gebietes tatkräftigen römischen Kaufleuten. Diese
streckten dem Staat aus eigener Tasche jährlich die
festgesetzte Steuersumme vor, und darüber hinaus
auch das Geld zur Errichtung öffentlicher Bauten; sie
hielten sich aber dadurch schadlos, daß sie bei der Be-
völkerung der Provinz Steuern in beliebiger Höhe
eintrieben, das römische Staatseigentum gegen geringen Pachtzins an sich rissen und daraus große Privat-
güter bildeten. Ihr Einfluß in Rom wuchs, und dieser
»Geldadel« trat als ein besonderer Ritterstand neben
den alten Amtsadel. den Senatorenstand. Ihren end-
gültigen Ausdruck fand die Trennung der beiden
Stände darin, daß Gaius Gracchus dem Ritterstand

die wichtigen, bis dahin von Senatoren gebildeten Geschworenengerichte auslieferte und veranlaßte, daß der Eintritt in den Senatorenstand an die Bedingung des Austritts aus dem Ritterstand geknüpft wurde. Darunter litt die Macht des Senates, der das römische Gemeinwesen trug.

Die Führerschaft des Staates war uneins geworden. Angehörige des Ritterstandes richteten durch Geschworene auch über die Senatoren. Eine gerechte Beurteilung der senatorischen Statthalter war sehr in Frage gestellt, weil die Ritter als Steuerpächter an der Eintreibung der Steuern in den Provinzen in erster Linie beteiligt waren. Außerdem waren die meisten Angehörigen des Senates wie der Geschworenengerichte bestechlich. Trotz dieser Rivalität waren die beiden Stände doch aufeinander angewiesen und verkörperten zusammen als Senatspartei die »Nobilität«.

Die wenigen Bauern, die nach den jahrzehntelangen Feldzügen seit dem 2. punischen Krieg noch nach Italien heimgekehrt waren und ihr verwüstetes Feld wieder bebauen wollten, verschuldeten; denn die römischen Kaufleute führten Getreide aus Sizilien und Afrika unter ungleich günstigeren Bedingungen ein, und die großen Grundherren warteten nur darauf, die verschuldeten Güter der Kleinbauern billig aufzukaufen, um sie mit zahllosen kriegsgefangenen Sklaven bewirtschaften und in Wein- und Olivenpflanzungen oder große Weideflächen verwandeln zu können. So zogen heimatlose Bauern, Handwerker und kleine Kaufleute in Scharen nach Rom; sie lebten dort als die abstimmende Masse, als Proletarier, von ihrem Wahlrecht in den Komitien. Sie gaben nur solchen Adligen ihre Stimme, die ihnen Brot spendeten und Spiele veranstalteten.

Die bedeutenden und reichen Familien beider großen Gruppen, der Senats- und der Volkspartei, suchten die Leitung des Staates an sich zu reißen, indem sie die Besetzung der Ämter, vor allem auch des Senats, ausschließlich für ihre Mitglieder in Anspruch nahmen. Denn es ging letztlich nur noch um eines: um die Ämter. Die Republik Rom hat sich eben darum einen aristokratischen Charakter bewahrt, weil die Masse im urrömischen Schutzverhältnis der »Klientel« gewöhnt war, sich stets an einen Mächtigeren anzulehnen.

Seitdem wichtige Grenzen des Reiches gefährdet waren, wurde es notwendig, stehende Heere aus Söldnern und Berufsoffizieren zu unterhalten. Nach der Heeresreform des Marius traten an die Stelle der römischen Bauern, die bisher die Legionen gestellt und gerade dadurch die konservativen Kräfte unterstützt hatten, Freiwillige aus den untersten Klassen, die bisher vom regulären Dienst befreit waren. Von jetzt an sind kaum noch Volkstribunen die Führer der Revolutionen als vielmehr Feldherren.

Der militärischen Masse bedeutete der Staat nichts, um so mehr der Feldherr, der ihre Wünsche erfüllte. Aus dem Milizheer sollte später so mancher Kaiser hervorgehen.

Den zwei politischen Entwicklungsgängen im großen entsprechen im Innern zwei Erscheinungsformen des römischen Ämterwesens, an denen sich der revolutionäre Übergangszustand und die Richtung auf das Neue hin ablesen läßt, das am Ende des Bürgerkrieges stehen wird:

In der alten Republik war jedes Amt streng befristet auf eine ganz bestimmte Zeit, keiner durfte zweimal nacheinander das gleiche Amt bekleiden; ferner gab es kein Amt, das nur einen einzigen Träger gehabt hätte. Das Abgehen von diesen beiden Prinzipien legte die Axt an die Wurzeln der römischen Republik. Das gerade Gegenteil der bisherigen Staatsmoral trat ein: »Iterierung« (Wiederholung) und »Kumulierung« (Häufung) von Ämtern und Rechten. Hier liegen die Ansätze zu der bezeichnendsten Erscheinung der römischen Revolutionszeit: dem Hervortreten der überragenden Einzelpersönlichkeit.

Damit ist die Richtung der großen Umbildung gekennzeichnet: der Weg verläuft vom Stadtstaat zum Reich, vom italisch bestimmten Römer zum hellenistisch-römischen Mittelmeermenschen, von der Nobilitätsrepublik zum Kaisertum, von den Gracchen, von Marius und Sulla bis zu Pompeius, zu Caesar und dem Prinzipat des Augustus.

Dieser Prozeß der Ausreifung, als welcher die römische Revolutionszeit anzusehen ist, umspannte weit mehr als ein Menschenalter; er konnte daher weder mit einem Programm auf lange Sicht beginnen, noch von einem einzelnen Menschen, über dessen Lebensdauer Anfang und Ende der Entwicklung hinausreichten, ganz überschaut oder begriffen werden. In der letzten Phase seines Ganges erkannt und bewußt dem Endpunkt zugeführt hat ihn – vielleicht – nur ein Kopf: Caesar. – Daß Cicero dies nicht gegeben war, daß er nicht erkannte, daß der Gemeindestaat die Probleme des Weltreiches nicht mehr zu lösen vermochte, darf ihm nicht als Versagen angerechnet werden: wir werden vielmehr sehen, daß darin gerade seine Größe liegt.

In Arpinum, einem kleinen Bergstädtchen im oberen Liristal, etwa hundertsechzig Kilometer südöstlich von Rom, wurde Marcus Tullius Cicero am 3. Januar 106 v. Chr. geboren. Dort hatte sich noch, abseits vom revolutionären Strudel der Hauptstadt, ein gesundes, kraftvolles Gefühl für die Größe des römischen Staates erhalten. Die Volskerstadt war schon vorher die Geburtsstätte eines berühmten Mannes gewesen, des Gaius Marius, des Besiegers der Teutonen (102) und der Cimbern (101). Dieser zählte schon zu den ersten Feldherrn Roms, als Ci-

cero seine Kindheit im freundlichen Landhaus seiner
Eltern verbrachte. Gleich dem Bauernsohn Marius
war auch Cicero Sohn eines Gutsbesitzers; der Vater,
Marcus, war bei seinem nicht unbedeutenden Vermögen in den Ritterstand erhoben worden. Seine
Mutter Helvia, die einem römischen Beamtenge-
schlecht entstammte, muß früh gestorben sein. Der
Vater, ein einsichtsvoller und recht gebildeter Mann,
opferte seine eigene Behaglichkeit und ging trotz
seiner schwächlichen Gesundheit mit seinen beiden
hochbegabten Söhnen – Bruder Quintus war vier
Jahre jünger als Marcus – frühzeitig nach Rom (97),
wo er ebenfalls ein Haus besaß und viele Bekannte
hatte. Ein Bruder des Vaters lebte in Rom und
konnte den Verwandten in die dortigen einflußreichen Kreise Zugang verschaffen. So wurde Cicero
bei Quintus Mucius Scaevola, dem Augurn, und bei
Quintus Mucius Scaevola, dem Pontifex, Angehörigen eines alten römischen Geschlechtes und ausgezeichneten Rechtsgelehrten, eingeführt. In diesen
Männern kam Cicero in die für sein ganzes späteres
Denken so entscheidende Berührung mit den letzten
Überlebenden des sogenannten Scipionenkreises. Um
Scipio Africanus den Jüngeren, den Eroberer von
Karthago (146) und Numantia (133), hatten sich andere vornehme Römer voller Lernbereitschaft und
Bildsamkeit als begeisterte Verehrer griechischer Kunst
und Wissenschaft versammelt. Unter den Tausenden
von Griechen, die seit den römischen Feldzügen gegen
den Osten in Rom in Gefangenschaft lebten – Griechenland war 146 der Aufsicht des römischen Be-
fehlshabers der Provinz Macedonia unterstellt worden, 133 war das hellenistische Reich von Pergamon
zur Provinz Asia gekommen –, unter hochgebildeten
Männern, Dolmetschern, Ärzten, Bildhauern und
Erzgießern, Malern und Philosophen fanden sich als
Kriegsgefangene auch der griechische Historiker

Polybios sowie der griechische Stoiker Panaitios.
Beide gerieten in den Freundeskreis um Scipio, Panaitios ist 141 sogar Begleiter Scipios auf der Ge-
sandtschaftsreise in den Orient gewesen. Im Scipionenkreis war zum ersten Mal »eine innere Verbindung, eine Lebensbeziehung zwischen griechischer
Philosophie und dem Römer geknüpft worden[2]«.
Noch kurz zuvor hatte sich in altem, echtem Römer-
sinn der berüchtigt strenge Censor Marcus Porcius
Cato (234–149), Redner, Staatsmann und Geschichts-
schreiber, gegen alles Fremde, zu dem sich die Römer
verlocken ließen, erhoben; und doch hatte auch er im
Jahre 155 die Vorträge des griechischen Philosophen
Karneades in Rom gehört, hatte offen zugegeben,
griechische Lehren könnten die römische Art berei-
chern, und sich noch als alter Mann von einem Sklaven in griechischer Sprache unterrichten lassen.

Als Ausdruck für die tiefe Verbindung von griechischem und römischem Wesen, von römischer
Adelszucht und dem griechischen Ideal der Menschlichkeit ist aus dem Scipionenkreis die Parole der
»Humanitas«, der »Menschlichkeit«, erwachsen und
von den Römern dem Abendland weitergegeben
worden.

Im Hause Scaevola empfing der junge Cicero zusammen mit anderen jungen Leuten die ersten
Kenntnisse in den Rechtswissenschaften. Daneben
hörte er möglichst viele Sachwalter und politische
Redner bei Gerichtsverhandlungen und Versamm-
lungen auf dem Forum. Die gefeierten Redner des
Forums, unter deren Eindruck damals Cicero stand,
waren Marcus Antonius, der Großvater von Ciceros
späterem Gegner, und Lucius Licinius Crassus. Ein
Grundzug römischen Wesens war bei Cicero besonders stark ausgeprägt, ohne den man sein ganzes
Wirken in der Öffentlichkeit nicht verstehen kann:
der politische Ehrgeiz, sich aus der Masse des Volkes

zu erheben, zu den Ämtern, zur Magistratur, zu gelangen und am Ende der Laufbahn zum Ziel römischen Ehrgeizes, zum Konsulat. Konsul sein oder gewesen sein bedeutete, die höchste Anerkennung durch
die Volksgenossen erlangt haben. Die Magistratur
erschließt den Zugang zum Senat und damit die Zu-
gehörigkeit zur höchsten politischen Körperschaft
Roms[3]. Im politischen Leben hochkommen konnte
nur, wer über die Waffe verfügte, durch die er die
Menschen gewinnen, durch die er sich selbst vor jeder
Verurteilung schützen konnte: die Redekunst. Neben
lateinischen Rhetoren waren griechische Lehrbücher
Ciceros Vorbilder.

Auch den Kriegsdienst sollte der junge, kaum mehr
als fünfzehnjährige Cicero kennenlernen. Als Schwer-
bewaffneter nahm er an dem Marsischen oder Bundesgenossenkrieg (91–88) teil, jenem blutigen Kampfe
Roms mit den alten Völkerschaften Italiens, allen
voran den Marsern, der nach schweren Opfern doch
mit der Übertragung des römischen Bürgerrechts an
alle Italiker südlich des Po endete.

Von diesem frühen Kriegserlebnis rührten Ciceros
Verwünschungen über das widerwärtige, unmusische
Soldatenleben her, die man noch später von ihm
hören konnte.

Im Jahre 88, da der Bundesgenossenkrieg durch
das Nachgeben des Senates beendet wurde, brachen
zwei neue Kriege aus. Mithridates, der König von
Pontus, war in die römische Provinz Asia eingedrun-
gen, hatte dort alle Römer töten lassen und war schon
nach Griechenland übergesetzt. Rom stand vor der
Frage, wem man den Oberbefehl gegen Mithridates
übertragen solle: dem Volksmann Marius oder dem
hocharistokratischen Sulla, dem Vertreter der Senatspartei. Der Senat erteilte dem damaligen Konsul
Sulla den Auftrag, die Volksversammlung dem Marius. Der Bürgerkrieg (88–82) brach los. Sulla scheute

vor der Gewalt nicht zurück, unter seinem Befehl zogen römische Legionen, die schon zur Überfahrt nach Kleinasien bereitgestanden hatten, gegen Rom. Sulla erkämpfte schnell die Herrschaft, Marius und die anderen Führer der Volkspartei wurden zum Tod verurteilt. Kaum jedoch war Sulla zur Kriegführung gegen Mithridates aufgebrochen, rief der aus der Volkspartei erwählte Konsul Cinna den flüchtigen Marius aus Afrika zurück. In den schlimmsten Jahren 87 und 86 nahmen die Marianer Rom ein und erstickten durch ihr Schreckensregiment das geordnete politische Leben und damit auch das Gerichtswesen. Sulla wiederum zog im Jahre 83 als Sieger über Mithridates in Rom ein und ließ sich das Amt des Diktators auf unbestimmte Zeit übertragen. Durch die Achterklärungen, die sogenannten Proskriptionen, seiner Gegner sollen über 100 Senatoren und 2000 Ritter ermordet, ihre Güter eingezogen worden sein. Durch mehrere Gesetze brachte Sulla den Senat und damit die Nobilität wieder in die alte Machtstellung. Unumschränkt gebot er drei Jahre lang über das Gemeinwesen. Die Gewalttätigkeiten dieser Jahre schreckten Cicero offenbar ab, er verhielt sich ruhig; den Krieg gegen die Vaterstadt hielt er für das größte Übel.

Mehr als ein halbes Jahrzehnt war er vom Jahre 87 an wieder dem Studium zurückgegeben. Er erzählt im »Brutus« (308 f.): »In dieser ganzen Zeit habe ich Tag und Nacht im Studium aller Gebiete des Wissens gelebt.« In jenen Jahren taucht bei Cicero zum erstenmal der Gedanke an ein Leben in wissenschaftlicher, literarischer Tätigkeit auf. Von dem politisch-rhetorischen Werk Ciceros her findet – wie Friedrich Klingner deutlich gezeigt hat – nur der den Weg zu dem ganzen, wahren Cicero, der sich bewußt gemacht hat, daß Cicero »der Philosophie bedurfte, um sich Welt und Dasein zu vergeistigen und bedeutsam er-

scheinen zu lassen[4]«. Dieses »wissenschaftliche Wesen«, dieser »Drang zum Geistigen«, diese »Fähig-
keit, das Vielfältige zu durchdringen, zu gliedern,
geistvoll zu behandeln, so daß es leicht wird[5]«, zeigen
sich schon beim frühen Cicero in dem Wunsch nach
»Vermählung von Redekunst und Philosophie«, einem Grundmotiv zur »Konstanz« und »Einheit der
Gestalt[6]« Ciceros.

So kam Cicero schon im Proömium seiner Jugendschrift, dem rhetorischen Handbuch »De inventione«
(1, 1), das in den achtziger Jahren abgefaßt und veröffentlicht wurde, zu dem Urteil: »Weisheit ohne
Beredsamkeit hat den Staaten zu wenig genützt; Beredsamkeit aber ohne Weisheit schadet meistens über
die Maßen, nützt jedenfalls niemals.«

Gerade von der stoischen Philosophie des Panaitios, unter deren Einfluß die beiden Scaevola gestanden hatten, war die scharfe Begriffsbildung für die
Rechtswissenschaft vorbildlich. Mit dem Stoiker Dio-
dotos blieb Cicero bis zu dessen Tod im Jahre 59 eng
verbunden. Wenn Cicero auch manche Schroffheiten
und oftmals die Lebensferne der Stoa verspottete und
bekämpfte, so nahm er ihr gegenüber doch eine ganz
andere Haltung ein als gegenüber der Weltanschau-
ung Epikurs. Ihr, die das Wohl des Einzelnen pflegt
und den Dienst an der Gemeinschaft ablehnt, ist
Cicero, der sich als Staatsmann, als Mann der Tat
der Allgemeinheit nicht entziehen durfte, stets fremd
geblieben. Wesentlich geeigneter war für den Grüb-
ler, der sich ernsthaft mit Fragen der Erkenntnis und
der Lebensführung befaßte, die akademische Philosophie mit der Erkenntnistheorie des Karneades
(Schulhaupt der Akademie um 160–137), die Cicero
durch die Vorträge des Philon von Larissa in Rom
kennenlernte. Philon, das Schulhaupt der Akademie nach Karneades und Kleitomachos in Athen,
war im Jahre 88 vor den Heeren des Mithri-

dates aus Athen geflüchtet und nach Rom gekommen. Von ihm lernte Cicero vor allem ein planmäßiges, geordnetes Denken sowie die Verbindung der Rhetorik mit der Philosophie, die Betonung der praktischen Konsequenz aus der Philosophie, der Ethik. Zum eleganten Vortrag bot die stoische Dialektik eine gute Ergänzung. Cicero bezeichnete sich selbst als Angehörigen der Akademie. Denn den Standpunkt, aus den verschiedenen Schulen das Beste auszuwählen, legte ihm die akademische Schule sehr nahe; sie war ja der Überzeugung, daß die Erkenntnis der Wahrheit unmöglich sei, daß bei der Forschung nach der vermeintlichen »Wahrheit« höchstens die »Wahrscheinlichkeit« zu erreichen sei. Und doch war die Entscheidung, die Cicero traf, keine Zufallswahl, sondern sie wurde durch seine persönliche Eigenart bestimmt. Seine Wahl zwischen verschiedenen philosophischen Schulen verrät eine vorbildhafte, schwer zu befriedigende Wahrheitsliebe.

Mit Sullas Sieg gab sich Cicero trotz der Proskriptionen zufrieden, weil er die Ordnung wiederherstellte; über Sulla selbst aber legt er in seiner Schrift »Vom höchsten Gut und vom größten Übel« (3, 75) dem Cato die Worte in den Mund: »Sulla war in drei verderblichen Lastern Meister: in der Schwelgerei, der Habsucht und der Grausamkeit.«

In den Wirren der Bürgerkriege waren viele bedeutende Redner ums Leben gekommen; die Bahn für die öffentliche Tätigkeit war für Cicero, der gerade 25 Jahre alt geworden war, frei. In seinen Gerichtsreden »Für Quinctius« (81) und »Für Roscius aus Ameria« (80) verstand es Cicero, die jeweilige Angelegenheit in ein für die Öffentlichkeit bedeutsames Licht zu setzen, mit unbestechlicher Redlichkeit und Unerschrockenheit aufzutreten und sich dadurch einen Namen zu machen. Meisterhaft erfüllte Cicero nun schon eine der höchsten Anforderungen aller

Kunst, Licht und Schatten richtig zu verteilen, Pracht
und Nützlichkeit harmonisch zu vereinigen in strenger Formenschönheit[7].

Die Anstrengungen seiner Ausbildung und die
Aufregungen des Rechtsstreites um Roscius hatten
Ciceros ohnehin schwächliche Gesundheit so ange-
griffen, daß er im Jahre 79 Rom verließ, um seine
Studien in Griechenland, in Kleinasien und auf der
Insel Rhodos fortzusetzen. Das halbe Jahr in Athen
hat der Fleißige, stets Lernbegierige zur Abrundung
seiner Schulung in Rhetorik benutzt, die in Fortführung der Übung aus Athens klassischer Zeit Klarheit
und Übersichtlichkeit erstrebte; dann aber lebte er
vor allem der Vertiefung seiner philosophischen Bildung. Besonders wichtig waren ihm die Vorträge des
Antiochos von Askalon, eines Schülers jenes Philon,
den er in Rom gehört hatte. Des Antiochos Bemü-
hungen, die Lehren der stoischen Schule mit denen
der Akademie in Einklang zu bringen, erschienen
dem praktischen Römer annehmbar. Antiochos hat
betont, daß die Akademiker, die Peripatetiker und
die Stoiker einen gemeinsamen Bestand platonischer
Wahrheiten ererbt haben, der mehr wert sei als die
Unterschiede in ihren Lehren. Er war nicht schöpfe-
rischer Denker genug, um ein eigenes philosophisches
System aufzubauen, aber er rang ehrlich um eine
eigene Überzeugung und Klarheit. Seine Ethik baute
er ganz nach dem Vorbild der Stoa auf, indem er vom
ersten Naturtrieb aus das Lebensziel des Menschen
entwickelte, wie uns dies von Cicero im fünften Buch
von »De finibus« vorgeführt wird. – Ein persönliches
und direktes Verhältnis aber hatte Cicero zu Platon
selbst. Und zwar wirkte Platon auf ihn nicht als der
attische Politiker und Erzieher, sondern »gerade das
Unpolitische, das schon auf den Kreis der unmittelbaren Platonschüler am stärksten gewirkt hatte, findet beim Politiker Cicero seinen Widerhall, die gro-

ßen Gedanken von der Nichtigkeit alles Irdischen und Menschlichen[8].«

In Athen schloß Cicero den Freundschaftsbund mit dem ungefähr gleichaltrigen römischen Ritterssohn Titus Pomponius, den er schon als Mitschüler von Rom kannte; dieser hatte den Beinamen Atticus, der Attiker, weil er sich jahrelang in Athen aufgehalten und in Sprache und Benehmen den Athenern vollkommen angeglichen hatte. Seine Liebenswürdigkeit, seine hohe Bildung sowie sein geringer Ehrgeiz nach Ämtern haben ihn zu großer Beliebtheit in Athen und Rom kommen lassen. Atticus mußte später nach Rom zurückkehren, um dort Bankier und großer Verleger zu werden. Von der gemeinsamen Zeit in Athen an datiert der reiche Wechsel von – rund 400 – Briefen zwischen den beiden Freunden. Diese sogenannten Atticusbriefe – im ganzen sind uns von Ciceros Briefen fast 1000 erhalten – begleiten welterschütternde Vorgänge durch einen Zeitraum von etwa 20 Jahren, darunter einzelne fast von Tag zu Tag, gelegentlich sogar von Stunde zu Stunde, und lassen uns in einer für das Altertum beispiellosen Weise in das Innere eines Menschen blicken und ihn bei seinem Schaffen belauschen.

Zu Atticus und Cicero gesellten sich in Athen noch Ciceros Bruder Quintus, sein Vetter Lucius und der junge Piso. Die herrlichen, ehrfurchtsvollen ersten Sätze des fünften Buches von »De finibus« legen beredtes Zeugnis darüber ab, wie dankbar und begeistert Cicero noch in seinen letzten Lebensjahren an die geheiligten Stätten der Akademie zurückdenkt, die er während seiner Studienzeit in Athen mit gleichgestimmten Gefährten aufgesucht hat.

Dem vorwiegend philosophischen Halbjahr folgten drei rhetorische bei verschiedenen bedeutenden Rednern in Kleinasien, der Heimat der damals berühmtesten Rhetoriker, sowie auf der Insel Rhodos.

Auf Rhodos fand er bei Molon, dem Redner mit klassischer Klarheit, ein Gegengewicht gegen den asiatischen Schwulst der Beredsamkeit. Daneben erweiterte er auch seine philosophische Bildung durch Studien bei dem Stoiker Poseidonios, der damals der größte Gelehrte war.

Durch Weltkenntnis und fleißiges Studium reich gefördert und so vortrefflich wie möglich auf den Rednerberuf vorbereitet, kehrte Cicero im Jahre 79 nach Rom zurück. Schon im Jahre 76 wurde er einstimmig zum Quästor gewählt und stand damit auf der ersten Stufe der Beamtenlaufbahn. In dieser Eigenschaft eines Staatsschatzmeisters – so könnte man diese Tätigkeit bezeichnen – ging er mit Peducaeus, einem Proprätor, also Statthalter, für ein Jahr nach Sizilien; in Lilybaeum, an der Westspitze Siziliens, hatte er seinen Amtssitz. Seiner Hauptaufgabe, die im Aufkauf von möglichst viel Getreide für Rom bestand, entledigte er sich so gut, daß er bald im Ruf der Gerechtigkeitsliebe, Uneigennützigkeit und Gewissenhaftigkeit stand.

Die guten Beziehungen zu den Siziliern sollten Cicero bald sehr zustatten kommen, als im Jahre 70 Gaius Verres angeklagt wurde, durch Ämterschacher und Steuerschwindeleien, durch Erpressungen, unmittelbaren Raub und andere Rechtsbeugungen die Provinz Sizilien schamlos ausgebeutet zu haben. Verres gehörte der Nobilität an und hoffte, mit Hilfe seines Verteidigers Hortensius, des gefeierten Sachwalters der extremen Nobilität, vor dem rein senatorischen Gerichtshof trotz seines unerhörten Amtsmißbrauchs freigesprochen zu werden – ein Zeichen des damaligen sittlichen Tiefstandes der Nobilität. Cicero mußte sich zuerst in der Vorverhandlung gegenüber Caecilius das Recht der Anklage gegen Verres erstreiten, warf dann, frei von Selbstsucht, dem Hortensius die gewissenlose Beschützung unwür-

diger Angehöriger der herrschenden Schicht vor und
stellte die Mißbräuche der Senatsherrschaft bloß,
ohne den Senat selbst anzugreifen. Verres ging vor
Ausgang des Prozesses freiwillig in die Verbannung.
Cicero veröffentlichte sein für diesen erfolgreichen
Prozeß gesammeltes Material in einer großen Schrift,
den fünf verrinischen Reden. Nur die erste Rede
wurde vor Gericht gehalten, die übrigen sind nachträglich ausgearbeitet; sie sollen Ciceros Rednerruhm
vergrößern. Mit unwiderstehlicher Wucht stürzt Cicero über den Tempelschänder, Plünderer, Leute-
schinder und Wüstling Verres her und weiß den
manchmal eintönigen Stoff, die Aufzählung all der
von Verres entwendeten Kunstgegenstände, immer
wieder mit geradezu homerischer Frische zu beschreiben.

Durch seine Tätigkeit als Sachwalter war Cicero so
berühmt und beliebt geworden, daß er in der Ämter-
laufbahn regelmäßig und ohne Fehlschlag aufrückte.
Im Jahre 69 wurde er kurulischer Ädil, höherer Poli-
zeibeamter in Rom; damit waren ihm Marktschutz,
Straßenbau, Feuerwehr und Verkehr, Erhaltung der
Bauwerke und Pflege der öffentlichen Spiele unterstellt. Im Jahre 66 wählte man ihn zum Praetor ur-
banus, zum obersten Richter in Rom. Als solcher
leitete er als Vorsitzender eines Gerichtshofes die
Untersuchungen für Erpressungsprozesse; auch die
Überwachung des Überseehandels und der Steuer-
erhebung in den Provinzen lag in seinen Händen.

Das Amt des Prätors hat Cicero auch zu seinem
ersten politischen Auftreten veranlaßt. Gnaeus Pompeius, einst eifriger Anhänger Sullas und der Optimaten, der nach seinem Triumph über die Marianer
im Jahre 81 von dem Heer und Sulla als der »Große«
begrüßt worden war und nach seinen Kämpfen gegen
den Marianer Sertorius in Spanien neuerdings sich
den Popularen genähert hatte und im Jahre 70 zu-

sammen mit Marcus Licinius Crassus Haupt der
Popularen und Konsul gewesen war, hatte im Jahr 67
überraschend schnell die Seeräuberplage beseitigt.
Nun stand eine neue schwere Aufgabe bevor. In dem
(dritten) Krieg gegen Mithridates, den erbittertsten
Feind der Römer nach Hannibal, hatte Lucius Lici-
nius Lucullus zwar große Erfolge erzielt, aber sein
Heer verweigerte, von politischen Gegnern der hoch-
aristokratischen Feldherrn aufgehetzt, diesem den
weiteren Vormarsch. Den Antrag des Volkstribunen
Gaius Manlius, die Kriegführung mit außerordentlichen Vollmachten dem sieggewohnten Feldherrn
Pompeius zu übertragen, befürwortete Cicero in
seiner meisterhaften Rede »Über den Oberbefehl des
Gnaeus Pompeius« (66). Cicero vertrat dabei auch die
Interessen des Ritterstandes, zu dem er durch seine
Abstammung selbst gehörte; erhoffte er sich doch von
den Erfolgen des Pompeius eine geordnete Finanz-
wirtschaft im Osten. Die Vereinigung von Ritter- und
Senatorenstand zu gemeinsamer Arbeit, die sogenannte »concordia ordinum«, war stets das Ziel seiner politischen Tätigkeit. Mit der Generation, die
Sullas Schreckensherrschaft überlebte, verabscheute er
Bürgerkrieg und Gewalttat. Aber auch bei der Volkspartei gewann Cicero durch sein strenges Vorgehen
gegen alle Übeltäter, auch wenn sie aus den höchsten
Ständen kamen, sowie durch sein entschiedenes Eintreten für Pompeius einen immer größeren Anhang.
Er hatte Freunde in rechtlich denkenden Menschen
aller Stände. So wurde Cicero im Jahre 63 zusammen mit einem gewissen Gaius Antonius zum Konsul
gewählt. Durch eigene Kraft hatte er das höchste Amt
im Staate erlangt, das gewöhnlich nur Angehörigen
des Amtsadels zufiel.

Daß er von allen gewählt wurde, verdankte Cicero
außer seiner Beliebtheit der Gefahr, die von seinem
Mitbewerber Lucius Sergius Catilina drohte. Catilina

stammte aus einem einst sehr angesehenen Patrizier-
geschlecht der Stadt, war aber durch einen wüsten
Lebenswandel verkommen. Schon im Jahre 65 war
ihm der Versuch mißlungen, sich durch Ermordung
der Konsuln selbst an die Spitze des Staates zu bringen. Sein Sieg hätte ein Wüten wie im ersten Bürgerkrieg, eine Aufhebung aller Schulden, ein Schreckensregiment zusammen mit anderen Gewalthabern, aber
keine Neuordnung bedeutet. Aus Furcht davor hat der
Adel und der Senat Roms statt des Catilina den Cicero
zum Konsul erwählt, dessen Ziel ja die Aufrecht-
erhaltung der Ordnung war. Nach Ciceros Auffassung war sein Konsulatsjahr das ruhmreichste Jahr
seines Lebens. Catalina fiel bei den Wahlen für das
nächste Jahr wieder durch und wollte nun mit Gewalt den Umsturz herbeiführen. Cicero enthüllte vor
dem Senat in einer seiner berühmtesten Reden, der
ersten catilinarischen, mit dem ganzen Aufwand seiner Entrüstung die Pläne des Gegners, von denen er
Kunde erhalten hatte, bis Catilina sich entschloß, die
Stadt zu verlassen, um die Banden, die er in Etrurien
gesammelt hatte, gegen Rom zu führen. Die obersten
Beamten Roms sollten von seinen zurückgebliebenen
Freunden ermordet werden. Cicero selbst entging
glücklich dem Anschlag auf sein Leben, zu dem sich
zwei Genossen Catilinas bereiterklärt hatten. Alle
Rädelsführer der Bewegung wurden durch Ciceros
umsichtiges Verfahren ihrer Pläne überführt und
aufgrund der von Senat den Konsuln übertragenen
diktatorischen Vollmachten – gegen Caesars War-
nung und mit des sittenstrengen Marcus Porcius Cato
Unterstützung – hingerichtet. Cicero wurde mit Recht
als der Unterdrücker der drohenden Anarchie und
als Retter des Staates gepriesen. Dieser Erfolg ist der
Höhepunkt seines staatsmännischen Wirkens. Seinen
Ruhm hat er selbst auch später oft hervorgehoben und
ein wahres Schauergemälde des glücklich vermiede-

nen Unterganges entworfen. Er glaubte aufgenommen zu sein unter die größten Namen der Vergangenheit. Doch seit seinem Konsulatsjahr ist Cicero – politisch gesehen – zwei Jahrzehnte lang von Stufe zu Stufe gestürzt bis zu seinem bitteren Ende im Jahre 43.

Die Angehörigen des Senates, die Ciceros Wahl zugelassen hatten, um der catilinarischen Gefahr zu entgehen, hatten zumeist trotz des drohenden Zusammenbruchs nicht in dem Maße das Wohl des Ganzen im Auge wie Cicero; er blieb für sie bei all seinen Verdiensten der Emporkömmling. Sie schätzten den größten Lumpen, wenn er nur zu ihnen gehörte, höher als Cicero, den »Vater des Vaterlandes«. Dies sollte er anläßlich eines Skandals im Hause des damaligen Oberpriesters (Pontifex Maximus) Gaius Julius Caesar erfahren. Als dort im Dezember 62 das Fest der »Bona Dea« gefeiert wurde, zu dem nur Frauen Zutritt hatten, ertappte man den liederlichen Publius Clodius in Weiberkleidung; er hatte sich dort eingeschlichen, um Caesars Gattin zu verführen. Ciceros alter Gegner Hortensius setzte durch, daß Clodius von bestochenen Geschworenen abgeurteilt und – freigesprochen wurde. Cicero sollte als Zeuge im Prozeß dem Clodius den Gefallen tun auszusagen, daß Clodius während der Nacht jenes Frauenfestes nicht im Hause Caesars gewesen sei. Cicero gefiel es nicht, sich den Clodius zu verpflichten, geißelte dessen vornehme Gönner und verhöhnte die bestechlichen Richter. Damit schuf er sich einen rücksichtslosen Todfeind. Clodius ließ (59) sich im Einvernehmen mit Caesar, der es schlauerweise nicht mit ihm verdarb, zum Volkstribunen wählen, nachdem er sich von einem Plebejer – denn nur den Plebejern war dieses Amt zugänglich – an Sohnes Statt hatte annehmen lassen. Als Volkstribun brachte Clodius dann die Erneuerung des alten Gesetzes durch, das den, der römische Bürger ohne Urteil hinrichten ließ, für vogelfrei erklärte.

Schon kurz nach seinem Konsulatsjahr hatte Cicero erkennen müssen, daß seine Rettungsaktion nicht von dauernder Wirkung sein sollte. Die Geschlossenheit von Senat und Ritterstand, die er im Augenblick der Gefahr erreicht hatte und als sichere Grundlage seiner Politik im Geiste der Väter ansah, zerbrach. Die Feldherrn von den Außenfronten waren schon weit auf dem Weg, Herren des Staates zu werden. Die Machthaber Pompeius, Caesar und Crassus beherrschten das Feld; sie hatten im Jahr 60 ein geheimes Bündnis, das erste Triumvirat, geschlossen.

Pompeius war im Jahre 61 nach der völligen Besiegung des unheimlichen Mithridates und nachdem er die Verhältnisse in den abhängigen Gebieten Kleinasiens, Syriens und Palästinas in Ordnung gebracht hatte, zurückgekehrt und hatte seinen Triumph gefeiert. Doch war er nicht die kluge, rücksichtslose Persönlichkeit, sich gegen alle Hindernisse zum Führer des Staates zu machen. Durch den Widerstand der Optimaten gegen seine in Asien getroffenen Maßnahmen verletzt, verbündete er sich mit Caesar und Crassus.

Gaius Julius Caesar, nach Herkunft Patrizier, dem römischen Uradel angehörend, war wegen der Familienverbindung mit Marius in den Strudel der sullanischen Ausrottungsaktion geraten, ihr aber entronnen und seitdem unentwegter Anhänger der Volkspartei. Soeben hatte er sich als Statthalter im jenseitigen Spanien durch selbstherrliche und glänzende Kriegstaten hervorgetan.

Crassus war der reichste Mann Roms. Sein Beitritt zum Triumvirat war für Caesar eine Stärkung gegenüber Pompeius.

Wegen Tötung von Catilinas Genossen verließ Cicero, der gegen die Umtriebe des Clodius keine

Stütze fand, freiwillig Rom. Als Clodius ihn durch
ein zweites Gesetz ächten ließ, mußte er Italien verlassen; sein Besitz verfiel dem Staat, sein Haus auf
dem Palatin wurde geplündert und verbrannt.

Die Zeit der Verbannung (von April 58 bis August 57) verbrachte Cicero teils in Thessalonike (Salo-
niki), teils in Dyrrhachium (Durazzo), wo er auf die
Erlaubnis zur Rückkehr wartete. Hemmungslos gab
er sich in den Briefen an den Freund Atticus seiner
oft verzweifelten Stimmung hin. Ängstlich verfolgte
er jeden Versuch, ihn zurückzurufen. Schon vom Jahr
61 an sprach Cicero in seinen Briefen an Freund und
Bruder in großer Sorge von der neuen, ernsten Be-
drohung. Schwach, elend, wandelbar und fast schon
verloren sieht er die Republik, sieht die Geltung des
Senats und die von ihm geschaffene Einheit der
Stände durch Caesars Verfassungsverletzungen untergraben.

Clodius schreckte auch vor Angriffen auf die
Triumvirn nicht zurück. Daher gaben diese auf eifri-
ges Betreiben der Optimaten zu, daß der Senat Ciceros Heimkehr befürwortete; ein Volksbeschluß rief
Cicero zurück. Durch Unteritalien zog er wie im
Triumph, der Jubelruf der Menge geleitete ihn in
Rom zum Kapitol. Im Senat und vor dem Volk sprach
er in überschwänglichen Worten seinen Dank aus
(57). Als nahenden Untergang des ganzen Staates,
Vernichtung des Senates, Niederwerfung des Ritterstandes, Tilgung aller Rechte und Einrichtungen der
Vorfahren brandmarkte Cicero in den Reden nach
seiner Rückkehr, auch in der bedeutenden für Sestius
(56) und in dem Angriff auf Piso, seine Niederlage
und das Werk seiner Gegner.

Doch er mußte erkennen, daß die große Politik
auch nach seiner Rückkehr ganz unabhängig von seiner Person der Umwälzung zutrieb, die er im Konsulat Caesars (59) zum ersten Mal geahnt hatte. Denn

in jenem Jahre setzte der Aufstieg Caesars zur realen
Macht ein: er erhielt das langfristige Kommando zur
Eroberung von Gallien (58–51), die Caesar unver-
geßlichen Ruhm und das beste Heer der Zeit einbrin-
gen sollte. Cicero sah den Caesar – nach Friedrich
Gundolfs Worten – »als ein Wunder von Kraft,
Geist, Feinheit und Fülle, groß durch Gaben und
Taten, und als den ruchlosen Staatsverderber und
Volksverführer, der sein Ingenium zum Unheil übe,
ja mit einer Lust am Bösen⁹.« Caesar dagegen ist der
wahren Leistung seines Gegenspielers eher gerecht
geworden. Er sprach von den großen Verdiensten, die
sich Cicero durch den Reichtum seiner Rede um den
Namen und die Würde des römischen Volkes erworben habe (Cicero, Brutus 253) und tröstete ihn zum
Ersatz für das geringere Glück in seinem politischen
Leben mit den Worten, der Triumph des Schrift-
stellers sei höher zu bewerten als der des Feldherrn,
denn »mehr ist es, des römischen Geistes Grenzen so
weit vorgetrieben zu haben, als die des Reiches«
(Plinius, nat. hist. 7, 117). Als ehemaliger Konsul
fühlte sich Cicero zu politischer Tätigkeit verpflichtet,
doch mit seinem Einfluß und mit der Zusammen-
arbeit von Senat und Ritterschaft war es vorbei. Es
kam die Entfremdung des Pompeius mit dem Senat,
die Erneuerung des Dreimännerbundes zu Lucca
(56). Cicero, der sich eifrigst seiner Anwaltstätigkeit
widmete, um durch sie die verlorene Stellung wieder-
zugewinnen, mußte zahlreiche Demütigungen über
sich ergehen lassen. Im Senat und vor Gericht zeigte
er sich den Machthabern gefügig. Schon im Jahr 56
aber und noch deutlicher in den folgenden Jahren der
Erniedrigung äußerte er in Briefen die Erkenntnis:
einen Staat, das ist für ihn die vom Senat geführte
Republik, gebe es nicht mehr.

In dieser Zeit wandte sich Cicero der wissenschaftlichen Arbeit zu. Es beginnt die erste Periode seiner

philosophisch-rhetorischen Schriften (55–51). In dem
großen Werk »Vom Redner« (55) legte er seine
reiche Erfahrung als Anwalt und Staatsmann nieder
und zeichnete das Bild des philosophisch durchgebil-
deten Redners. Der Redner, von dem wesentlich
Wohl und Wehe der Staaten abhängt, muß die Geschichte, die Philosophie und das Recht kennen. Im
Hinblick auf diese Einstellung, die übrigens schon
in der Jugendschrift »De inventione« zutage tritt,
spricht Gundolf das schöne Wort: »Cicero war der
letzte, der Staatsideale noch lebte und wirkte, indem
er sie spielte[10]!« In diese Schaffensperiode fällt auch
Ciceros wohl bedeutendstes aller theoretischen
Werke: die sechs Bücher »Über den Staat«, die er im
Jahre 54 begonnen und im Jahre 51 herausgegeben
hat.

Die Hauptgedanken dieser Schrift Ciceros muß
sich vergegenwärtigen, wer sich über das zweite
Grundmotiv klar werden will, das neben der besprochenen »Vermählung von Redekunst und Philosophie« die Einheit und Konstanz im Wesen Ciceros
begründet.

Ciceros Werk ist ein mit voller künstlerischer Freiheit
gestaltetes Gegenstück zu Platons Politeia. Sein Staat
ist auf Rom bezogen und so ein zeitgebundenes Vorbild, ist in Geschichte und Natur verankert und nicht,
wie Platons Staat, eine in der Idee gegründete ewige
Norm. Cicero geht von der Auffassung aus, daß res
publica (Gemeinwesen, Staat) soviel ist wie res populi (Angelegenheit des Volkes); dabei ist unter
populus eine Gemeinschaft zu verstehen, die zu-
standekommt durch Übereinstimmung in Recht und
Nutzen. Vorgeführt wird die Entwicklung der drei
Grundformen der Verfassung, der monarchischen,
aristokratischen und demokratischen. Nach zwei Gesichtspunkten werden diese drei Grundformen kriti-
siert: einmal nach der Gerechtigkeit in der Vertei-

lung der Rechte, hergeleitet aus der Forderung der
Natur, jener Gerechtigkeit, die alle Spannungen ausschließt und die Verantwortlichen der Würde entsprechend einsetzt; sodann nach der Dauer ihres Be-
standes. Das Königtum hat den Fehler der Unbeständigkeit. Beständigkeit weist die Mischverfassung
auf, gemischt aus den drei Grundformen, aber gerecht und maßvoll gemischt und so festen Bestand
versprechend. Doch bewährt sich diese nur, wenn sie
von den geeigneten Männern ausgewertet wird:
Macht ohne Recht ist dem Untergang ausgeliefert.
Macht muß mit Sittlichkeit in Einklang stehen. In
seine gemischte Verfassung baut Cicero den »Princeps« ein, den Mann der Initiative für den Nutzen
des Gemeinwesens, den obersten Lenker und Rat-
geber, den Wächter über das Gleichgewicht. Die von
Aristoteles und anderen Griechen geschaute Dauer
des Staates steigert der Römer Cicero zur Ewigkeit
des Staates (3, 34). Der Gedanke der Ewigkeit Roms
wird später auch von Vergil, Horaz und Livius ausgesprochen als der Glaube der Zeit des Augustus.
Der ideale römische Staat kann nach Ciceros Denken
so wenig untergehen wie das Weltall. Ebenso wie das
Weltall durch göttliche Führung geleitet wird (ille
princeps deus, 6, 26), hat auch der echte princeps im
römischen Staate seinen göttlichen Auftrag. Er ist –
wie Cicero – Staatsmann und Philosoph.

Es ist Ciceros großes Verdienst, daß er, ausgehend
von griechischen Gedankengängen, die Wiederbesin-
nung auf altrömische Werte und den Glauben an die
alte römische Lebensordnung in Zeitgenossen und
Nachwelt geweckt hat; geweckt aus dem verpflichten-
den Vorbild der großen römischen Führergestalten,
vor allem des Scipio und der Männer des Scipionenkreises. Zu ihnen hat er ein Verhältnis der Vereh-
rung, als seien sie seine eigenen Ahnen. Er sieht die
Not des Staates der Gegenwart und ahnt wohl das

Kommende, und unbewußt hilft er das Neue vorbereiten: In der Bindung an die Tradition, also nach den Gedankengängen von Ciceros »Staat«, zielte der Ehrgeiz des jungen Octavianus, des späteren Princeps Augustus, nicht auf Diktatur oder Königtum, sondern darauf, in seinem Volke der Erste zu sein, nach dem Beispiel des Glaukos bei Homer, Ilias 6, 208: »Immer der Beste zu sein und vorzustehen vor allen.«

In dem »Traum des Scipio«, mit dem Cicero sein Werk »Vom Staat« im sechsten Buch krönt, stellt er den Eingang des Staatslenkers in die Ewigkeit in Aussicht. »Allen Rettern, Helfern und Mehrern des Vaterlandes ist im Himmel ein bestimmter Ort bereitet, an dem sie selig ein ewiges Leben genießen werden. Denn nichts ist dem höchsten Gott, der die ganze Welt regiert, von allem, was auf Erden geschieht, angenehmer als rechtlich geschlossene Verbände und Einheiten der Menschen, die wir Staaten nennen. Deren Lenker und Retter gehen von hier aus und kehren hierher zurück.« (6, 13). Zu dem Ruhm unter den Menschen tritt nun der himmlische Ruhm. Durch die Betrachtung der Himmelsordnung wird der Staatsmann zur höchsten Leistung auf Erden befähigt, aus den ewigen Regionen holt er sich die Gesetze seiner Tätigkeit; so gewinnt er sich Unsterblichkeit. Der politische Führer ist also getragen von göttlicher Sendung. –

Durch eine Veränderung der Bestimmungen über die Statthalter wurde Cicero im Jahre 51 genötigt, einen Verwaltungsposten anzunehmen, und zwar als Statthalter in Kilikien (51–50). Cicero verließ Rom und sein politisches Leben ungern, gerade jetzt, wo die Eintracht zwischen Caesar und Pompeius gefährdet war und er sich bei seinen gegenwärtig freundlichen Beziehungen zu beiden einen Erfolg versprechen durfte. Er nahm seinen Bruder Quintus als Legaten mit, weil man in Kilikien einen Parthereinfall befürchten mußte. Doch die Parther blieben ruhig, und Cicero verwaltete menschlich und uneigennützig sein Amt. Zum Dank riefen ihn seine Soldaten nach der Eroberung einiger kilikischer Bergfesten zum Imperator aus. Seine Hoffnung, als Triumphator in Rom einzuziehen, wurde jedoch vereitelt, weil im Streit zwischen Caesar und Pompeius eine kriegerische Auseinandersetzung unvermeidlich schien.

Das zweite staatswissenschaftliche Werk, die drei Bücher »Über die Gesetze«, wurde im Jahr 51 begonnen, ist aber unvollendet geblieben. Die Gesetze, die Cicero in diesem Werk aufgezeichnet hat, sollten zum Gesetzbuch eines im »Staat« entworfenen idealen Staates werden (De legibus 3, 4). Sie wollten rein römisch sein und gleichzeitig dem ewigen Naturgesetz entsprechen. Das römische Rechtsgefühl ist dabei also dem allgemein-menschlichen, dem natürlichen Rechtsgefühl gleichgesetzt. Der Bürgerkrieg und Caesars Herrschaft haben aber praktische Vorschläge im Sinne einer ciceronischen Politik unmöglich gemacht.

Die zahlreichen Briefe aus den Jahren des Bürgerkriegs zwischen Caesar und Pompeius (49–45) lassen uns bis ins einzelne verfolgen, wie Cicero den jeweils neu sich darbietenden Augenblick des Geschehens politisch einzuordnen versuchte. Cicero war eben, wie Otto Seel sagt, «nichts mehr als derjenige, der auf seine Zeit Antwort gab: der seismographisch empfindliche Zeiger für das Beben, dem seine Welt im Widerstreit eindeutigerer und zugleich primitiverer Kräfte und Gewalten ausgesetzt war ... Deshalb konnte Ciceros Werk nur aus jener so anstößigen Zwischenstellung heraus getan werden, innerhalb deren er weder entschiedener Caesarianer noch Pompeianer, weder Stoiker noch Epikureer, weder nur aktiver noch nur kontemplativer Philosoph zu sein vermochte ... Die Welt sieht er stets als Welt gege-

bener Ordnungen, und die Aufgabe des Menschen findet er nicht in herrischer Formung und Änderung,
sondern im dienenden Sich-Einfügen[11].«

So kann sich also Cicero die eine Seite der Um-
wandlung ausmalen: die Auflösung des Alten, an
dem sein Herz hängt. Wohl sieht er klar, daß Pompeius und Caesar nach der Alleinherrschaft streben
und den Kampf bis zur Vernichtung des Gegners,
aber auch der alten Staatsordnung führen werden.
Ganz fest stand ihm dies bei Caesar, den er denn
auch in seinen Briefen als Tyrannen bezeichnete.
»Wenn er siegt, dann sehe ich ein Blutbad, den An-
sturm auf das Geld der Privatleute, die Rückkehr der
Verbannten, die Tilgung der Schulden, die Einset-
zung der Lumpen in die Ämter, ein Königsregiment,
wie es nicht einmal ein Perser, geschweige denn ein
Römer ertragen könnte[12].«

Von beiden Machthabern wurde Cicero umworben,
denn der Anschluß einer sittlich einwandfreien Persönlichkeit sollte ihre Sache stärken. Daß Pompeius
der Schwächere war, erkannte er. Obgleich es für ihn
unfaßlich war, daß Pompeius Italien preisgab und
den Bürgerkrieg in das Reich trug, folgte Cicero nach
qualvollem Zögern doch dem Pompeius und ging
nach Dyrrhachium. Er beteuerte, er tue dies aus
einem letzten Rest von Anhänglichkeit an den Mann,
der ihm einmal Gutes getan hatte. Nach dem Sieg
Caesars über das Heer des Pompeius in der bruder-
mörderischen Schlacht bei Pharsalos (48) und der Ermordung des Pompeius in Ägypten konnte Cicero
seine Verbindung mit den Pompeianern leicht lösen.
Wohl waren ihm die Pläne Caesars, der nach Pharsalos den Osten des Reiches an sich riß, undurchsich-
tig. Den Krieg gegen den Sieger fortzuführen schien
ihm aussichtslos; in völlig gebrochenem Zustand kam
er in Brundisium an und wartete dort (48/47) auf
Caesars Rückkehr, um seine Begnadigung zu erlan-

gen. Von Caesar ehrenvoll behandelt, zog er sich nach Tusculum zurück. »Ich konnte mir vom Untergang des Staates nichts versprechen, manches aber von dem, was von ihm übrigblieb«, schrieb er im Sommer 47 an Gaius Cassius[18]. Auch nach der Aussöhnung mit dem Sieger blieb Cicero noch zurückhaltend. Die Kunde von Caesars blutigem Sieg bei Thapsus in Afrika (47) gab Cicero neue Hoffnungen und ließ neue schriftstellerische Pläne aufkommen. In diese Pläne hinein fiel die Nachricht, daß der alte Cato auf den gleichen Sieg Caesars hin sich in Utica das Leben genommen habe, um den Untergang der Republik nicht zu überleben. Cicero kam sich tief gedemütigt vor. Cato sah keine Hoffnung mehr und ging in den Tod; Cicero wollte noch nicht sterben, weil er seinen Staat nicht als tot betrachten konnte: deshalb stürzte er sich in die Hoffnung. Hatte er in seinen Staatsschriften mit allem Aufwand versucht, der politischen Kraft und Klugheit der großen römischen Ahnen eine Vorrangstellung vor den griechischen Weisen zu erringen, so sah er sich jetzt noch vor eine sehr schwierige Aufgabe gestellt: vor die der kulturellen Rechtfertigung der Überlegenheit Roms.

Die vielen philosophischen Schriften, die nun in einer zweiten Periode rhetorisch-philosophischen Schaffens (44–46) folgen, entspringen letztlich dem hohen Ziel Ciceros, im Wettstreit mit der griechischen Philosophie der Geistesbildung in Rom einen hohen Rang zu begründen und seinen Römern eine eigene Tradition zu schaffen. »Ich glaubte immer«, – so schreibt er in seinem Werk »Über die Natur der Götter« (1,7) –, »vor allem um unseres Gemeinwesens willen müsse ich die Philosophie unseren Römern nahebringen; denn ich erachtete es als von hoher Bedeutung für die Ehre und den Ruhm unseres Staates, daß ein so bedeutender, so erlauchter Gegenstand auch in lateinischer Sprache behandelt werde.«

Nach zwei rhetorischen Schriften, dem »Brutus, de oratoribus« (April 46), einer Geschichte der Beredsamkeit von Cato bis Cicero, die Ciceros ganzen Bildungsgang darstellt, und dem »Orator« (November 46) traf Cicero ein schwerer Schicksalsschlag: der Tod seiner Tochter Tullia im Februar 45. Kein Mensch hatte ihm so nahegestanden. Wochenlang mied er jede Gesellschaft und zog sich in die Einsamkeit von Astura und Tusculum zurück. Er fand in sich selbst keinen Trost, deshalb las er alles, was an Literatur über diese Frage aufzufinden war, er gestaltete diese Gedanken sogar zu einer »Trostschrift an sich selbst« (März 45). Es galt, die Geister zur Beschäftigung mit der Philosophie aufzurufen. Dies war die Aufgabe des Dialogs »Hortensius« (März 45). Die Schrift, die einen Anruf an das Ewige im Menschen darstellt, ist uns leider verloren; aber wir vermögen ihre Bedeutung daran zu ermessen, daß ihre Lektüre die sittliche Bekehrung des späteren Heiligen Augustinus einleitete.

Es folgten im Mai 45 die vier Bücher »Academica«, im Juni 45 die fünf Bücher »Vom höchsten Gut und vom größten Übel«, im August die fünf Bücher »Gespräche in Tusculum« und ganz kurz darnach die drei Bücher »Über die Natur der Götter«. Das Jahr 44 brachte die Werke »Cato der Ältere, vom Greisenalter«, »Von der Weissagung«, »Vom Schicksal«, »Laelius, über die Freundschaft«, die drei Bücher »Über die Pflichten« oder – treffender übersetzt – »Vom rechten Handeln«.

Die Arbeit an den philosophischen Schriften wurde jäh unterbrochen durch Caesars Ermordung an den Iden des März 44. Um die Verschwörung hatte Cicero nicht gewußt, aber sein Name war das Symbol der Republik; der Caesarmörder Brutus beglückwünschte Cicero zur Wiederherstellung der Freiheit. Rückhaltlos begrüßte Cicero den Mord des Tyrannen, begründete diese Auffassung im Werk »Vom rechten Handeln« nachträglich mit den Lehren der stoischen Ethik[14] und verkündete sie ohne Ende in den »Philippischen Reden«.

Aber seine politische Beurteilung des Staatsmannes Caesar war völlig unzureichend. Noch fragwürdiger wurde Ciceros Verhalten, als er die Tat der Tyrannenmörder nur als eine Halbheit bezeichnete im Hinblick auf Marcus Antonius, Caesars Günstling und Reiterobersten, der sich als Erben und Rächer des Ermordeten fühlte und Herr der Lage war: »Der Tyrann ist tot, es lebt der Tyrann[15].« Nach Monaten des Zweifelns und Wartens eröffnete Cicero gegen Ende des Jahres 44 nochmals mit Schwung den Kampf für seine wirklichkeitsfernen Vorstellungen. Er versuchte, zwischen Antonius und den Caesarmördern zu vermitteln, um so die Einigkeit der Bürger im Staat wiederherzustellen.

Da erschien Gaius Octavius, Caesars Neffe und Testamentserbe, aus Griechenland. Er trat als Gaius Julius Caesar Octavianus vor Antonius hin und forderte die Herausgabe von Caesars Privatvermögen. Antonius weigerte sich. Der freigebige Octavian bildete mit Leichtigkeit ein Heer aus den zahlreichen alten Anhängern Caesars und führte es gegen Antonius. Er erreichte, daß der Senat ihn zum Konsul bestimmte und die Caesarmörder verurteilte. Auf Ciceros Betreiben wurde Antonius von den Konsuln (des Jahres 43) Hirtius und Pansa und von Octavianus besiegt. Cicero öffnete dem Octavianus den Anschluß an die Senatspartei, an deren Spitze Cicero noch ein Mal stand. Aber bald machten die Senatoren dem Octavianus Schwierigkeiten aus Furcht, er werde eine neue Alleinherrschaft errichten. Um den Widerstand des Senats zu brechen, versöhnte sich Octavianus mit Antonius: Antonius, Octavianus und der Statthalter Galliens, Lepidus, bildeten Ende 43 das zweite

Triumvirat. Der Macht dieser drei Verbündeten, die zusammen über den größten Teil der Legionen verfügten, war der Senat nicht gewachsen. Gleich Sulla beseitigten sie ihre Gegner durch Proskriptionen. Hunderte von Senatoren, Tausende von Angehörigen des Amts- und Geldadels verloren Leben, Hab und Gut. Auch Cicero hatte verspielt. Octavianus opferte dem Haß des Antonius den Mann, den er für sich bis zuletzt ausgenutzt hatte, dem er mehr als seinem Großoheim Caesar verpflichtet war. Cicero erhielt die Nachricht, daß sein Name mit dem seines Bruders Quintus auf der Totenliste stehe, in Tusculum. Die Brüder beschlossen, nach Makedonien zu reisen. Dabei wurde Cicero am 7. Dezember 43 in der Nähe seines Landguts bei Formiae auf der Flucht ermordet. Sein Kopf steckte wenige Tage später auf der Rednerbühne des römischen Forums.

Tatsächlich ist der Staat, wie Cicero ihn erträumt hatte, mit ihm zugrundegegangen. Und doch ist Cicero nicht wirklich besiegt worden. Denn nicht Caesars Monarchie ist wiedererstanden, sondern was Octavianus Augustus schuf, war zunächst wieder die Aristokratie, freilich unter Anerkennung des einen, alle überragenden Mannes, des Princeps: die Staatsform also, die als Ideal dem Scipionenkreis aus der Tradition der besten römischen Zeit vorgeschwebt hatte. Cicero hat die neue Staatsform mit schaffen helfen. Er hat durch seine Schriften das nationale Empfinden mit wachgerufen, das allein den wunderbaren Aufstieg des Octavianus von der Übernahme des Triumvirats bis zur Schlacht von Aktium (31) und der Befriedung des Orients ermöglichte.

Als Würdigung von Gestalt und Werk Ciceros, von seiner Geltung für Rom und die Welt kann man heute folgendes sagen: Cicero ist der glänzendste römische Redner und der größte Meister der lateinischen Sprache. Sein sprachliches Talent und seine philoso-

phische Bildung haben zusammen der lateinischen
Sprache den Prosastil geschaffen, der sie zu einer Kul-
tursprache erhoben hat. Seine Reden und sein Briefwechsel bieten eine unschätzbare, noch immer nicht
vollständig ausgenutzte Quelle für die Geschichte
seiner Zeit. Durch Selbsterzählungen und Selbst-
bekenntnisse in Reden und vor allem in Briefen ist
er uns von allen Menschen des Altertums am genaue-
sten bekannt. Seine philosophischen Schriften zeich-
nen sich nicht nur durch die weiträumigen Passagen
seiner Satzkonstruktionen und Klarheit ihrer Sprache
aus, sondern ihr Gehalt hat eine unabsehbare Wirkung auf die Völker des Abendlandes ausgeübt. Cicero hat dem Glauben an seine Bestimmung gelebt,
die hohen Bildungselemente des Griechentums seinem
Volke zu gewinnen und sie mit den Grundsätzen altrömischen Lebens, mit der Urkraft seines Volkes zu
verschmelzen: mit Ernst und Festigkeit, mit Großmut
und Rechtschaffenheit, mit Treue und Mannestugend
(Tuscul. 1, 1 f.). Dabei sind die Überlieferung der
Vorfahren, die heimische Sitte, die Gesetze, die Fa-
milienordnung, die Stellung des Senates und der Re-
ligionsordnung für ihn die Autorität. So ist Cicero
der letzte große Vertreter republikanischer Ideen,
der kein anderes Ziel sieht als die Erneuerung des
Staates der Väter. Er ist der Erwecker des Glaubens
an die ewige Sendung Roms, an die Unvergänglich-
keit von Staat und Reich, an den göttlichen Auftrag
des »Princeps«. Den Führungs- und Herrschaftsan-
spruch der Römer über die Völker hat er erstmals
formuliert und auf Gerechtigkeit als die Forderung
der Natur, auf die verpflichtende Leistung des römischen Volkes in der Vergangenheit sowie auf den
Willen der unsterblichen Götter gegründet[16]. Wohl
konnte von ihm der ewige Bestand des römischen
Staates nur in den Bahnen der Vergangenheit gedacht werden. Und doch hat Cicero mit diesen Ge-

dankengängen »dem neuen Staat des Augustus geistig und seelisch, staatstheoretisch und gesinnungs-
mäßig den Boden bereitet[17]«.

Cicero hat die griechische Philosophie in Rom und
damit im Abendland endgültig »eingebürgert[18]« und
ihr in seinem selbständigen – römischen – Verhältnis
zu ihrem Gehalt eine eigenwüchsige Formung gegeben.

Cicero ist – für das Abendland und die Welt – der
gebildetste aller Römer, der durch das Griechische
immer römischer geworden ist. Er ist der erste und
begabteste Künder und Repräsentant der Humanitas
gewesen, jener Welt- und Lebensanschauung, die
die Liebe zum angestammten Vaterland, dazu aber
auch die Anerkennung der Welt als des größeren Vaterlandes, die Abstreifung der Selbstliebe, die Pflege
der Seele zur Bestätigung edelsten Menschentums in
Muße, in Kunst und Wissenschaft, die volle Entfal-
tung des Menschlichen als des Menschenwürdigen in
sich begreift.

Entstehung und Anlage von »De Finibus«

Bereits am Ende der ersten Periode seines philosophisch-rhetorischen Schaffens, in seinem 51 v. Chr.
verfaßten Werk »Über die Gesetze« (1,52) bemerkt
Cicero, »das höchste Gut sei eine umstrittene Sache,
über die die bedeutendsten Philosophen voneinander
abwichen, dennoch müsse sie dereinst entschieden
werden«. Also war wohl schon damals der Plan zu
dem Werk gefaßt. – Am 16. März 45 findet sich in
einem Brief an seinen Freund Atticus (ad Atticum
12, 13, 2) die erste Anspielung auf die bevorstehende
Arbeit an dem Werk. Nach dem Abschluß der »Academica« am 13. Mai 45 (ad Atticum 12, 14, 3) wird
Cicero mit der Niederschrift von »De finibus« begon-

nen haben. In einem Brief an Atticus vom 30. Juni 45
(13, 19, 4) wird die Vollendung des Werkes mitgeteilt. Die Niederschrift hat also etwa anderthalb Monate gedauert. Wenn man bedenkt, daß im Herbst
45 schon weitere fünf Bücher, die »Gespräche in Tusculum«, vollendet waren, deren Niederschrift kaum
vor dem 30. Juni begonnen haben kann, und daß im
selben Jahr noch mindestens große Teile der drei
Bücher »Von der Natur der Götter« verfaßt wurden,
so bekommt man einen überwältigenden Eindruck
von dem unermüdlichen Schaffen dieses Mannes.

Das Werk bezeichnet Cicero selbst (ad. Att. 13,
12, 3) mit dem griechischen Ausdruck »Peri telon syn-
taxis«, wie er schon bei den griechischen Philosophen
gebräuchlich war. Das griechische »telos«, lateinisch
»finis«, bedeutet hier nicht »Ziel, Zweck«, sondern
»das Höchste, das Äußerste[19]«. Daher ist der Singu-
lar »finis bonorum« soviel wie »höchstes Gut«, »finis
malorum« soviel wie »größtes Übel«. Der Plural faßt
zusammen: höchstes Gut und größtes Übel. Der Titel
»De finibus« bezeichnet also nicht die verschiedenen
Ansichten der einzelnen Schulen über das telos.
Trotzdem wollte Cicero in diesem Werke nicht –
oder zumindest nicht in erster Linie – von sich aus
eine Theorie dieses Höchsten im Guten und Übeln
geben, sondern doch auch die Ansichten der Alten
vortragen, wie dies deutlich aus dem berühmten
Überblick über seine bisherigen Leistungen in der
Schrift »Über die Weissagung[20]« vom Jahr 44 hervorgeht: »Und da die Grundlage der Philosophie in
der Frage nach dem Äußersten im Guten und Bösen
ruht, so ist dieses Gebiet von uns in fünf Büchern bearbeitet worden, damit man erkennen könne, was
von jedem und was gegen jeden Philosophen vorgebracht werde.«

Gewidmet ist die Schrift dem Marcus Junius Brutus, einem der Mörder Caesars, dem auch später die

Schriften »Über die Natur der Götter« und »Gespräche in Tusculum« zugeeignet sind. Auch die Schriften »Brutus, über die Redner« und »Der Redner« waren nach ihm genannt bzw. ihm gewidmet.

Als seine Gesprächspartner in den ersten beiden Büchern, im ersten der drei Gespräche also, in welchem Epikurs Lehre vom höchsten Gut dargestellt wird, führt Cicero den Lucius Manlius Torquatus und Gaius Valerius Triarius ein: Freunde des Brutus, dem die ganze Schrift gewidmet ist. Der Vater des Torquatus war ein Jugendgenosse und später ein treuer Freund Ciceros. Der Ort des Gesprächs ist Ciceros Landgut bei Cumae. Die gedachte Zeit ist das Jahr 50 v. Chr.

Das dritte und vierte Buch umfassen das zweite Gespräch, das die Ethik der Stoiker behandelt, ihre Auffassung des höchsten Gutes mit deren Widerlegung. An dem Gespräch nehmen nur Cicero und Marcus Cato teil. Die Widerlegung der stoischen Ethik wird von Cicero selbst als Gegner des Cato vorgetragen. Als Quelle hat Cicero dazu vor allem ein Werk des Antiochos von Askalon »Peri telon« benutzt. Der Ort des Gesprächs ist das Landgut des Lucullus bei Tusculum, die gedachte Zeit das Jahr 52 v. Chr.

Im fünften Buch will Cicero die Ethik der alten Akademie Platons und der Peripatetiker (Schüler des Aristoteles) darstellen. Doch er bietet sie in der Umgestaltung, die sie zu seiner Zeit durch Antiochos von Askalon erfahren hatte. Der Form nach enthält das Buch die Schilderung eines (dritten) Dialoges, der im Jahre 79 bei Ciceros Studienaufenthalt in Athen zwischen seinem Freund Marcus Piso, Titus Pomponius, Lucius Cicero, Quintus Cicero und ihm selbst in den Gärten der Akademie stattgefunden haben soll. Cicero hatte sich damals nach der Verteidigung des Sextus Roscius zur Erholung nach

Athen begeben und sechs Monate lang die Vorlesun-
gen des Antiochos gehört. Marcus Piso war ein Ken-
ner der Philosophie und ein Mann griechischer Bildung: er muß die Herzensmeinung des Cicero, die
peripatetische Lehre, vortragen.

Das fünfte Buch enthält also die wichtigste Partie
des ganzen Werkes (5,24–74). Zur Erleichterung der
Lektüre des Ganzen sei sie hier kurz skizziert. Es
handelt sich um die eigene Lehre des Antiochos von
Askalon über die Lebensziele. Wir haben es also in
dem Werk als Ganzem nicht etwa mit einem bezie-
hungslosen Überblick über die Lehren der Epikureer,
Stoiker und Peripatetiker zu tun. Vielmehr liegt der
ganzen großen Darstellung sehr wohl ein genauerer
Plan und im tiefsten die Kritik der verschiedenen Lebensziele zugrunde, und zwar so, wie sie Antiochos
aufgrund eines Schemas des Karneades, eines seiner
Vorgänger in der Leitung der Akademie, entworfen
hatte. Da ein Hauptanliegen dabei in der kritischen
Auseinandersetzung mit der stoischen Lehre bestand
– wofür das Buch 4 bestimmt war –, so hat Cicero in
wohlüberlegter Gruppierung den Inhalt dieser Lehre
deren Kritik vorausgeschickt (Buch 3). In ähnlicher
Weise sind auch die Bücher 1 und 2 angelegt, die das
Gespräch über Epikurs Lebensziel enthalten: der
eigentlichen Kritik des Antiochos geht dort eine Darstellung über Epikurs Lehre vom höchsten Gut voraus (Buch 1); weitere Angriffe gegen seine Lehre folgen ihr (Buch 2).

Die nun in Buch 5 geradezu folgerecht daraus her-
vorgehende eigene Lehre des Antiochos bringt in ihrem Kernstück eine »Philosophie des Menschen« und
seiner Lebensziele. Lebenserfüllung ist: volle Entwicklung des Menschenwesens mit Körper *und* Geist
aus seinen ursprünglichen Anlagen heraus. Wahre
Weisheit vermag die ganze Menschennatur in einer
Gesamtschau zu sehen, angefangen vom Triebhaften,

von den »ersten naturgemäßen Dingen«, von Gesundheit, Kraft und normalem Körperbau bis zum höchsten Grad seelischen Lebens, zur sittlichen Vollkommenheit. Solche Weisheit führt den Menschen in die Nähe des Göttlichen und so zum höchsten Glück. Das höchste Gut ist also das »naturgemäße Leben«, das heißt ein »Leben nach der allseitig voll entwikkelten und nichts entbehrenden Menschennatur« (vivere ex hominis natura undique perfecta et nihil requirente, De fin. 5, 26). — »Von den tierhaften ersten Regungen der Selbsterhaltung beim Säugling bis zur Lebensmeisterschaft des erleuchteten, vollkommenen Menschen... reicht der unzerreißbare Zusammenhalt einer Natur. Stufenweis äußert sich das Naturanliegen in immer höheren Formen. Das Geistige tritt immer entschiedener, reiner und höher hervor. Doch werden dabei die Stufen nicht preisgegeben, sie gehören auch in der Vollendung mit zum Vollbestand des Menschenwesens, zur Lebenserfüllung[21].« Wenn Epikur in seiner Lehre von den Lebenszielen den Leib allein, der Stoiker Zenon die Seele allein berücksichtigt, so ist beides gleich einseitig. Die Gesundheit des Leibes und die Unversehrtheit seiner Teile sind also auch wirkliche »Güter«, unter denen die sittliche Vollkommenheit einen unvergleichbaren Vorrang hat.

»Das Menschenwesen ist in seiner Entwicklung mit all den Übergängen und Steigerungen eine Entelechie. Am Anfang ist die Vollendung angelegt, in der Vollendung der Anfang noch enthalten ... Das Eigentümliche dieses Gedankens darf man darin sehen, daß Zusammenhalt und Einheit der vielen verschiedenen Entwicklungsstufen gleicherweise bedacht sind wie der weite, mühselige Weg und die Gefahr des Verfehlens. Das Ganze der so aufgebauten Entelechie ist Gegenstand des ehrfürchtigen Staunens, aber auch der Sorge[22].«

Gesamtwürdigung von »De Finibus«

Es ist nunmehr dreiundachtzig Jahre her, seit das
Werk »De Finibus« zum letzten Mal ins Deutsche
übertragen wurde. Während vom vergangenen Jahr-
hundert im ganzen fünf deutsche Übersetzungen vor-
liegen[23], hat unsere Zeit, die doch an anderen philosophischen Schriften Ciceros durch Textausgaben und
sogar durch mehrere Übertragungen der gleichen Schrift
ihr bisweilen recht lebhaftes Interesse bekundet hat,
diesem Werk bis heute kaum Beachtung geschenkt.
Ausnahmen bilden lediglich die letzte, 1915 erschie-
nene Teubner-Textausgabe von Th. Schiche und einige wenige wissenschaftliche Untersuchungen zu Quel-
lenfragen[24]. Das ist um so erstaunlicher, als dieses
zusammen mit den »Gesprächen in Tusculum« doch
umfangreichste philosophische Werk einst als die
»vielleicht vorzüglichste unter den eigentlichen philosophischen Schriften Ciceros« galt[25]. Zudem bezeichnete Cicero selbst die in »De finibus« vorgetragenen
Lehren der Ethik im Vorwort zum zweiten Buch
»Über die Weissagung[26]« bei seiner Rückschau über
seine bisherigen philosophischen Werke als »Grundlage der Philosophie«.

Die vorliegende Arbeit erscheint gerade in dem
Jahr, da die Welt, zweitausend Jahre nach seinem
Tode, der Bedeutung Ciceros für die Geistesgeschichte
besonders gedenkt. Wenn hiervon der Anstoß ausgehen könnte, daß man in naher oder fernerer Zukunft
nach langer Zwischenzeit auch diesem Werke Ciceros
wieder sein wissenschaftliches Augenmerk zuwende,
so empfände darin der Übersetzer die schönste Ge-
nugtuung. Es sei nur auf die bereits erwähnte Bedeutung des fünften Buches verwiesen mit seiner Lehre
von der Menschennatur und ihren Lebenszielen. In
keinem der vielen philosophischen Werke Ciceros
wird uns ein so klares und zusammenhängendes Bild

von seiner Auffassung vom Menschen gegeben wie
hier. Allein von dieser »Anthropologie« dürften noch
manche Anregungen zur Auseinandersetzung mit ihr
aus philosophischer, pädagogischer und auch religiös-
weltanschaulicher Sicht ausgehen. – Wie gerade diese
Lehre vom Menschen, die uns Cicero aus der nachplatonischen griechischen Philosophie aufbewahrt, in
der Humanitätsauffassung Herders »in eigentümlich
gewandelter Gestalt« bis auf unsere Tage fortlebt,
hat Friedrich Klingner in seinem Aufsatz »Humanität und Humanitas[27]« dargelegt.

Man hat in den letzten Jahrzehnten oft auf die
Ordnung spezifisch römischen Denkens und römischer
Lebensführung hingewiesen, in die Cicero seine Ver-
kündigung hoher ästhetischer und sittlicher Ideale
durch Auswahl und Betonung einbezieht. »Cicero
stellt nicht griechische Philosophie, sondern griechische Philosophie in Rom dar«, formuliert Richard
Harder diese Tatsache[28]. Man hat von der »wunderbar sammelnden und klärenden Verbindung« gesprochen, die »die formenden Kräfte griechischen Denkens mit der gestaltenden Diesseitigkeit römischer
Tatwelt« eingegangen sind[29]. Genauer untersucht
und beleuchtet ist aber diese äußerst bedeutsame Erscheinung bis jetzt fast nur an dem Werk »Vom
Staat[30]«. Es wäre eine reichen Gewinn versprechende
Aufgabe, die römischen Wertbegriffe in »De finibus«, das doch neben den »Gesprächen in Tusculum«
und dem Werk »Vom rechten Handeln« das bedeu-
tendste der vielen philosophischen Werke aus den
letzten drei Jahren von Ciceros Leben ist, daraufhin
zu untersuchen, ob Cicero ein Jahrzehnt nach seinem
»Staat« noch genau die gleiche Wertskala hat, oder
ob nach den inzwischen fortgesetzten ausgedehnten
Studien griechischer Schriften in seinem Spätwerk
eine Abwandlung in der Sicht der früheren ethischen
Hauptbegriffe und in dem Erkenntnisdrang Ciceros

greifbar ist. Die Untersuchung z. B., die wir im folgenden an dem Vorkommen des Wörtchens caelestis bei Cicero anstellen werden, deutet auf einen solchen Wandel der Gesichtspunkte hin.

Was nun der Übersetzer selbst dem Pulsschlag des Werkes an Begriffen und Lehren abgelauscht hat, die, zumal für unsere Zeit, in besonderem Maße beispielhaft und richtungweisend sein können, soll unter fünf Gesichtspunkten betrachtet werden: Ad maiora nati sumus – Dignitas – Humanitas – Animi oblectatio – Cognitio rerum caelestium.

In »De finibus« nämlich lebt in einem einzigen Werk ein großes Stück Geisteswelt der Antike fort und richtet einen »Stufenbau menschlicher Werte[31]« vor uns auf. Hier tritt besonders kraftvoll die Wahrheit dessen zutage, was erst kürzlich Wolfgang Schadewaldt in seiner Schrift über »Sinn und Wert der humanistischen Bildung im Leben unserer Zeit[32]« gesagt hat: »Bei der unerhörten Entschiedenheit, mit welcher die beiden Völker der Antike ihr Leben gelebt haben, bei der großen Dichte der Substanz, aus der heraus sie das Erlebte mit größter Formklarheit und Eindringlichkeit im Begriff versammelt und in der Gestalt ebenso scharf umrissen wie lebendig hingestellt haben, haben diese Gedanken und Gestalten jener Griechen und Römer es an sich, daß man sie dann, wenn man ihnen einmal wirklich begegnet ist, nie vergißt. Man lernt von ihnen nicht nur etwas, man wird etwas an ihnen. Nicht nur Wege öffnen sich hier, sondern man lernt gehen.«

Ad maiora nati sumus. – Zu Beginn des ersten Gesprächs kennzeichnet Cicero, um den Gesprächspartner Torquatus zu einer ausführlicheren Darlegung der Lehre Epikurs über das höchste Gut und das größte Übel zu veranlassen, in kurzen ablehnenden Sätzen Epikurs Einstellung auf den einzelnen Gebie-

ten der Philosophie. Sobald er dabei auf das Gebiet
der Logik zu sprechen kommt und eben erwähnt hat,
Epikur mache zu Richtern über alle Dinge die Sinne
des Menschen, hören wir zu Ciceros Urteil, daß
»keine andere Ansicht eines Menschen unwürdiger«
sei, die begründenden Worte (1, 23): »Denn zu etwas
Größerem hat uns die Natur ins Dasein gerufen und
gebildet« (ad maiora enim quaedam nos natura ge-
nuit et conformavit). – Noch eindringlicher aber stellt
Cicero nach dem Vortrag des Torquatus in seinen
Schlußworten, wo er in Körper und Seele des Menschen den Zug nach Vollkommenheit hervorhebt, den
gleichen Gedanken vor uns hin (2,113): »Zu etwas
Erhabenerem und Bedeutungsvollerem, glaube mir's,
Torquatus, sind wir geboren« (ad altiora quaedam et
magnificentiora, mihi crede, Torquate, nati sumus).
– Im Laufe seiner Widerlegung des stoischen Systems
im vierten Buch kommt Cicero an einer sehr gewichtigen Stelle des Ganzen, nämlich da, wo schon deutlich
die peripatetische Lehre von der Leib-Geist-Natur
des Menschen anklingt, mit der später das fünfte
Buch die Darlegungen krönen und beschließen wird,
auf das Beispiel früherer Philosophen zu sprechen
(4,42), die, »von den Sinnen ausgehend, etwas Größeres und Göttlicheres erblickten« (. . . quidam philo-
sophi, cum a sensibus profecti maiora quaedam et
diviniora vidissent, sensus reliquerunt). – Und ein
viertes und letztes Mal wird dem Leser dieser empor-
reißende Gedanke eingehämmert, wieder, wie immer, von Cicero selbst vorgetragen, ein viertes Mal
im Plural gegeben (maiora), ein viertes Mal mit dem
Wörtchen »etwas« (quaedam) verbunden – als ob
dieser Gedanke in Ciceros Geist sich zu einem fest-
geprägten Anliegen an die Mit- und Nachwelt ver-
dichtet hätte –, und ein viertes Mal an entscheidender
Stelle des Werkes. Kurz vor der Darstellung der peripatetischen Lehre des Menschen nämlich werden

weitere Untersuchungen über die möglichen und tatsächlich aufgestellten Meinungen über das höchste
Gut abgewiesen mit den Worten (5,21): »... Wir
haben von der Lust abzusehen, weil wir zu etwas Höherem, wie sich bald zeigen wird, geboren sind«
(... quando ad maiora quaedam, ut iam apparebit,
nati sumus).

Hier tritt mit auffallender Eindringlichkeit und
zum ersten Mal – zumindest aus römischem Munde,
soweit uns bekannt ist – ein großer und mitreißender
Gedanke auf, der in der Geistesgeschichte des Abendlandes seine Rolle spielt.

Dignitas. – Nach dem sehr anmutigen Beginn des
Gesprächs im Bezirk der Akademie in Athen, jener
schönsten aller Expositionen Ciceros, die die Darlegungen des Höhepunktes, des fünften Buches, einlei-
tet und in der von den mannigfachen Örtlichkeiten
die Rede ist, die als »ein Stück Geschichte« durch
große Männer der Vergangenheit geheiligt und stets
des Besuches wert seien, hat Marcus Piso eine kleine
Einschränkung vorzubringen (5,6): »Allerdings, mein
Cicero, verrät diese Neigung, wenn sie die Nachahmung großer Männer zum Ziele hat, einen geistvollen Menschen (ingeniosorum sunt), wenn sie aber nur
darauf ausgeht, Spuren alter Erinnerung zu erforschen, so ist es nichts als Neugierde). –

Wenn nun an *einem* Begriff in der reichen Skala
römischer Werte echt römisches Wesen aufgezeigt
werden kann, so soll anhand von Stellen unseres
Werkes einer der zentralsten kurz behandelt werden:
der Begriff der Dignitas (»Würde«). Die zwölf in unserem Werk vorhandenen Stellen geben allein sechs
Abstufungen und somit ein ziemlich umfassendes
Bild dieses wichtigen römischen Wertbegriffes.

Zum ersten spricht der Römer von »species et dignitas formarum«, von der Anmut und Würde der

äußeren Erscheinung eines Menschen, im Gegensatz
zu jeglicher körperlichen »Verkrümmung und Verkrüppelung« (2,47 und 5,47). Zweitens können Worte, die einen hohen Inhalt kundtun, Gespräche, die
um einen »ehrenvollen« Gegenstand sich bewegen,
Würde haben, deretwegen sich der Vortragende
»rühmen« möchte, sich »gehobener fühlt« (2,51–2,68–
2,75).

Körperliche und seelische Vorzüge umfaßt drittens
dieser Begriff Dignitas, wenn wir aufgefordert werden, jeweils das unter allen unseren Gütern des Leibes und der Seele am meisten anzustreben, »was am
meisten Wert hat« (quae plurimum habent dignitatis: 5,38).

Damit sind wir schon weit auf dem Wege zu dem
vierten Bedeutungsgehalt, der sich noch innerhalb
der privaten Sphäre des Menschen bewegt, jetzt aber
deren höchste seelische Vollendung kennzeichnet: der
Würde als der inneren Ehre, als der sittlichen Wür-
digkeit, als der Selbstachtung der sittlichen Persönlichkeit. Ihr »muß die Lust das Feld räumen«, denn
sie beruht auf dem »Sittlichguten« (honestum), dem
»Ernste und der Festigkeit der Gesinnung« (gravitas
animi atque constantia). Dies alles geht aus 3,1 hervor. Oder wie es Cicero an anderer Stelle – »De inventione« 2,55 – ausgedrückt hat:

»Würde ist das sittlich rühmliche und der Huldi-
gung wie der Ehre und der Hochachtung würdige
Ansehen eines Menschen« (Dignitas est alicuius ho-
nesta et cultu et honore et verecundia digna aucto-
ritas).

Das fünfte Begriffsbild von Dignitas greift von der
rein privaten bereits auf die politische Sphäre über,
soweit der einzelne Mensch an ihr durch Handeln
und Opfern teilnimmt. In ihren Dienst stellt sich die
Virtus, die »männliche Bewährung«, die »sittliche
Persönlichkeit« (4,65), die dem römischen Volk wie

dem Einzelnen in jedem Augenblick ihres Daseins als Aufgabe gestellt ist[33]. Der Einsatz also für den Staat gereicht dem Einzelnen zur »höchsten Ehre« (cum summa tua dignitate). Zu diesem Einsatz rüsten den Bürger die Philosophen aus (4,61)[34].

Zum Schluß versteht der Römer unter Dignitas eine Eigenschaft des römischen Volkes in seiner Gesamtheit, durch die es – wie etwa durch die »maiestas populi Romani« – aus allen Völkern herausgehoben und in seiner besonderen Weltsendung gekennzeichnet ist. »Was soll ich von uns Römern sprechen«, sagt Cicero zur Einleitung einer Darstellung großer Römer (5,63), »die wir zu allem Rühmlichen und sittlich Ehrenvollen (ad laudem et ad decus) geboren, aufgezogen, unterwiesen sind? ... Wer sieht nicht, daß bei allen diesen und unzähligen anderen Taten die, welche sie vollbracht, von dem Glanze der Würde (Ehre) geleitet (dignitatis splendore ductos) worden sind und an ihren Nutzen dabei nicht gedacht haben, und daß wir, wenn wir das loben, von nichts anderem als der Sittlichkeit geleitet werden (honestate duci)[35]?«

Ein Musterbeispiel geradezu aller Gehalte echten Römertums, von Cicero in vollster Leuchtkraft vorgeführt, beschließe unsere Betrachtung zur Dignitas (2,76): »Rechtes Handeln, Billigkeit, *Würde*, Treue, Recht, Sittlichkeit, würdig des Reiches, würdig des römischen Volkes, alle Gefahren für das Gemeinwesen bestehen, sterben für das Vaterland ... jene so erhabenen und herrlichen Worte«. Gerade diese höchst eindrucksvollen Zeugnisse römischer Geisteswelt mag Eduard Fraenkel bedacht haben, als er in seinem Vortrag über »Die Stelle des Römertums in der humanistischen Bildung« das »weltbeherrschende Volk in der Toga« folgendermaßen charakterisierte: »Je römischer eine Schöpfung lateinischer Wortkunst in Prosa oder in Versen ist, um so gewaltiger steht

hinter dem Werk die römische virtus, die vielfältige
Gebundenheit in Sitte und Religion, Familie und Geschlecht, Stand und Staat, der Triumph oder der Nie-
dergang, das ganze säkulare Schicksal des Populus
Romanus Quiritium als das unvergleichlich Bedeu-
tendere. Weit größer als jedes einzelne Römische ist
alle Zeit Rom[36].«

Humanitas. – Welch zentrale Stelle die Lehre vom
Menschen in diesem Werke einnimmt, wurde ein-
gangs schon erwähnt. Es ist nicht übertrieben zu sagen, daß, wäre uns von Cicero nur dies eine Werk
»De finibus« erhalten, dieses allein schon eine hin-
reichende Quelle zur Klärung des ciceronischen Be-
griffs der Humanitas darstellen würde.

Nur die zwei glänzendsten Stellen[37] seien hier vorgeführt:

5,54: Der aus seiner Heimat vertriebene Staatsmann Demetrios von Phaleron stürzt sich während
seiner ihm aufgezwungenen Muße in Alexandria in
das philosophische Studium und in die Schriftstellerei, ohne Rücksicht auf Nutzen und Zweck, sondern
nur, weil »jene Pflege des Geistes, jene Kultur, ihm
gleichsam eine Nahrung des Menschen im Menschen
war« (sed animi cultus ille erat ei quasi quidam hu-
manitatis cibus).

Vom Menschen im eigentlichen Sinne ist somit Erkenntnis, Wissenschaft, geistiges Schaffen so wenig
wegzudenken wie die Nahrung des Leibes.

5,35: Man kann sich gegen die Natur vergehen
»durch häßliche Bewegung oder Stellung. Z. B. wenn
jemand auf den Händen oder nicht vorwärts, sondern rückwärts gehen wollte, so würde es gewiß den
Anschein haben, als ob ein solcher sich selbst fliehe,
den Menschen ablege und die Schöpfung anfeinde«
(fugere plane se ipse et hominem ex homine exuens
naturam odisse videatur).

Wer also sich selbst flieht, wer sich allen Menschentums entäußert, der feindet die Schöpfung an, der verabscheut die Ordnung der Natur.

Fast unübersehbar sind heute die Reden und Abhandlungen über die Humanität und den Begriff Humanitas, besonders aus der Zeit unmittelbar nach dem vergangenen Krieg. Noch frei von allen Miß- und Umdeutungen späterer Zeit läßt sich allein schon aus den Äußerungen Ciceros in »De finibus« der Begriff Humanitas formulieren als das, was die Römer aus dem griechischen Bildungserlebnis heraus damit begriffen haben: »Menschlichkeit und Bildung zu ihr[38]«.

Animi oblectatio. – Es wäre keine undankbare Aufgabe, einmal durch die ganze Literatur des Altertums hindurch den Gedanken und dessen Formulierung zu verfolgen, daß die Beschäftigung mit der Wissenschaft, daß alles Lernen und Forschen und geistige Finden im Menschen eine große Freude hervorruft. Es könnte sogar des Apostels Paulus berühmter Ausspruch (Galaterbrief 5,22), daß eine der »Früchte des Geistes« die Freude ist, von griechischem Gedankengut mit angeregt sein. Jedenfalls ist es Cicero in unserer Schrift, der, wie sonst nirgendwo, an sechs Stellen in begeisterten und heute noch begeisternden Worten diese Gedanken verkündet. Vom Studium der Natur sagt er 4,12: es »birgt in sich eine nie gesättigte Freude (voluptas) bei der Erkenntnis der Dinge, in ihm allein können wir nach Verrichtung der Berufsgeschäfte in Stunden der Muße (vacui negotiis) ein wertvolles und eines freien Mannes würdiges Leben führen«. – In dem großangelegten Hauptabschnitt des fünften Buches, da, wo in eindringlichen Bildern von dem Streben der menschlichen Seele nach Vollendung aller ihrer Teile, von der großen Liebe des Menschen – schon der Kinder – zu der Erkenntnis

und zum Wissen, von dem glühenden Wissenseifer
und den anstrengendsten Reisen von Männern wie
Pythagoras, Platon und Demokrit die Rede ist (5,48–
56), wird viermal die Freude und das Ergötzen genannt (voluptas, delectari, gaudere, oblectatio), die
das Lernen der Kinder (48), die Studien der For-
schungsergebnisse großer Männer (50), das Forschen
der Weisen auf den Inseln der Seligen (53), jede wissenschaftliche Beschäftigung (doctrina, 56) dem Menschen bringen. – Darüber werden wir belehrt durch
so klare, einfache und doch so treffende Ausführun-
gen, die in hohem Maße das Anfängliche, Einfache,
Übersichtliche und Instruktive an sich haben, das man
an der »Faßlichkeit und Weltgemäßheit« der griechischen Philosophie heute so gerne hervorhebt[39].

»Edel« wird an der zuletzt zitierten und schönsten
Stelle das Ergötzen des Geistes genannt (ingenuas ex
doctrina oblectationes), und »in Stunden der Muße«
(vacui negotiis – 4,12) sollen wir die Studien betreiben: diese beiden Gedanken finden sich vereint in
den »Gesprächen in Tusculum«, 5,72. Und diese
Stelle könnte, wenige Wochen nach unserem Werk
verfaßt, geradezu als eine Zusammenfassung von
»De finibus« angesehen werden: »beim Forschen nach
dem höchsten Gut, dem äußersten Übel, nach der besten Art der Lebensführung . . . entsteht . . . vor allem eine besonders edle und der Weisheit würdige
Freude. Aber dies ist Sache der Muße«, (tum maxime
ingenua delectatio et digna sapientia. Sed haec otii).
Zu dieser Muße hat sich schon Aristoteles in den letzten Kapiteln seiner Nikomachischen Ethik geäußert:
»Die Glückseligkeit scheint in der Muße zu bestehen;
denn wir sind unmüßig, um Muße zu haben, und wir
führen Krieg, um in Frieden zu leben[40].«

Das Gebot des delphischen Gottes und die Cognitio
rerum caelestium. – Wieder müssen wir von einer

Stelle des fünften Buches ausgehen, dem Herzstück von Ciceros Lehre vom Menschen (5,44): »So muß man denn eindringen in die Natur der Dinge und im tiefsten durchschauen, was ihre Forderung ist . . . Ein Gebot, das, weil es zu wichtig war, als daß es von einem Menschen her zu stammen schien, einer Gottheit in den Mund gelegt worden ist. Daher befiehlt uns der pythische Apollon, uns selbst kennenzulernen. Diese Erkenntnis unserer selbst besteht einzig und allein darin, daß wir das Wesen unseres Leibes und unserer Seele kennenlernen und einem Leben nachtrachten, das diese Dinge unmittelbar genießt . . . Wenn wir das erreicht haben, so macht darin die Natur wie in ihrem Letzten Halt, und darin besteht das höchste Gut«.

Es ist überraschend und sehr bedeutsam, daß an allen vier Stellen in philosophischen Werken Ciceros, an denen der Spruch des delphischen Gottes zitiert ist[41], die Auffassung dieses Spruches sich in Gegensatz zu der der Griechen stellt. »Erkenne dich selbst« bedeutet nämlich bei Cicero nicht mehr: »Du bist nur ein Mensch, erkenne deine Nichtigkeit, bedenke den Abstand, der dich von der Herrlichkeit der ewigen Götter trennt[42]«, sondern das genaue Gegenteil: »Erkenne deine wunderbare Anlage, deine hohe Bestimmung, deine Würde, dein Heranreichen an das Göttliche.« Diesen Gedanken macht die schönste der vier Stellen, »De legibus« 1,61, besonders klar: Wenn der forschende Menschengeist »ebenso den Himmel, die Länder, die Meere und die Naturgesetzlichkeit aller Dinge durchschaut und gesehen hat, woher alles entstanden ist, wohin es zurückkehrt, wann und wie jedes untergehen wird, was in ihm sterblich und hinfällig, was göttlich und ewig ist, und wenn er den, der alles dieses lenkt und regiert, beinahe leibhaftig erfaßt (paene prenderit) und einsehen gelernt hat, daß er nicht in die Mauern eines einzigen Ortes eingeschlos-

sen, sondern Bürger der ganzen Welt, gleich als einer
einzigen Stadt, ist: wie wird er in dieser Herrlichkeit, in diesem Anblick und dieser Erkenntnis der
Natur, ihr unsterblichen Götter, nach der Vorschrift
des Pythischen Apollon, sich selber kennenlernen.
Wie verächtlich, wie geringfügig, wie so gar nichts
wert wird ihm das erscheinen, was insgemein das Al-
lerwichtigste genannt wird.« –

Nahe an das Göttliche also reicht der Mensch bei
Cicero heran. Und mit seinem forschenden Geist
kann und soll er kraft seiner Vernunft die »Lenkung«
(procuratio, vgl. auch »De finibus« 3,73) erkennen
und den Lenker des Alls beinahe leibhaftig ergreifen
(De legibus 1,61)[43]. Cicero hat für diese Tätigkeit geradezu einen feststehenden Ausdruck, der in mehreren seiner Schriften wiederkehrt: cognitio rerum caelestium bzw. divinarum (De finibus 2,37).

Nach De finibus 4,11 bringt die »Erkenntnis der
himmlischen Dinge« ein Begreifen, »in wie hohem
Grade auch bei den Göttern Maß und Ordnung
ist . . ., sie bringt auch Gerechtigkeit, wenn man die
Erkenntnis gewonnen hat, was der Wink, was der
Ratschluß, was der Wille des höchsten Lenkers und
Herrn ist.«

Dieser große, fast schon christlich anmutende Gedanke, daß dem Himmel und dem Göttlichen das
»Maß und die Ordnung« abgelauscht und auf der
Erde nachgeahmt werden soll in der eigenen Haltung
und zur tätigen Gestaltung der Erde[44], drückt neben
der eben zitierten Stelle keine der vielen anderen[45]
schöner – fast möchte man sagen ergreifender aus als
»Cato maior, de senectute« 77: »Die Seele nämlich
ist im Himmel beheimatet (caelestis) und von ihrer
hohen Behausung hinuntergedrängt und gleichsam
eingetaucht in die Erde, eine der göttlichen Natur
und der Ewigkeit entgegengesetzte Stätte. Aber ich
glaube, die unsterblichen Götter haben die Seelen in

Menschenleiber gesät, damit es Wesen gäbe, die die
Erde verwalten und die Ordnung des Himmlischen
betrachten und sie nachahmen sollten durch Maß und
Festigkeit ihres Lebens (caelestium ordinem contem-
plantes imitarentur eum vitae modo atque constantia).«

Wer sich der Mühe unterzieht, anhand des zuverlässigsten und alle überlieferten Schriftsteller erfas-
senden Wörterbuches, des Thesaurus linguae Lati-
nae, nachzuforschen, wie sich das Vorkommen des Begriffes caelestis im Sinne von »himmlisch, überirdisch,
göttlich, Götter« auf die römischen Schriftsteller verteilt, selbstverständlich nach sorgsamer Aussonde-
rung aller der Fälle, in denen dieses Wörtchen eine
rein physikalisch-astronomische Bedeutung hat (den
Lauf der Gestirne am Himmel betreffend, wie z. B.
De fin. 5,87 oder Tusculan. disput. 5,10), der macht
die erstaunliche Feststellung:

erstens, daß Cicero der erste Prosaschriftsteller ist,
der das Wort in dieser Bedeutung überhaupt gebraucht[46];

zweitens, daß keinem Römer – nicht einmal dem
Philosophen Seneca – dieses Wort so oft in die Feder
geflossen ist wie ihm, selbst wenn man die im Vergleich zu anderen besonders ausgedehnte schriftstellerische Produktion Ciceros berücksichtigt;

drittens, daß dieser Begriff bei Cicero im ganzen
dreiundvierzigmal vorkommt, davon allein dreißig-
mal in den Werken seiner drei letzten Lebensjahre
(45–43).

»Caelestis« kann bei Cicero geradezu als ein
Schlüsselwort für dessen metaphysischen Erkenntnisdrang gelten. –

Man kann sich der auffallenden Erscheinung nicht
verschließen, daß in der Geisteswelt der Griechen
und der Römer in den Jahrhunderten und dann erst
recht in den Jahrzehnten vor der Wende der Zeit in

stets zunehmendem Maße Auffassungen und Lehren
ausgesprochen werden, die dem christlichen Gedankengut sehr nahe kommen. Diese Erscheinung läßt
sich verfolgen, wenn vielleicht nicht schon in Äußerungen der griechischen Tragödie des fünften Jahrhunderts[47], so doch ganz deutlich von Platon und Aristoteles[48] an über Zenon (um 300 v. Chr.), Kleanthes
(2. Hälfte des 3. Jahrhunderts v. Chr.), Podeidonios
(um 135–50 v. Chr.) und die anderen Stoiker[49], über
die Eleusinischen Mysterien[50], über Vergil, den römischen Dichter, Seher und Deuter der Zeit[51], bis zu
Lucius Annaeus Seneca. Von diesem Erzieher des
jungen Nero, diesem Philosophen und Staatsdenker,
der als zweiter großer Römer neben Cicero 100 Jahre
nach diesem die Bildung wahren Menschentums zum
Ziel hat und eine Erhebung des Menschengeistes in
eine andere Welt kennt, wurde lange Zeit vermutet,
er habe in Briefwechsel oder gar in mündlichem Ge-
dankenaustausch gestanden mit dem Apostel Paulus[52]: so nahe sind zahlreiche seiner Gedankengänge
und Formulierungen mit Christlichem verwandt[53].
Ein einziges Zeugnis seines Denkens stehe für viele
am Schluß dieser Betrachtung, und zwar eine Äußerung, die den gleichen Gedanken zum Ausdruck
bringt wie die vorhin zitierte Stelle von Cicero, »De
finibus« 5,44, oder noch besser die von Cicero, »Cato
maior« 77 über das Wesen des Leibes und der Seele,
über deren Heimat im Himmel und deren Einge-
tauchtsein (Gefangenschaft) in die Erde. Gedankli-
cher Schwerpunkt und sprachliche Gestaltung sind
ganz verschieden von der Darstellungsweise Ciceros.
Legte nämlich Cicero den Hauptwert auf die Betonung der Ordungsaufgabe der Seele auf der Erde, so
malt uns Seneca in seiner bekannten Lichtsehnsucht
und mit der seinem Stil eigenen Kraft der gedanken-
reichen Kürze und der blitzenden Antithesen[54] neben
ganz knapper Erwähnung der Aufgaben der Seele

auf der Erde das Sich-Emporarbeiten des Menschgei-
stes aus der Finsternis über den matten Schein von
Helligkeit in das volle Licht des Himmels aus. Seneca, Epistulae ad Lucilium 79,10–12:

»Die Vollkommenheit . . . Festgewurzelt ist ihre
Größe wie die der Himmlischen. Zu ihr wollen wir
versuchen uns emporzuarbeiten. Schon ist des Er-
reichten viel: doch nein, will ich die Wahrheit gestehen, noch nicht viel. Denn gut sein ist es doch noch
nicht, wenn man besser ist als die Schlechtesten: wer
möchte sich seiner Augen rühmen, der den Tag nur
ahnt? Wem die Sonne nur durch die Dunkelheit
durchschimmert, der mag wohl einstweilen damit zufrieden sein, daß er der Finsternis entflohen; aber
noch genießt er nicht das hohe Gut des Lichtes. Erst
dann wird unser Geist Grund haben, sich Glück zu
wünschen, wenn er, enthoben dieser Finsternis, in
der er umhertappt, nicht matten Blickes etwas Helligkeit vor sich sieht, sondern des vollen Tageslichtes
teilhaftig geworden und seinem Himmel wiederge-
geben ist, wenn er den Platz wiedererobert hat, den
er gewonnen hat durch das Los des Geborenwerdens.
Auf den Ausgang nach oben weist ihn schon sein Eingang ins Leben (sursum illum vocant initia sua).
Weilen wird er aber schon dort oben vor seiner Befreiung aus dieser irdischen Gefangenschaft, sobald
er seine Laster von sich abgeschüttelt und rein und
entlastet in göttliche Gedanken leuchtend vordringt
(cum vitia disiecerit purusque ac levis in cogitationes
divinas emicuerit)«.

Seneca war neben Cicero der einzige, der diese
den griechischen Stoikern entstammende Gedanken-
welt lateinisch faßte, und er wollte die Menschen des
römischen Weltreiches eingewöhnen in solche Denk-
weise, er wollte mit seinem Wort die entscheidenden
Instanzen der großen Welt erreichen, die römischen
Herrenmenschen, die Söhne der Senatoren und Rit-

ter, die künftigen Provinzialverwalter des Reiches, ja den Kaiser selbst – eine Großtat, ein Bildungsereignis, auch im Sinne der Vorbereitung der Geister auf die christliche Lehre.

Wer von solchen Blickpunkten aus, die uns die Beschäftigung mit Ciceros »De finibus« nun nahegelegt hat, das Verdienst eines Cicero wie eines Seneca an der Menschenbildung erwogen hat, dem erschließt sich vollstes Verständnis für die bedeutsamen Worte von Otto Regenbogen in der Rede »Humanismus – heute[55]?« »Der Mensch kann wohl, wie Clemens und Origenes, die ersten christlichen Humanisten, überzeugt waren, durch einen Humanismus, der im ethischen Erlebnis der griechischen Geisteswelt wurzelt und bis an die Grenze der Transzendenz vordringt, wie für jede Gewissensentscheidung, so auch für die christliche Entscheidung vorbereitet und gereift werden. Die seelenerweckenden Worte antiker ... Werke klingen zu uns herüber wie aus einer Zeit, da Götter und Dämonen noch vernehmlicher zum Ohre der Sterblichen redeten. Und wem diese Stimmen einmal recht in die Seele geklungen sind, auch der kann wohl niemals und auf Dauer ganz unglücklich werden im Wirrsal der Welt.«

Die Philosophenschulen von Platon bis Cicero

Die mannigfaltigen einzelnen philosophischen Lehren der nachplatonischen Zeit, auf die Cicero anspielt, hier zu würdigen oder auch nur zu umreißen, wäre unmöglich. Guten Aufschluß gibt heute »Die griechische Philosophie« von Walther Kranz[56]. Über Epikur, Panaitios und Poseidonios bietet Max Pohlenz gute Biographien in seinem Werk »Gestalten aus Hellas[57]. Über die Stoa allein ist eine Fundgrube der Gelehrsamkeit das Werk von Max Pohlenz »Die Stoa[58].«

Eine kurze Übersicht über die Namen der einzelnen Philosophenschulen, ihre wichtigsten Leiter und Lehrer, die der raschen Orientierung bei der Lektüre des Werkes dienen kann, gibt Friedrich Pfister in seiner gewissenhaft ausgearbeiteten »Zeittafel für das klassische Altertum und seine Erforschung«, Würzburger Hilfsbücher für die Studenten der klassischen Philologie, Heft 1, Würzburg 1947, Seite 25 f. und 38 f.

Übersicht über Inhalt und Aufbau des Werkes

Die zentralen Abschnitte und die besonders eindrucksvollen Stellen des Werkes sind in der nachfolgenden Aufbaugliederung durch Kursivdruck gekennzeichnet. Dies soll die Orientierung erleichtern und einen raschen Überblick über das ganze Werk ermöglichen.

Erstes Buch

Zuschrift an Marcus Brutus: Cicero rechtfertigt seine philosophische Schriftstellerei gegen vier verschiedene Arten römischer Gegner (1–12). *Für die Erforschung der Weisheit darf es keine Grenze geben, das Ermüden im Suchen ist schimpflich* (2 und 3).

Einleitung zur Darstellung über das höchste Gut und größte Übel (11 und 12). Bevor Cicero den Torquatus die Lehre Epikurs vom höchsten Gut vortragen läßt, rechtfertigt er sich als Darsteller und Beurteiler des Epikur (15–26). Dann beginnt das erste Gespräch.

Epikurs Auffassung vom höchsten Gut: *Das höchste Gut ist das, worauf alles andere bezogen werden muß, es selbst aber auf nichts Weiteres. Und dies ist nach Epikur die Lust. Das höchste Übel ist der Schmerz* (29). Begründung des Satzes, mit den Worten Epikurs selbst: *Jedes Geschöpf strebe von der Geburt an nach der Lust und verabscheue den Schmerz als das höchste Übel. Hier spreche die Natur selbst* (30). *Zurückweisung des Einwandes, daß man doch so oft auf die Lust verzichte und den Schmerz freiwillig auf sich nehme. Der Weise treffe diese Wahl nur, um dadurch größere Genüsse zu gewinnen und größere Übel abzuwenden. Daher sei der verständige Genuß der Lust durch kluge Voraussicht der Zukunft bedingt* (31–33). Beispiele berühmter Männer (34–36).

Nähere Erörterung des Begriffes Lust. Die höchste Lust bringe der Zustand völliger Schmerzlosigkeit (37 und 38).

Der Satz, die Lust sei der Höhepunkt aller Güter, wird erneut begründet: Der Weise, der weder Tod noch Schmerz fürchtet noch dem Aberglauben verhaftet ist, befindet sich nach allgemeinem Urteil im erstrebenswertesten Zustand: dem der Lust. Der Zustand des Schmerzes ist der kläglichste (40 und 41). Triebfeder allen Begehrens ist die Lust. Folglich ist die Lust das höchste Gut (42).

Anwendung von Epikurs Lehre auf die Haupttugenden. Alle Tugenden sind nur um der Lust willen begehrenswert. *Die Weisheit reinigt das Leben von Irrtümern, Schreckbildern, vom Ungestüm der Begierden und führt zur Gemütsruhe und damit zur Lust* (42–44). *Die Mäßigung bringt Harmonie ins Menschenherz, sie lehrt, bei den erkannten Richtlinien des Lebens zu beharren, das Trugbild der Lust zu meiden und führt durch Verzichtleistung zur höchsten Lust* (47 und 48). Die Tapferkeit gibt die richtige Ansicht von Tod und Schmerz und befreit von Sorge und Angst (49). Die Gerechtigkeit verschafft Wohlwollen und Zuneigung: die sichersten Mittel zu einem ruhigen, dauernden Lebensgenuß (50–53).

Lust und Schmerz entspringen letztlich aus dem Körper. Doch sind Lust und Schmerz der Seele größer, weil durch die Seele Vergangenes, Gegenwärtiges und Zukünftiges empfunden wird. Die Verbindung des Gefühls gegenwärtiger Schmerzlosigkeit mit froher Erinnerung der Vergangenheit und getroster Aussicht auf die Zukunft gibt das wahre Glück von Leib und Seele (54–57).

Das Bild des Weisen und des Toren nach Epikur. Hier stete Harmonie des innerlich glücklichen, dort Zerrissenheit des allen Leidenschaften und Übeln anheimgefallenen Menschen (57–62).

Zusammenhang von Naturwissenschaft und Ethik bei Epikur. Die Naturwissenschaft hebt den Aberglauben auf, befreit von der Todesfurcht, offenbart die wahren Bedürfnisse der Natur und lehrt dadurch Mäßigung der Begierden (63 und 64).

Der Bestand der Freundschaft im System Epikurs, der selbst die Freundschaft als eines der besten Mittel zum glücklichen Leben gepriesen und dies durch sein eigenes Leben erprobt hat. Freundschaft ist als ein Bund der Weisen untereinander anzusehen, sich gegenseitig so zu lieben, wie jeder sich selbst (65–70).

Zusammenfassung: Wert der epikureischen Lust, Verdienst ihres Stifters (70–72).

Zweites Buch

Cicero widerlegt die von Torquatus im ersten Buch verteidigte Ansicht des Epikur (Fortführung des ersten Gesprächs). Er greift die epikureische Definition der Lust an und sucht zu beweisen, daß Epikur in seinem höchsten Gut aus zwei wesentlich verschiedenen Begriffen einen einzigen Begriff mache: der Lust in der Bewegung und der Lust in der Ruhe, der Schmerzlosigkeit (4–25).

Begierden lassen sich nicht einschränken, sie müssen vernichtet werden (27). Die epikureischen Definitionen der Lust sind ungenau und unrichtig (28–30).

Die Widerlegung des epikureischen Systems: Die
Lust als höchstes Gut kann nicht aus dem ersten Dasein der Lebewesen abgeleitet werden, denn: es wird
nicht entschieden, ob die Lust in Bewegung oder die
in Ruhe die ursprüngliche sein soll (31); den Tieren
kann kein Urteil zugestanden werden, weil sie von
Natur entartet sein können (32 und 33); der ursprüngliche Naturtrieb ist nicht die Lust, sondern die
Selbstliebe (33); *den Sinnen steht kein Urteil über
das höchse Gut zu, sondern allein der Vernunft und
der wahren Weisheit sowie den Tugenden, die Herrinnen aller Dinge sind* (36 und 37). Nach dem Urteil
der Vernunft (nach welchem auch die Ansicht des Aristipp, Hieronymos, Karneades verworfen werden
muß) kann das höchste Gut nur entweder im Sinne
der Stoiker aufgefaßt werden, die es in die Vollkommenheit allein setzen, oder im Sinne der Peripatetiker, die der Tugend noch einen Zusatz von Glück
geben (38–43).

Nach Chrysipps Beispiel wird nun der Satz bewiesen, daß es ein *Sittlichgutes gibt, das kraft seines Wesens, ohne Rücksicht auf Nutzen und Gewinn, um seiner selbst willen preiswürdig ist* (44 und 45). *Die
Vernunft, die große Geisteskraft des Menschen* (45),
*strebt nach Gemeinschaft aller Sterblichen, nach al-
lem Wahren, Lauteren, Unwandelbaren, Erhabenen,
nach Mäßigung und Würde* (46 und 47).

Widerlegung der Einwände Epikurs: Wenn er die
Lust von der Tugend nicht trennen kann, so versteht
er das Wesen der Tugend nicht und setzt dafür eine
gewisse Ehrbarkeit oder Ruhm im Volke, die oft
schändlich sind (48–52). Epikur sagt: die Bösen werden durch ihr eigenes Gewissen und durch die Furcht
vor Strafen gepeinigt. Doch schlaue Bösewichte freu-
en sich ihrer Taten, wenn sie nur Lust verschafften.
Taten mächtiger Bösewichte werden nie offenbar.
Wenn nicht sittlicher Wert, sondern der Nutzen das

Höchstziel ist, ist Rechtschaffenheit undenkbar (53–63). Durch Vergleich zwischen höchstem Leiden und höchstem Lebensgenuß läßt sich nicht beweisen, daß die Lust das höchste Gut, der Schmerz das größte Übel sei. Beispiele des Balbus, Regulus u. a. (64–69).

Cicero geht zum direkten Angriff auf das epikureische System über. Epikur leugnet die Möglichkeit eines angenehmen Lebens, ohne daß dies auch tugendhaft sei. Das ist inkonsequent. Er verwirft z. B. die Schwelgerei nicht an sich, sondern nur soweit sie beunruhigende Affekte mit sich bringt (70–74). Wer offenkundig solchem Prinzip huldigt, dem könnte kein öffentliches Amt übertragen werden (75–77). Freundschaft kann bei der Eigensucht des epikureischen Systems nicht bestehen (78–85). *Ciceros Zeichnung der Freundschaft (78–80)*. Das Glück muß ein auf das innere Leben gegründetes, dauerndes Gut sein. Inkonsequent ist es, wenn Epikur leugnet, daß die Lust bei ihrem Fortbestehen wachse (86–89). Ebenso inkonsequent sind folgende, wenn auch an sich wahre Sätze Epikurs: den Weisen bereichere die Natur selbst, aus der geringsten Kost genieße man keine geringere Lust als aus den feinsten Leckerbissen, ein heftiger Schmerz sei kurz, ein lange dauernder leicht zu ertragen. Alle diese Sätze werden nicht nur durch die Worte und das Testament des sterbenden Epikur selbst widerlegt (90–103), sondern auch Vernunft und Erfahrung widerlegen Epikurs Satz: die genossenen Güter kommen dem Weisen nicht aus der Erinnerung, an die Übel aber soll er nicht denken (104–108).

Zum Schluß beweist Cicero nachdrücklich an den Kräften und Werten des Geistes, daß der Mensch zu etwas Erhabenerem geboren sei als zur Lust, daß auch Kunst und Wissenschaft einen viel edleren Zweck haben, daß die Tugend der Lust den Zugang verschließen müsse (109–119).

Drittes Buch

Marcus Cato trägt die Ethik der Stoiker und ihre
Auffassung über das höchste Gut vor (Erster Teil des
zweiten Gespräches). In einer Art Vorrede an Brutus
spricht Cicero von der Schwierigkeit des Versuchs,
über ein in mancher Hinsicht so dunkles System wie
das stoische zu sprechen (1–9). Cicero findet auf des
Lucullus Landgut den Marcus Cato in der Bibliothek
sitzen. Es entspinnt sich ein Gespräch über das Verhältnis des stoischen Systems zur älteren Lehre der
Peripatetiker und zur Skepsis (10–16). Cato entwik-
kelt die Lehre der Stoa:

Der Grundtrieb jedes Lebewesens ist Selbstliebe
und damit Selbsterhaltung. Auch liegt in uns der
Trieb, Begriffe zu bilden, die wir, als den Ausdruck
der Wahrheit, in uns entwickeln und uns aneignen
müssen (16–19). Schätzenswert heißt das, was entweder selbst naturgemäß ist oder etwas Schätzens-
wertes bewirkt. Alles Naturgemäße ist um seiner
selbst willen zu wählen. Dies folgt als erste Pflicht.
Doch ist nicht alles Naturgemäße um seiner selbst
willen erstrebenswert, sondern dieser Vorzug kommt
allein dem Sittlichguten zu. Das Sittlichgute ist zwar
das einzige höchste Gut, aber doch das aus dem Naturgemäßen Abgeleitete. Auch die Weisheit gründet
sich auf das Naturgemäße, aber sie ist ungleich höher,
ja das Höchste, was der vernünftige Mensch erreichen kann (20–26).

Alles Gute ist sittlich gut. Das Sittlichgute allein ist
des Ruhmes wert und das einzige Glück des Lebens.
Dies bestätigt auch die Erfahrung. Dem Weisen kann
kein Übel begegnen, weil er sich immer vom Sittlichen leiten läßt (27–29). Zurückweisung anderer
Auffassungen (30–32). Das Gute ist, wie Diogenes
sagt, das von Natur Vollkommene. Die Gesinnung
und Handlung des Weisen ist in sich selbst vollkom-

men. Von Leidenschaften, die alle aus irrigen Meinungen entspringen, ist er ganz frei (33–35).

*Die Stoiker und das Sittlichgute. Die geistige Freude
an großen Persönlichkeiten. Die Scheußlichkeit des
Bösen* (36–38). *Die Stoiker und Peripatetiker im
Streit über das Glück, die Vollkommenheit und das
höchste Gut* (41–48).

Gibt es auch außer dem Sittlichguten kein Gut, so
besteht doch unter den äußeren Dingen ein Unterschied. Es gibt schätzenswerte und darum vorgezogene, oder zurückgesetzte Dinge. All dies (z. B. Gesundheit, guter Ruf, Schmerz, Armut) sind Mitteldinge, d. h. weder gut noch böse. Die wahren Güter
sind entweder zum Wesen des Guten gehörig, oder
es bewirkend (48–56).

Selbst die Pflichten gehören zu den Mitteldingen.
Sie hat der Weise mit dem Nichtweisen gemein. *Die
stoische Auffassung über den guten Namen, das
rechte Handeln, den freiwilligen Tod* (57–61).

*Der soziale Trieb – ein Naturtrieb. Die Verbun-
denheit des ganzen Menschengeschlechts* (62–66).
Mensch und Tier, der Weise und die Leitung des
Staates, Freundschaften und Gerechtigkeit, Billigkeit
und Nutzen, Dialektik und Naturwissenschaft sind
Tugenden, weil sie lehren naturgemäß zu leben (67–
76). *Die hohe Bedeutung der Naturwissenschaft. Das
Weltall und seine Lenkung* (73). *Die Persönlichkeit
des Weisen: er ist König, Meister des Volkes, er ist
in der Seele schön, unbesiegt, glücklich* (75 und 76).

Viertes Buch

Cicero versucht, das stoische System zu widerlegen
und dagegen das der Peripatetiker geltend zu machen (Fortführung des zweiten Gesprächs). Allgemeine Bemerkungen über des Stoikers Zenon Lehrsätze und Methode, verglichen mit der früheren (so-

kratisch-aristotelischen) Art zu philosophieren. Der
oft sich wiederholende Satz wird aufgestellt, Zenon
weiche nicht in der Sache, sondern nur in den Ausdrücken von seinen Vorgängern ab, es sei darum un-
nötig gewesen, eine neue Schule zu gründen (1–15).
Dürftig klingen oft die Worte der Stoiker. Zur Erklärung der Natur sei noch zu sagen, daß die *»Erkenntnis der himmlischen Dinge auch Selbstbescheidung, Größe der Seele, Gerechtigkeit, geistige Freude
bringe* (11 und 12).

Das von Zenon aufgestellte höchste Gut, sofern es
bestehe im Genuß von allen oder doch den vorzüglichsten naturgemäßen Dingen, haben im wesentlichen auch schon Aristoteles und Xenokrates verkündet. Die eigentümlichen Sätze der Stoiker aber zeig-
ten teils nur eine neue Terminologie, teils seien sie im
praktischen Leben nicht anwendbar (14–23). Genau-
ere Ausführung des Satzes, daß Zenon nicht gut daran
getan habe, von seinen Vorgängern abzuweichen:

Da er von den gleichen natürlichen Gegebenheiten
des Menschen ausgeht, ist es inkonsequent, das höchste Gut auf die Seele allein zu beziehen, den Körper
aber ganz hintanzusetzen. Denn auch leibliche Güter
tragen bei zum glücklichen Leben (25–31).

Die stoische Auffassung steht im Widerspruch zur
ursprünglichen Bestimmung des Menschen. *Kein Wesen gibt einen seiner Teile preis. Die Menschennatur
gibt den Menschen nicht auf, sie sieht das höchste Gut
im ganzen Menschen. Auch die Seele ist nicht mit der
Tugend allein zufrieden, sondern verlangt noch die
Freiheit vom Schmerz* (32–37). Die Natur geht darauf aus, nicht allein den besseren, sondern auch den
geringeren Teil ihrer selbst zu erhalten und zu ver-
vollkommnen. Folglich soll auch der Körper zum
Glück beitragen.

Die Behauptung der Stoiker, es gebe keine Tugend, kein höchstes Gut, wenn die »ersten Geschenke

der Natur« (Leben, Gesundheit usw.) zum Glück wesentlich gehören, muß umgekehrt werden. *Tugend
und höchstes Gut können ohne die ersten Geschenke
der Natur gar nicht begründet werden. Das stoische
Prinzip läuft auf den Satz hinaus: naturgemäß leben
heißt von der Natur abweichen. Der Bereich der Natur aber dauert von den Anfängen bis zum Ziele hin
fort* (41 und 42).

Aus dem Grundsatz der Stoiker, die Tugend allein
sei ein Gut, können die Pflichten im konkreten Fall
nicht abgeleitet werden (46–48).

Die vielen Schlüsse der Stoiker (alles Gute ist lobenswert, alles Lobenswerte ist sittlich gut, also ist
alles Gute sittlich gut usw.) enthalten in ihren Vordersätzen unerwiesene Voraussetzungen oder führen
zu unwahren und dem natürlichen Gefühl widerspre-
chenden Konsequenzen, aus denen mit Recht die Un-
wahrheit der Vordersätze gefolgert wird (48–55).

Die Unhaltbarkeit solcher Sätze hat Zenon selbst
gefühlt und sich deshalb hinter eine geschraubte Terminologie zurückgezogen, z. B. hinsichtlich der Güter
und der Tugend (56–62). Der Satz, daß alle Nicht-
Weisen gleich elend seien, kann durch gewisse unpas-
sende Vergleichungen nicht bewiesen werden (63 und
64), und es wird dabei übersehen, daß es, wie die Erfahrung lehrt, ein Fortschreiten zur Vollkommenheit
und – was die Stoiker leugnen – eine Befreiung von
sittlichen Fehlern gibt (65–67).

Zum Schluß sucht Cicero den Hauptgrund, der das
stoische System hervorgerufen habe, in der Ruhm-
sucht des Zenon. Bald näherte sich dieser der Lehre
Aristons, indem er alle Unterschiede der Dinge, mit
Ausnahme von Tugend und Laster, aufhob, bald den
Peripatetikern, die aber das Wahre daran längst vor
Zenon erkannt und in ihrer verständlicheren und ge-
bildeteren Sprache ausgedrückt haben (68–80). So
haben die Stoiker bei ihrer Behauptung, alle Ver-

gehen seien gleich, ganz übersehen, wie viel auf den
Gegenstand solcher Handlungen ankomme. Muster-
beispiel. Das Hartnäckige und Herbe der Aussprüche
der Stoiker. Ausnahme ist Panaitios, der stets Platon,
Aristoteles, Xenokrates, Theophrast und Dikaiarch
im Munde führt. Diese soll man studieren (76–79).

Fünftes Buch

Cicero läßt seinen einstigen Freund Piso vor stu-
dierenden Römern in der Akademie in Athen die
akademisch-peripatetische Lehre über das höchste
Gut vortragen. Aus der Kritik der Lebensziele geht
die eigene Lehre des Antiochos hervor (Drittes Gespräch).

Einleitung in das Gespräch: *Örtlichkeiten in Athen,*
geheiligt durch das Andenken an große Gestalten der
Vergangenheit (1–5).

Lob des Peripatetischen Systems. Einteilung des
Ganzen in die drei gewöhnlichen Hauptteile aller
Philosophie: Naturwissenschaft, Dialektik, Ethik. Vor-
züge der Peripatetiker in allen diesen Teilen (6–11).

Ansicht der Peripatetiker über das höchste Gut.
Ihre zwei Methoden, die populäre und die streng
philosophische. Scheinbarer Widerspruch in ihren
Meinungen, besonders bei Theophrast, bezüglich der
Frage, ob das glückliche Leben in der Gewalt des
Weisen sei. Mit Theophrast schließt die Reihe der
echten Peripatetiker, alle übrigen sind entartet und
haben selbständige Systeme (12–14). Untersuchungen
des Karneades, wie viele Meinungen über das höchste
Gut möglich, wie viele wirklich aufgestellt worden
seien. Vom höchsten Gut sind sechs einfache Meinungen möglich, davon sind vier wirklich aufgestellt
worden, von Ariston und Epikur (die Lust), von Hieronymos (die Schmerzlosigkeit), von Karneades (die
ursprünglichen Naturgüter), von den Stoikern (das

rechte Streben nach den ursprünglichen Naturgütern,
ohne Rücksicht auf ihre Erlangung). Zusammenge-
setzte höchste Güter sind drei möglich und wirklich
aufgestellt worden, von Kalliphon und Dinomachos
(Lust und Sittlichkeit), von Diodoros (Schmerzlosigkeit und Sittlichkeit), von den Akademikern und Peripatetikern (Schmerzlosigkeit und Sittlichkeit) (15–
21). Von diesen Systemen werden alle als unhaltbar
beseitigt, bis auf das der Stoiker und das der Peripatetiker, die beide nur dem Worte nach verschieden
sind (22). Einige andere Systeme werden als unhaltbar abgewiesen (23).

*Die Peripatetiker und das höchste Gut. Die Lehre
vom Menschen und seiner Lebenserfüllung* (24–74).
*Der Grundtrieb jedes Lebewesens ist Selbstliebe und
Selbsterhaltung. Er kommt erst mit dem Wachstum
der Seelenkräfte zum Bewußtsein und begehrt fast
alles Naturgemäße. Daraus entsteht als höchstes das
naturgemäße Leben. Doch jedes Geschöpf hat seine
ihm eigentümliche Natur und also sein ihm eigentümliches höchstes Gut. Beim Menschen muß hiermit
das höchste Gut so ausgelegt werden: leben nach der
allseitig voll entwickelten und nichts vermissenden
Menschennatur* (24–27).

Warum liebt jedes Lebewesen sich selbst? Was ist
die menschliche Natur? Die Teile des Leibes und der
Seele (28–36).

*Da wir uns selbst lieben und nach Vollkommenheit
an Leib und Seele streben, so folgt daraus, daß diese
Teile uns lieb sein müssen und daß das Vorzüglichste
an unserem ganzen Ich auch vorzugsweise erstrebenswert sein muß.* Vergleich zwischen der Natur der
Tiere und der Menschen (37 und 38). *Der unzerreißbare Zusammenhalt der Natur. Stufenweise äußert
sich das Naturanliegen in immer höheren Formen.
Das Geistige tritt immer entschiedener und höher
gesteigert hervor. Dabei werden die unteren Stufen*

nicht preisgegeben, weil sie mit zum Vollbestand des Menschwesens gehören. Das höchste Gut besteht aus dem vollkommenen Besitz sämtlicher der menschlichen Natur eigentümlichen Vorzüge an Leib und Seele. Der delphische Spruch (39–44). Die Lust und das höchste Gut (45).

Nicht nur aus der Selbstliebe, sondern auch aus der eigentümlichen Vollkommenheit jedes Teiles unserer leiblichen Natur folgt unser Streben nach Vollendung dieser Teile (46 und 47). Das Gleiche gilt von den Bestandteilen der Seele. *Die Liebe des Menschen zur Erkenntnis, zu Kunst und Wissenschaft* (48). *Die »edle« Freude an allem Lernen und Forschen* (50–56). *Der Römer und sein Gemeinwesen* (57). *Die »Erkenntnis der himmlischen Dinge«. Das »Licht« des sittlichen Wertes und des glücklichen Lebens. Der Römer, zu Ruhm und Würde geboren* (58–63). Römische Beispiele von »laus« und »decus« (64). *Die Folgerungen für jeden sittlichen Wert. Die Verbindung des ganzen Menschengeschlechts. Das konsequente Leben* (65 und 66). *Die einzelnen sittlichen Werte und das höchste Gut. Die Güterlehre des Cicero-Antiochos* (67–69). *Die Freude des Menschen an der Sittlichkeit selbst* (69). *Die körperlichen Güter im Vergleich zu den sittlichen Werten. Abschluß der Darstellung des höchsten Gutes* (71 und 72). Verirrungen der übrigen Philosophen, die alle doch Teile von der peripatetischen Lehre entlehnt haben (73–75).

Einwendungen gegen das peripatetische System:

Gegen die Behauptung, alle Weisen seien stets glücklich. Wenn der Schmerz ein Übel ist, sei dies nicht möglich (76 und 77).

Irrtum der Peripatetiker, wenn sie, um jene Einwendung zu widerlegen, verschiedene Grade des Glücks annehmen (78–82). Konsequenz der Stoa, welche daraus nur die Vollkommenheit für ein Gut, nur das Laster für ein Übel erklärt und im Glück kein

Mehr und Minder zuläßt (83 und 84). Das peripatetische System setzt sich, im Gegensatz zu dem stoischen, in der allgemeinen Anerkennung nicht durch
(85 und 86).

Verteidigung des peripatetischen Systems gegen
Vorwürfe, gegründet auf die Bestimmung der Philosophie als Wegweiserin zum glücklichen Leben (86
und 87). Die Peripatetiker sind nicht inkonsequenter
als die Stoiker, wenn sie das, was diese »Vorgezogenes« und »Abgewiesenes« nennen, Güter und Übel
nennen. Denn sie legen jenem keinen höheren Wert
bei als die Stoiker und behaupten, durch die Vollkommenheit werden alle anderen Güter und Übel
verdunkelt (88–95). Ausklang des Gesprächs (96).

Zur Art des Übersetzens

Dieser Übersetzung ist die Textausgabe von Th.
Schiche, Leipzig 1915, zugrunde gelegt. Der Übersetzer sah seine Aufgabe nicht darin, die Gedanken Ciceros in möglichst »flüssigem« Deutsch wiederzuge-
ben. Sein Ziel war es vielmehr, Wortbedeutung wie
Satzbau des Originals mit dem anschaulichen Bedeutungsgehalt aller Worte und Wendungen in der
Übersetzung möglichst treu nachzubilden, damit so,
noch durch die Übertragung ins Deutsche hindurch,
möglichst viel sichtbar werde von den Funktionen
und der Struktur, von der einzigartigen gedanklichen
Strenge und klaren Durchgeformtheit der lateinischen Sprache und somit von der Gestaltungskraft
und den Gesetzen römischen Denkens überhaupt. So
dürfte, bleibt auch jedes Übersetzen nur ein Ersetzen
und also ein Zustreben auf ein Ziel im Unendlichen,
dem Leser dennoch ein Eindringen in die in Ciceros
Sprache beschlossene reiche Wertwelt ermöglicht
werden.

VOM HÖCHSTEN GUT
UND
VOM GRÖSSTEN ÜBEL

ERSTES BUCH

1. Ich war mir wohl bewußt, mein Brutus, als ich in die lateinische Sprache übertrug, was Philosophen von tiefstem Geist und von vorzüglicher Gelehrsamkeit in griechischer Sprache behandelt hatten, daß diese meine Arbeit auf mannigfachen Tadel stoßen werde. Denn manchen – und zwar sind das nicht eben die Ungelehrten – mißfällt dieses ganze Philosophieren. Andere aber tadeln es zwar nicht gerade, wenn es gemäßigter betrieben werde: aber so großen Eifer und so viele Anstrengung, meinen sie, dürfe man nicht darauf verwenden. Wieder andere wird es geben – und zwar solche, die sich durch griechische Literatur gebildet haben und die lateinische verachten –, die sagen, sie wollten lieber auf die Lektüre der Griechen ihre Mühe verwenden. Endlich wird es, vermute ich, auch einige geben, die mich zu einer anderen wissenschaftlichen Tätigkeit rufen und diese Art von Schriftstellerei, wenn sie auch ein Zeugnis von Bildung ist, doch mit meiner Person und Würde unverträglich finden. 2. Gegen alle diese glaube ich mich kurz erklären zu müssen. Den Tadlern der Philosophie ist freilich hinlänglich durch die Schrift erwidert worden, in der von uns die Philosophie verteidigt und gepriesen wurde, als sie von Hortensius[1] angeklagt und getadelt war. Und da dieses Buch Deinen Beifall sowohl als den Beifall derer zu finden schien, denen ich Urteilsfähigkeit in der Sache zutrauen konnte, so unternahm ich noch mehr; denn

man konnte sonst, fürchtete ich, von mir glauben, daß
ich die Menschen wohl zum Studium anregen, nicht
aber dabei festzuhalten vermöchte. Diejenigen aber,
welche, wie sehr ihnen auch diese Beschäftigung gefällt, sie doch mit einiger Beschränkung betrieben
wissen wollen, fordern eine recht schwierige Mäßigung in etwas, das, einmal in Gang gesetzt, sich nicht
mehr einschränken und zurückdrängen läßt. Daher
finden wir beinahe bei jenen die besser begründete
Ansicht, die uns überhaupt von der Philosophie ab-
bringen, als bei diesen, die einem unendlichen Gegenstand ein Maß bestimmen und in einer Sache, die
mit ihrem Umfang an Wert zunimmt, den Mittelweg
verlangen.

3. Denn entweder ist es möglich. zur Weisheit zu
gelangen: dann haben wir diese Weisheit nicht nur
zu erwerben, sondern auch zu genießen; oder dies hat
seine Schwierigkeit: dann gibt es dennoch einerseits
keine Grenze für die Erforschung der Wahrheit, als
bis man diese gefunden; andererseits aber ist das Ermüden im Suchen schimpflich, da der Gegenstand
des Suchens der schönste ist. Ferner, wenn es uns eine
Freude ist zu schreiben, wer ist so mißgünstig, uns
davon abzubringen? Wenn es uns aber Mühe macht,
wer wollte da fremder Tätigkeit ein Maß setzen?
Denn wie jener Chremes bei Terenz[2] ein wahrer Men-
schenfreund ist, der nicht will, daß sein neuer Nach-
bar »graben oder ackern oder überhaupt etwas derart
treiben soll« – denn nicht vom Fleiß schreckt er ihn
zurück, sondern nur von einer unedlen Arbeit –, so
sind jene Leute doch lästig, denen unsere, uns gar
nicht unangenehme, Arbeit anstößig ist.

4. Schwieriger ist es demnach, diejenigen hinlänglich zu überzeugen, die bekennen, daß sie lateinische
Schriften gering schätzen. Bei ihnen muß ich mich am
meisten darüber wundern, daß ihnen bei den wichtigsten Gegenständen die Muttersprache nicht zu-

sagt, während sie doch lateinische Geschichtchen,
die Wort für Wort aus dem Griechischen übersetzt
sind, nicht ungern lesen. Denn wer ist so allem, was
römisch heißt, förmlich feind, daß er die Medea des
Ennius[3] oder die Antiopa des Pacuvius[4] verschmäht
oder verwirft und doch bekennt, sich an denselben
Schauspielen des Euripides zu erfreuen, während ihm
die Einkleidung in lateinische Worte verhaßt ist?
Soll ich, sagt er, lieber die Synepheben des Caecilius[5]
oder die Andria des Terenz[6] lesen denn beide als Originale des Menander[7]? 5. Dieser Ansicht steht die
meinige so sehr entgegen, daß ich z. B. von der
Elektra des Sophokles, so schön sie ist, doch auch die
schlechteste Übersetzung des Atilius[8] lesen zu müssen
glaube, von dem Licinius[9] sagt, er sei »ein eiserner
Schriftsteller«, aber doch, glaube ich, ein Schriftsteller, und also muß er gelesen werden. Denn überhaupt unbekannt mit unseren Dichtern zu sein, zeugt
entweder von trägster Nachlässigkeit oder von ver-
wöhntester Krittelei. Mir wenigstens kann keiner für
hinreichend gebildet gelten, dem unsere Literatur
unbekannt ist. Oder wollen wir ebenso gern unser
»Daß nie im Haine[10]« wie das griechische Original
lesen, was aber über das gute und glückliche Leben
von Platon gelehrt worden, das sollte nicht lateinisch
dargelegt werden? 6. Und wenn ich nun gar nicht bloß
als Dolmetscher verfahre, sondern nur die Ansichten
derer verteidige, die mir für bewährt gelten, und
daran mein eigenes Urteil und meine Methode der
Untersuchung anknüpfe, was können sie da noch für
einen Grund haben, das Griechische demjenigen vorzuziehen, was einerseits lichtvoll dargestellt, andererseits nicht Übersetzung aus dem Griechischen ist?
Denn wenn sie geltend machen, es seien ja schon von
den Griechen diese Gegenstände behandelt, so ist
kein Grund vorhanden, eben von diesen Griechen so
viele zu lesen, wie man lesen muß. Was hätte wohl

Chrysipp[11] von den Lehrsätzen der Stoa übergangen?
Und trotzdem lesen wir einen Diogenes[12], Antipater[13], Mnesarchos[14], Panaitios[15] und viele andere,
und namentlich meinen Freund Poseidonios[16]. Oder
gewährt uns Theophrast[17] einen nur mittelmäßigen
Genuß, wenn er Abschnitte behandelt, die vor ihm
Aristoteles behandelt hat? Oder enthalten sich die
Epikureer, über dasselbe, worüber schon Epikur und
die Alten geschrieben haben, nach eigenem Gutdünken zu schreiben? Wenn nun Griechen gelesen werden
von Griechen über dieselben Gegenstände und nur in
der Fassung verschieden: warum sollten unsere Schriftsteller von unseren Landsleuten nicht gelesen werden?

7. Freilich, wenn ich den Platon oder Aristoteles
ganz so übersetzte, wie unsere Dichter die Fabeln
übersetzt haben, so würde ich, glaube ich, meinen
Mitbürgern einen schlechten Dienst erweisen, wenn
ich jene göttlichen Geister ihrem Verständnis zugänglich machte. Aber das habe ich bisher noch nicht
getan; und doch, glaube ich, ist mir auch dies keineswegs verboten. Einzelne Stellen wenigstens werde
ich, wo es mir gut scheint, übersetzen, und hauptsächlich von denen, die ich eben genannt habe, wenn
sich die Gelegenheit findet, es passend zu tun, wie es ja
auch Ennius mit Homer, Afranius[18] mit Menander zu
machen pflegen. Dagegen werde ich mich nicht sträuben,
wie unser Lucilius[19], daß alle mein Werk lesen. Ja,
lebte uns jener Persius[20] noch! Und vor allem Scipio[21]
und Rutilius[22]: ihr Urteil scheute Lucilius und erklärte deshalb, er schreibe nur für die Tarentiner, für
die Consentiner und Sikuler[23]. Allerdings eine wit-
zige Wendung, wie es seine Art ist; aber teils waren
damals die Leute noch nicht so gelehrt, daß er auf ihr
Urteil hätte Rücksicht nehmen müssen, teils sind seine
Schriften doch leichteren Inhalts, so daß in ihnen als
Hauptsache der feine Ton, doch nur eine mäßige Gelehrsamkeit erscheint.

8. Ich dagegen, welchen Leser habe ich noch zu fürchten, wenn ich an Dich, der Du selbst den Griechen nicht in der Philosophie nachstehst, zu schreiben wage? Ich tue dies, da Du mich selbst dazu aufgefordert hast in der mir sehr willkommenen Schrift »Über die Vollkommenheit«, die Du mir sandtest[24].

Aber auch daher haben wohl manche einen Widerwillen gegen die lateinische Literatur bekommen, weil sie auf gewisse geschmacklose und widerwärtige Schriften gestoßen sind, von schlechten griechischen noch schlechtere lateinische Bearbeitungen. Diesen stimme ich bei, sofern sie nur dergleichen auch im Griechischen ungelesen lassen wollen. Dagegen Werke von gutem Inhalt, in gewählten Worten mit Nachdruck und würdig vorgetragen, wer möchte die nicht gerne lesen? Es müßte nur sein, daß einer sich vollkommen einen Griechen genannt wissen wollte, wie etwa Albucius[25] in Athen von dem Prätor Scaevola[26] begrüßt wurde.

9. Auch das hat Lucilius an der betreffenden Stelle mit viel Anmut und allem Witz beschrieben; er läßt den Scaevola sehr schön sagen:

Grieche, Albucius, wolltest du lieber. als Römer, Sabiner,
Lieber als Landsmann des Pontius, des Tritanus, jener
Centurionen, erlauchtester Männer und Träger des Banners,
Werden genannt! So werd' in Athen auf Griechisch ich
Prätor,
Wie du ja lieber es hast, wenn du zu mir kommst, dich
begrüßen:
»Chaire, mein Titus«, ruf' ich; Liktoren, die Menge, die
Scharen:
»Chaire, mein Titus«, rufen sie mit. Drum ist mir erbittert,
Drum mir Albucius feind.

10. Aber Mucius Scaevola hat recht. Ich jedoch kann mich nicht genug wundern, woher diese unerhörte Verachtung des Heimatlichen kommt. Überhaupt ist

hier nicht der Ort, dies weitläufig auszuführen; aber
das ist meine Ansicht, und ich habe sie oft vorgetragen: die lateinische Sprache sei nicht nur nicht arm, wie
man gewöhnlich glauben möchte, sondern sogar reicher als die griechische. Denn wann hat es uns, oder
ich will lieber sagen unseren guten Rednern oder
Dichtern, wenn sie einmal einen Schriftsteller, den sie
nachahmen konnten, gefunden hatten, an irgendeiner Wendung zu reichhaltiger oder auch geschmack-
voller Darstellung gefehlt?

Ich nun, wenn ich mit meiner Tätigkeit, in den
Anstrengungen und Gefahren auf dem Forum dem
Posten, auf den mich das römische Volk gestellt hat,
nicht untreu geworden zu sein glaube, so muß ich
gewiß nach Kräften auch dafür wirken, daß durch
meine Mühe, meinen Eifer und meine Arbeit meinen
Mitbürgern eine gelehrtere Bildung zuteil werde,
und ich habe nicht so sehr mit denen zu streiten,
welche das Griechische lieber lesen wollen – nur
mögen sie es auch wirklich lesen und es nicht bloß
vorgeben, und ich muß denen nützlich sein, die sich
entweder mit beiden Literaturen beschäftigen wollen, oder, wenn sie ihre eigene haben, jene fremde
nicht sehr vermissen.

11. Wer aber lieber anderes von mir geschrieben
sehen möchte, muß doch gerecht sein; denn einmal ist
von mir viel, mehr wenigstens von keinem unter uns
geschrieben worden, andererseits werde ich vielleicht
noch manches schreiben, wenn ich am Leben bleibe.
Und doch wird jeder, der diese meine philosophischen Schriften mit Sorgfalt zu lesen gewohnt ist, sein
Urteil dahin aussprechen, keine anderen Schriften
seien vorzüglicher zum Lesen als diese. Denn was im
Leben ist noch so sehr der Untersuchung wert als
außer den einzelnen Lehren der Philosophie überhaupt namentlich das, was in diesen Büchern untersucht wird: was das Ziel, was das Höchste, was das

Letzte sei, worauf alle Entschlüsse, gut zu leben und recht zu handeln, bezogen werden müssen, woran die Natur sich halte als an das Höchste dessen, was wir erstreben müssen, was sie fliehe als das Äußerste der Übel? Da über diesen Gegenstand unter den gelehrtesten Männern die größte Meinungsverschiedenheit herrscht, wer sollte da meinen, es vertrage sich nicht mit dem öffentlichen Interesse, das mir jeder entgegenbringt, wenn ich forsche, was in jeder Lage des Lebens das höchste Gut und die höchste Wahrheit ist?

12. Oder soll etwa die Frage: »ob das neugeborene Kind einer Sklavin mit zu den Gegenständen der Nutznießung gehöre?« unter den ersten Männern des Staates verhandelt werden[27], etwa zwischen Publius Scaevola[28] und Manius Manilius[29], und soll sich dann ein Marcus Brutus gegen sie erklären – was allerdings für die Übung des Scharfsinns und für den Nutzen der Bürger nicht undienlich ist, und ich habe solche Schriften und die übrigen derselben Gattung gern gelesen und ich werde sie lesen –: aber sollen deshalb diese Schriften, die den Inhalt des ganzen Lebens ausmachen, vernachlässigt werden? Denn mögen jene auch mehr Käufer finden, so sind doch diese gewiß gehaltvoller. Indes wird dies zu beurteilen den Lesern überlassen bleiben. Ich für mein Teil glaube diese ganze Frage über das höchste Gut und größte Übel in der vorliegenden Schrift angemessen dargelegt zu haben; in sie habe ich nach bestem Vermögen aufgenommen, nicht nur was meine Überzeugung ist, sondern auch was von den einzelnen philosophischen Schulen darüber gesagt wird.

13. Um aber mit dem Leichtesten den Anfang zu machen, so soll zuerst Epikurs Ansicht auftreten, die den meisten ganz bekannt ist; du wirst sie von mir in einer Weise auseinandergesetzt finden, daß sie selbst von denen, die zu dieser Schule halten, nicht sorgfältiger entwickelt zu werden pflegt. Denn die

Wahrheit wollen wir finden, nicht etwa einen Gegner
überführen. Gründlich aber wurde einst von Lucius
Torquatus, einem in aller Wissenschaft hochgebildeten Manne, Epikurs Lehre von der Lust verteidigt,
und ich antwortete ihm in Gegenwart des Gaius
Triarius, eines ernst forschenden und wohlunterrich-
teten jungen Mannes, der bei dieser Unterredung zugegen war.

14. Als nämlich beide zu mir auf mein Gut bei
Cumae[30] gekommen waren, mir einen Besuch zu machen, da sprachen wir zuerst kurz über Literatur, für
die sie beide den größten Eifer hatten; dann begann
Torquatus: »Weil wir dich heute einmal in Muße angetroffen haben, so möchte ich wohl hören, warum du
unseren Epikur zwar nicht hassest, wie es in der
Regel die tun, welche anderer Ansicht sind als er,
aber doch auch nicht mit ihm einverstanden bist, mit
ihm, der nach meiner Meinung allein die Wahrheit
erfaßt, von den größten Irrtümern die Gemüter der
Menschen befreit und alles gelehrt hat, was zum
guten und glücklichen Leben gehört. Aber ich glaube,
daß du ebenso wie unser Triarius weniger Freude
daran hast, weil er jenen Redeschmuck vernachlässigt
hat, der sich bei Platon, Aristoteles und Theophrast
findet. Denn das kann ich mir wenigstens kaum denken, daß dir seine Ansicht selbst nicht als wahr ein-
leuchten sollte.«

15. »Da sieh, wie du dich irrst, Torquatus«, antwortete ich. »Am Stil dieses Philosophen nehme ich
keinen Anstoß. Denn seine Worte drücken ja aus,
was er sagen will, auch spricht er durchaus so, daß
ich es verstehen kann. Und doch möchte ich an einem
Philosophen die Kunst der Darstellung, wenn er sie
benützt, nicht verachten; wenn sie ihm fehlt, möchte
ich sie nicht fordern. In der Sache befriedigt er mich
nicht gleichmäßig, und zwar in mehr als einem
Punkte. Allein wieviel Köpfe, soviel Ansichten: wir

können uns also irren.« – »Warum denn aber«, sagte
Torquatus, »befriedigt er nicht? Denn dich halte ich
doch für einen gerechten Richter, sofern du nur von
dem, was er sagt, genau unterrichtet bist.«

16. »Wenn du nicht etwa glaubst«, antwortete ich,
»daß mir Phaidros oder Zenon[31] etwas vorgelogen
haben – denn diese beiden Männer hörte ich, obschon
sie mich in der Tat von nichts überzeugt haben als
von ihrer Sorgfalt –, so sind mir alle Lehren Epikurs
hinreichend bekannt; und die genannten Männer
habe ich oft mit unserem Freund Atticus[32] gehört,
während jener für seinen Teil beide bewunderte, ja
den Phaidros förmlich liebte; und täglich besprachen
wir miteinander, was wir hörten; und es war nie
Streit darüber, was ich verstanden hätte, sondern womit ich einverstanden wäre.«

17. »Was ist es denn nur?« fragte Torquatus; »ich
wünsche zu hören, womit du nicht einverstanden
bist!«

»Fürs erste«, sagte ich, »ist er in der Physik[33], mit
der er sich hauptsächlich rühmt, einmal ganz und gar
unselbständig. Die Lehre des Demokritos[34] führt er
vor mit einigen Veränderungen, aber so, daß er das,
was er verbessern will, – nach meiner Ansicht wenigstens – verschlechtert. Jener ist der Auffassung, daß
die Atome, wie er sie nennt, d. h. die wegen ihrer
Dichtigkeit unteilbaren Körper, in dem unendlichen
Leeren, in welchem nichts Höchstes noch Tiefstes noch
Mittleres noch Äußerstes noch Fernstes ist, sich so bewegen, daß sie durch ihr wechselseitiges Zusammenstoßen unter sich zusammenhängen; daraus entstehe
alles, was ist und mit Sinnen wahrgenommen wird;
und diese Bewegung der Atome müsse nicht als von
einem bestimmten Anfang, sondern als von Ewigkeit
her vorhanden angesehen werden. 18. Epikur nun
macht, soweit er dem Demokritos folgt, nicht eben
Fehler; freilich kann ich von beiden wie manches so

namentlich dies nicht billigen, daß sie – während in
der Natur zweierlei zu untersuchen ist, einmal was die
Materie sei, aus der jedes Ding gebildet ist, sodann
was die Kraft sei, die jedes Ding bildet – über die
Materie allerdings gesprochen, aber die Kraft und
Ursache, welche sie bildete, beiseite gelassen haben.
Doch dies ist ein gemeinsamer Fehler beider; folgende
aber sind eigentümliche Gebrechen des Epikur: er ist
nämlich der Ansicht, daß jene unteilbaren und dich-
ten Körper sich vermöge ihres Gewichtes in senkrech-
ter Richtung abwärts bewegen, dies sei die natürliche
Bewegung aller Körper. 19. Als hierbei dem scharfsinnigen Manne die Schwierigkeit sich entgegen-
stellte, daß, wenn sich die Atome in gerader Linie und, wie gesagt, senkrecht abwärts bewegten,
es nie möglich sein würde, daß eines das andere be-
rühre, brachte er etwas Erfundenes zum Vorschein:
es mache, so sagte er, jedes Atom ganz kleine Abweichungen, so wenig wie nur möglich; so würden sich
Verknüpfungen, Vereinigungen und wechselseitiges
Aneinanderhängen der Atome ergeben, und daraus
bilde sich die Welt und alle Teile der Welt und alles
einzelne in ihr. Diese ganze Auslegung ist nicht nur
eine kindische Erfindung, sondern sie leistet auch
nicht einmal, was sie soll. Denn einerseits ist jene
Abweichung selbst willkürlich erfunden – sagt er ja
doch, daß das Atom ohne Ursache abweiche: und für
den Physiker ist nichts schmählicher, als wenn er behauptet, daß ohne Ursache auch nur das Geringste
geschehe –, andererseits hat er jene naturnotwendige
Bewegung aller schweren Körper, nach der sie, wie er
selbst bestimmt hat, senkrecht nach der Tiefe hinab-
streben, den Atomen wieder entrissen; und doch hat er
damit nicht das erreicht, weswegen er es gefunden hatte.
20. Denn wenn alle Atome abweichen werden, so
werden sich keine von ihnen zusammenfinden; oder
wenn die einen abweichen, andere durch ihre Schwer-

kraft sich senkrecht bewegen werden, so wird man zuerst den einzelnen Atomen gleichsam ihren Wirkungskreis zuweisen müssen, welche von ihnen senkrecht, welche schräg fallen sollen; dann wird jenes verwirrte Zusammenstoßen der Atome – und hierin blieb auch Demokritos hängen – diese schöne Harmonie des Weltalls nimmermehr hervorbringen können. Auch das schickt sich nicht für einen Physiker, zu meinen, daß es ein unendlich Kleines gebe: auch hätte er wahrlich dergleichen nie angenommen, wenn er bei seinem Freunde Polyaenus[35] lieber hätte Geometrie erlernen wollen als jenen selbst sogar noch darin irre zu machen. Die Sonne erscheint dem Demokritos als groß; natürlich, denn er ist ein gelehrter Mann und in der Geometrie bewandert; dagegen soll sie nach Epikur nur einen Fuß groß sein: denn so groß, meint er, sei sie, wie sie uns erscheint, oder ein wenig größer oder kleiner [36].

21. So verdirbt Epikur, was er verändert: und das, dem er folgt, gehört ganz dem Demokritos an. Die Atome, das Leere, die Bilder, die sie Eidola nennen, durch deren Eindringen auf uns wir nicht nur sehen, sondern auch denken sollen, die Unendlichkeit selbst, die sie Apeiria nennen, alles das kommt ganz von Demokritos her, so auch die unzähligen Welten, die täglich entstehen und vergehen sollen. Und kann ich dergleichen auch nicht für richtig halten, so mißfällt es mir doch, daß Demokritos, den alle anderen preisen, von dem getadelt wird, der ihm lediglich gefolgt ist.

22. Auch in dem zweiten Teil der Philosophie, welcher die Kunst der Untersuchung und des Vortrages lehrt, in der sogenannten Logik, ist euer Meister, wie es mir wenigstens scheint, vollkommen wehr- und waffenlos. Die Definitionen hebt er auf, nichts lehrt er über Einteilung und Trennung; nicht gibt er an, wie ein Vernunftschluß entsteht und gebildet wird, er zeigt nicht, auf welche Weise man Trugschlüsse auf-

löst, Zweideutigkeiten aufklärt; zu Richtern über die Dinge macht er die Sinne; und wenn von diesen einmal etwas Falsches statt des Wahren aufgenommen worden ist, so meint er, alles Urteil über Wahr und Falsch sei aufgehoben. 23. Festhalten will er besonders das, was, wie er sagt, die Natur selbst genehmigt und zurückweist, d. h. die Lust und den Schmerz. Hierauf führt er alles zurück, sowohl was wir erstreben, als was wir fliehen sollen. Obschon dies die Ansicht des Aristippos ist und von den Kyrenaikern[37] besser und zwangloser verteidigt wird, so ist sie nach meinem Urteil doch von der Art, daß keine andere des Menschen unwürdiger ist. Denn zu etwas Größerem hat uns die Natur ins Dasein gerufen und gebildet, wie mir wenigstens scheinen will. Doch es kann sein, daß ich irre, aber ich behaupte schlechthin, auch jener Torquatus, welcher als erster diesen Beinamen sich erwarb, habe weder jene Halskette dem Feind abgezogen[38], um dadurch sich eine körperliche Lust zu verschaffen, noch mit den Latinern während seines dritten Konsulats am Flusse Veseris[39] um der Lust willen gekämpft. Daß er aber seinen Sohn mit dem Beile hingerichtet, dadurch scheint er sich gar mancher Lust beraubt zu haben, indem er vor der Natur selbst und der väterlichen Liebe dem Recht der Majestät und der Heiligkeit seines Feldherrnbefehls den Vorzug gab.

24. Und wie steht es mit jenem Titus Torquatus? Der war mit Gnaeus Octavius Konsul, als er an seinem Sohn, den er zur Adoption durch Decius Silanus aus der väterlichen Gewalt entlassen hatte, solche Strenge anwandte, daß er ihm auf die Anklage der makedonischen Gesandten, er habe als Prätor in der Provinz Geld genommen, sich vor ihm zu verantworten befahl und, nachdem er beide Parteien angehört hatte, das Urteil sprach, er habe sich in seinem Amte nicht seinen Ahnen ähnlich gezeigt, ja ihm

verbot, ihm fernerhin unter die Augen zu kommen.
Glaubst du, daß der Mann an seine Lust gedacht
habe?

Doch um von den Gefahren, Mühseligkeiten und
selbst Schmerzen zu schweigen, die jeder Wackere
für sein Vaterland und die Seinen bereitwillig über-
nimmt, so daß er, weit entfernt nach Lust zu haschen,
sogar alle Arten der Lust unbeachtet läßt und lieber
jeden möglichen Schmerz auf sich nimmt, als daß er
in irgendeinem Teile seiner Pflicht untreu wird, so will
ich von einigen Punkten sprechen, die dies nicht minder bestätigen, obwohl sie geringfügiger erscheinen.

25. Was gewähren denn dir, Torquatus, was unserem Triarius die Wissenschaften, was die Geschichten und die Erkenntnis der Dinge, was das Lesen der
Dichter, das Auswendigwissen so vieler Verse für
Lust? Und sage mir nicht: ›Gerade das gereicht mir
ja zur Lust, wie die obigen Dinge die Torquater
belustigen!‹ Nie hat auf diese Weise Epikur diese
Ansicht verteidigt, noch auch du in Wahrheit oder
irgendeiner von denen, der entweder überhaupt über
Verstand verfügte oder in jenem System unterrichtet
war. Und was man so oft fragen hört, warum es so
viele Epikureer gebe, so gibt es dafür noch andere
Gründe, doch die Menge lockte der Wahn besonders
an, als habe er gemeint: was recht und sittlich gut sei,
bewirke durch sich selbst schon Freude und damit
Lust. Die lieben Leute begreifen nicht, daß sein ganzes System umgestoßen würde, wenn es sich so ver-
hielte. Denn wenn zugegeben würde, daß jene Dinge,
auch ohne alle Beziehung auf den Körper, an sich
schon und durch sich angenehm seien, so wäre nach
der Tugend und Vollkommenheit sowohl als nach der
Erkenntnis der Dinge an und für sich zu trachten, was
jener doch durchaus nicht will.

26. Diese Ansichten des Epikur also sind es, die
ich nicht billige«, so sagte ich. »Im übrigen wünschte

ich für mein Teil, er wäre entweder selbst in den Wissenschaften besser unterrichtet gewesen – er ist nämlich, wie du selbst finden mußt, nicht gehörig in den Fächern gebildet, mit denen man vertraut sein muß, um ein Gelehrter genannt zu werden –, oder er hätte wenigstens nicht andere von den Studien abgeschreckt. Freilich sehe ich, daß du dich nicht im geringsten hast abschrecken lassen.«

Als ich so geredet hatte, mehr um den Torquatus herauszufordern als um mich selbst auszusprechen, da begann Triarius mit leisem Lächeln: »Du hast ja förmlich den ganzen Epikur aus dem Chor der Philosophen weggestrichen. Was hast du ihm mehr zugestanden, als daß du ihn, wie er auch rede, verstehst? Fremde Weisheit hat er in der Physik vorgebracht, und auch dies ist nicht so, daß es deinen Beifall fände. Wenn er etwas darin hat verbessern wollen, hat er es noch schlechter gemacht. Auf die Kunst, etwas in zusammenhängender Gedankenentwicklung auseinanderzusetzen, hat er sich nicht verstanden. Und wenn er die Lust als das höchste Gut bezeichnete, so hat er erstens dabei zu geringe Einsicht gezeigt, und zweitens ist auch das wieder fremde Weisheit: denn das hat zuvor Aristippos gelehrt, und zwar besser als er. Zuletzt fügtest du noch gar hinzu, er sei ungelehrt gewesen.«

27. »Auf jeden Fall, lieber Triarius«, antwortete ich, »muß man doch sagen, was man an dem mißbilligt, dem man seine Zustimmung versagt. Denn was würde mich hindern, Epikureer zu sein, wenn ich seine Behauptungen billigte? Zumal da es ein Spiel wäre, jene Lehren sich ganz anzueignen! Deshalb sind die Widerlegungen derer, die nicht übereinstimmen, nicht zu verwerfen; Schimpfworte, Schmähungen, dann erbittertes Gezänk, Streitreden und eigensinniger Disput erscheinen mir als der Philosophie unwürdig.«

28. Darauf sagte Torquatus: »Ich stimme dir ganz
bei; denn weder kann man disputieren ohne Widerlegung des Gegners, noch kann man es mit Erbitte-
rung und Eigensinn auf die rechte Weise tun. Doch
auf das Bisherige habe ich, wenn es nicht unangenehm ist, manches zu erwidern.« »Glaubst du denn«,
sagte ich, »daß ich, wollte ich dich nicht hören, so gesprochen hätte?«

»Wollen wir also das ganze System Epikurs durch-
gehen oder nur die Frage von der Lust besprechen,
um die sich der ganze Streit dreht?«

»Ganz nach deinem Gutdünken«, sagte ich.

»So will ich es also machen«, erwiderte er: »einen
Punkt werde ich entwickeln, und zwar den wichtigsten. Von der Physik ein andermal, und namentlich
werde ich dann vor dir jene Abweichung der Atome
sowie die Größe der Sonne rechtfertigen und des Demokritos Irrtümer dartun, deren viele von Epikur
getadelt und verbessert sind. Jetzt will ich von der
Lust sprechen; natürlich werde ich nichts Neues sagen,
aber doch Dinge von der Art, daß ich damit sogar
deinen Beifall zu finden gewiß bin.«

»Wenigstens will ich«, sagte ich, »nicht eigensinnig
sein und dir, wenn du mich von deinen Behauptungen überzeugst, gerne beistimmen.«

29. »Ich werde dich überzeugen«, erwiderte er,
»nur mußt du die Unparteilichkeit haben, die du in
Aussicht stellst. Doch wünsche ich lieber in zusammenhängender Rede zu sprechen, als zu fragen und
mich fragen zu lassen.«

»Wie es beliebt«, sagte ich. Daraufhin fing er seinen Vortrag an:

»Zuerst also will ich so vorgehen, wie es dem Stifter dieser Schule selbst gefällt: ich will das Wesen
und die Beschaffenheit dessen bestimmen, worüber
wir nachforschen, nicht als ob ich euch für unwissend
darin hielte, sondern damit mein Vortrag ganz syste-

matisch fortschreite. Wir fragen also, was unter allen
Gütern das höchste und letzte ist; dies muß nach der
Meinung aller Philosophen von der Art sein, daß
sich darauf alles andere, es selbst sich aber auf nichts
Weiteres beziehen muß. Dies findet Epikur in der
Lust. Sie setzt er als das höchste Gut an – und als
größtes Übel den Schmerz. Und dies unternimmt er
folgendermaßen zu lehren:

30. Jedes Geschöpf, sobald es geboren ist, strebe
nach Lust und freue sich über sie, als ob sie das
höchste Gut sei, den Schmerz verschmähe es als das
größte Übel und wehre ihn nach Kräften von sich
ab; und dies tue es, selbst noch nicht der Natur ent-
fremdet, nach dem unverdorbenen und reinen Urteil
der eigenen Natur. Daher leugnet er, daß es einer
Überlegung oder Erörterung bedürfe, um zu ermit-
teln, warum die Lust zu suchen, der Schmerz aber zu
fliehen sei. Das lehre, meint er, ebenso das Gefühl,
wie man wahrnehme, daß das Feuer wärme, der
Schnee weiß, der Honig süß sei; nichts von diesen
Dingen müsse man erst durch ausgesuchte Beweise
bestätigen; nur darauf aufmerksam zu machen, reiche
schon: es bestehe nämlich ein Unterschied zwischen
einem Beweis und einem Vernunftschluß einerseits
und zwischen einer einfachen Wahrnehmung und einem Hinweis andererseits; durch jenen werde das
Verborgene und gleichsam Eingehüllte erschlossen,
durch diese werde Greifbares und offen Daliegendes
erkannt. Denn es muß, weil ja nichts übrig bleibt,
wenn man dem Menschen die Sinne entzieht, von der
Natur unmittelbar entschieden werden, was der Natur entsprechend oder zuwider ist. Was nimmt sie
nun wahr oder was entscheidet sie, demgemäß man
etwas erstreben oder meiden muß, außer die Lust
und den Schmerz?

31. Es gibt indes Leute aus unserer eigenen Schule,
die diese Dinge noch scharfsinniger vortragen wol-

len und behaupten, es genüge nicht, daß durch die sinnliche Wahrnehmung entschieden werde, was gut oder was übel sei, sondern das könne auch durch den Geist und die Vernunft entschieden werden, daß die Lust an sich selbst begehrenswert, der Schmerz an sich selbst zu verabscheuen sei. Daher behaupten sie, dies wohne gleichsam als natürliche und angeborene Vorstellung in unseren Seelen, so daß wir unmittelbar empfinden, daß das eine zu erstreben, das andere zu verschmähen ist. Andere aber, denen ich beistimme, glauben, da von mehreren Philosophen sehr viele Gründe angegeben werden, weshalb weder die Lust unter die Güter noch der Schmerz unter die Übel zu rechnen sei, keineswegs, daß wir allzusehr unserer Sache vertrauen dürfen, sondern halten Beweisführung, einen genauen Vortrag und eine auf sorgfältig gesammelte Gründe gebaute Erörterung über Lust und Schmerz für notwendig.

32. Doch damit ihr übersehet, woher jener ganze Irrtum derjenigen gekommen ist, die die Lust anklagen und den Schmerz anpreisen, so will ich das Ganze offen darlegen und eben das, was von jenem großen Entdecker der Wahrheit, dem Baumeister gleichsam eines glücklichen Lebens, darüber gesagt ist, entwickeln. Kein Mensch nämlich verabscheut oder haßt oder flieht die Lust nur deshalb, weil sie ja Lust sei, sondern weil große Schmerzen diejenigen treffen, die es nicht verstehen, auf vernünftige Weise der Lust nachzugehen. Andererseits gibt es auch keinen, der den Schmerz, weil er ja eben Schmerz sei, liebt, erstrebt, zu gewinnen wünscht; sondern weil bisweilen derartige Verhältnisse eintreten, daß der Mensch durch Mühsal und Schmerz irgendeine große Lust sich zu verschaffen sucht. Um nämlich zum schlichtesten Beispiel zu kommen: wer von uns nimmt eine mühevolle Anstrengung des Körpers auf sich, außer um durch sie irgendeine Annehmlichkeit zu gewin-

nen? Wer aber wollte den mit Recht tadeln, der in einem Zustand der Lust sich zu befinden wünscht, auf den keinerlei Beschwerlichkeit folgen kann, oder den, der solchen Schmerz flieht, aus dem keine Lust hervorgeht? 33. Dagegen klagen wir diejenigen an und halten sie eines gerechten Hasses für würdig, die, durch die Verlockungen augenblicklicher Lust bezaubert und betört, in der Blindheit ihrer Leidenschaft nicht voraussehen, welche Schmerzen und Beschwerden sie sich aufzubürden im Begriff sind; und in ähnlicher Schuld sind die, die ihre Pflicht verlassen aus Weichlichkeit, das heißt aus Scheu vor Anstrengungen und Schmerzen. Und allerdings ist zwischen derartigen Dingen die Unterscheidung leicht und bequem. Denn wenn die Zeitumstände es gestatten, wenn die Wahl der Entscheidung frei ist, wenn nichts uns hindert, das zu tun, was uns am meisten gefällt, so muß jegliche Lust erfaßt, jeder Schmerz hinweggewiesen werden. Zu manchen Zeiten aber, und zwar sei es, wenn die Pflicht ruft, oder im Drange der Umstände, wird es oft so kommen, daß man sowohl die Lust verschmähen muß, andererseits Beschwernisse nicht abweisen darf. Daher trifft der Weise zwischen solchen Fällen so seine Wahl, daß er entweder durch Zurückweisung der einen Lust andere größere gewinne, oder durch Ertragung von Schmerzen deren empfindlichere sich erspare.

34. Indem ich diese Ansicht festhalte: warum sollte ich fürchten, mit ihr unsere Torquater nicht in Einklang bringen zu können? Dieser hast du kurz zuvor in treuer Erinnerung wie ganz besonders aus Freundschaft und Wohlwollen gegen mich gedacht, ohne mich freilich durch das Lob meiner Ahnen zu bestechen oder mich zum Antworten unlustiger zu machen. Denn ihre Taten, ich bitte dich, wie erklärst du dir sie denn? Meinst du wohl, sie sind entweder auf den bewaffneten Feind so losgestürmt, oder sie sind

gegen ihre Kinder, gegen ihr eigen Blut so grausam
gewesen, daß sie überhaupt nicht an ihren Nutzen,
nicht an ihre Vorteile dachten? Aber das tun ja nicht
einmal wilde Tiere, daß sie so blindlings hinstürmen
und solche Verwirrung anrichten, daß wir nicht einsehen könnten, wohin ihre Bewegungen und ihr Ungestüm zielten.

35. Du glaubst, so vorzügliche Männer hätten so
große Taten vollbracht ohne Grund? Was dieser
Grund gewesen, wollen wir bald sehen; einstweilen
will ich dies festhalten: wenn sie aus irgendeinem
Grunde jene Taten, die doch ohne Zweifel herrlich
sind, ausgeführt haben, so ist für sie die Vollkommenheit, die sittliche Persönlichkeit an und für sich
nicht der Grund gewesen. – Du sagst: die Halskette
hat er dem Feind abgezogen. – Aber er hat sich auch
gedeckt, um selbst nicht umzukommen. – Aber er hat
sich dabei großer Gefahr ausgesetzt. – Ja, aber im
Angesicht des Heeres. – Was hat er damit erreicht? –
Ruhm und Liebe, die zuverlässigsten Stützen, um ein
kühnes Leben zu führen. – Seinen Sohn hat er mit
dem Tode bestraft. – Wenn er dafür keinen aus-
reichenden Grund gehabt hat, so möchte ich nicht
der Nachkomme eines so ungestümen und grausamen
Mannes sein. Tat er es aber, um durch seinen eigenen
Schmerz die Kriegszucht und das Gebot des Feldherrn zu heiligen und das Heer während eines ge-
waltigen Krieges durch Furcht vor der Strafe in
Zucht zu halten, so hat er für das Wohl der Bürger gesorgt, in dem er sein eigenes mit inbegriffen
sah.

36. Diese Betrachtungsweise nun hat eine umfas-
sende Anwendbarkeit. Denn wobei hauptsächlich
eure Rede groß tut, namentlich deine, der du die
Taten des Altertums sorgfältig durchforschest, daß
berühmte und tapfere Männer erwähnt und ihre
Taten nicht eines Vorteils wegen, sondern zur Ehre

ihrer sittlichen Haltung an und für sich gelobt werden, das wird ganz und gar umgestoßen durch die
Aufstellung der oben erwähnten Wahl, wonach man
entweder Genüsse der Lust aufgibt, um größere Lust
zu gewinnen, oder Schmerzen auf sich nimmt, um
größeren Schmerzen zu entgehen.

37. Doch von den glänzenden und glorreichen Taten berühmter Männer mag an dieser Stelle genug
gesprochen sein. Denn schon werden wir an dem
Punkte sein, über die Richtung aller Tugenden zur
Lust hin eigens des näheren uns auseinanderzusetzen.

Erst will ich aber erklären, was und von welcher
Beschaffenheit die Lust selbst sei, damit aller Irrtum
Unkundiger aufgehoben und zum Bewußtsein gebracht werde, wie jenes System, das man für den Genuß so ergeben, schwelgerisch, verweichlicht hält,
durchaus ernst, maßvoll, streng ist. Denn nicht mit
einer solchen Lust allein halten wir es, welche durch
den einen oder anderen Reiz unmittelbar unsere
Natur erregt und mit einem gewissen Wohlbehagen
von den Sinnen genossen wird; sondern für die
größte Lust halten wir diejenige, deren Genuß durch
die Entfernung allen Schmerzes herbeigeführt wird.
Denn weil wir, wenn aller Schmerz von uns genommen wird, uns eben über diese Entledigung und dieses Freisein von aller Beschwernis freuen, alles das
aber, dessen wir uns freuen, Lust ist, wie alles das,
wodurch wir uns gestört fühlen, Schmerz ist, so hat
man die gänzliche Schmerzlosigkeit mit Recht Lust
genannt. Denn wie mit Speise und Trank Hunger
und Durst verbannt sind und die Beseitigung des Un-
angenehmen unmittelbar die Lust zur Folge hat, so
bewirkt in jeder Sache das Entfernen des Schmerzes
als Folge die Lust. 38. Daher war auch Epikur nicht
der Ansicht, daß ein gewisser Mittelzustand zwischen
Schmerz und Lust vorhanden sei: denn gerade das,

was einigen als dieser Mittelzustand erscheine, nämlich der Zustand völliger Schmerzlosigkeit, eben der
sei nicht nur eine Lust, sondern sogar die höchste
Lust. Denn jeder, der sich erregt fühlt, muß entweder
im Zustand der Lust oder in dem des Schmerzes sein.
Mit der gänzlichen Schmerzlosigkeit aber, glaubt
Epikur, habe die höchste Lust ihre Grenze, so daß
nachher die Lust sich zwar umgestalten und in verschiedenen Tönungen erscheinen, nicht aber sich vergrößern und erweitern kann.

39. Nun ist auch jetzt noch in Athen, wie mein
Vater, geistreich und fein über die Stoiker spöttelnd,
mir oft erzählt hat, auf dem Kerameikos[40] eine sit-
zende Statue des Chrysippos mit vorgestreckter
Hand, und diese Hand soll bezeichnen, daß er sich in
folgender kurzer Frage gefallen hat: ›Vermißt denn
deine Hand in dem Zustand, in dem sie jetzt ist, irgend etwas?‹ – Wahrlich nichts. – ›Aber, wenn die
Lust ein Gut wäre, würde sie dann jetzt etwas vermissen?‹ – Ich glaube allerdings. – ›Also ist die Lust
kein Gut.‹ Das würde, meinte mein Vater, nicht einmal eine Statue sagen, wenn sie sprechen könnte. Der
Schluß richtet sich nämlich recht scharfsinnig gegen
die Kyrenaiker, den Epikur aber trifft er gar nicht.
Denn wenn dies die einzige Lust wäre, welche die
Sinne sozusagen kitzelt und auf sie mit Lieblichkeit
einströmt und sich in sie ergießt, so könnte weder die
Hand noch sonst ein Körperteil mit der Schmerzlosigkeit zufrieden sein ohne ein angenehmes Gefühl von
Lust. Wenn aber die höchste Lust darin besteht, wie
Epikur meint, keinen Schmerz zu haben, so ist dir,
Chrysippos, dein erster Satz mit Recht zugegeben,
daß deine Hand in solcher Haltung nichts vermisse;
der zweite aber nicht mit Recht, daß, wenn die Lust
ein Gut wäre, die Hand etwas vermißt hätte. Sie
würde ja eben deshalb nichts vermissen, weil das, was
von Schmerz frei ist, in dem Zustand der Lust ist.

40. Daß nun aber die Lust der Höhepunkt aller Güter sei, läßt sich aus folgendem gar leicht ersehen. Stellen wir uns einen Menschen vor, der Lust in hohem Maße, in reicher Fülle, ohne Unterlaß mit seinem Geist sowohl wie mit seinem Körper genießt, ohne daß irgendein Schmerz ihn stört oder ihm droht, welche vorzüglichere oder begehrenswertere Lage als diese können wir uns denn denken? Innewohnen muß ja einem Menschen in diesem Zustande auch die ganze Festigkeit eines Geistes, der weder Tod noch Schmerz fürchtet, weil ja der Tod das Empfindungsvermögen aufhebt und der lange andauernde Schmerz leicht, der schwere kurz zu sein pflegt, so daß über seine Größe das rasche Vorübergehen, über seine lange Dauer die damit verbundene Erleichterung trösten kann. 41. Und wenn dazu noch kommt, daß er weder vor der Macht der Gottheit schaudert, noch vergangene Genüsse der Lust sich aus dem Gedächtnis schwinden läßt, sondern sich an deren bleibender Erinnerung freut, was könnte denn dem noch Besseres zuteil werden? Stelle dir dagegen einen Menschen vor, zermartert von so schweren seelischen und körperlichen Schmerzen, wie sie einen Menschen nur immer befallen können, ohne alle Hoffnung, daß es einst leichter werden könnte, zudem ohne die geringste gegenwärtige oder bevorstehende Lust: was läßt sich Elenderes nennen oder ausdenken als solch ein Mensch? Wenn nun ein mit Schmerzen erfülltes Leben am meisten zu fliehen ist, so ist es in der Tat das größte Übel, im Schmerze zu leben; und aus diesem Satze folgt der andere: daß es das höchste aller Güter ist, in Lust zu leben. Denn unser Geist hat nichts, wo er wie bei einem Endpunkte haltmachen könnte, und alle Arten der Furcht und der Bekümmernis gehören ja mit zum Schmerz, und es gibt außerdem nichts, was seiner Natur nach zu beunruhigen oder zu ängstigen vermöchte. 42. Zu-

dem rühren die Anfänge des Begehrens wie des Ver-
abscheuens und überhaupt alles das, was wir zu
unternehmen haben, entweder von der Lust oder vom
Schmerze her. Und da dem so ist, so ist es klar, daß
alles Rechte und Löbliche danach bemessen wird, daß
man in Lust lebe. Weil aber das höchste, letzte,
äußerste aller Güter – Telos von den Griechen genannt – dasjenige ist, welches selbst auf nichts anderes, auf welches vielmehr alles andere bezogen
wird, so muß zugegeben werden, daß das höchste Gut
sei, angenehm zu leben.

Wer dies in der Tugend allein sucht und, vom
Glanz dieses Wortes geblendet, nicht erkennt, was
die Natur fordert, der wird, falls er auf Epikur hören
will, von einem sehr großen Irrtum frei werden.
Denn diese eure außerordentlichen und schönen Tugenden, brächten sie keine Lust, wer würde sie für
löblich oder begehrenswert halten?

Wie wir nämlich das Wissen der Ärzte nicht um
der bloßen Kunstfertigkeit, sondern um der Gesundheit willen rühmen, und wie die Kunst eines Steuer-
mannes, weil sie die Regeln der sicheren Schiffahrt in
sich enthält, um ihres Nutzens, nicht um der Kunst
willen gelobt wird, so würde die Weisheit, die man
für die Lebenskunst halten muß, nicht angestrebt
werden, wenn sie keine Wirkung hätte: nun wird
sie angestrebt, weil sie gleichsam die Künstlerin ist,
welche Lust aufspürt und verschafft. –

43. Welch eine Lust ich aber meine, sollt ihr gleich
sehen, damit nicht durch das Gehässige, das in ihrem
Namen liegen könnte, meine Rede erschüttert wird.

Da nämlich durch Unkenntnis der wirklichen Güter und Übel das Leben der Menschen sehr häufig gequält wird und sie infolge dieses Irrtums
ebenso der größten Lust oft beraubt wie mit den
heftigsten Schmerzen der Seele gefoltert werden, so
ist die Weisheit heranzuziehen, die nach Beseitigung

von Schrecknissen und Begierden sowie nach Aus-
rottung aller unüberlegten falschen Vorstellungen sich
uns als die sicherste Führerin zur Lust darbietet.
Denn die Weisheit ist es allein, die aus den Seelen
die Traurigkeit verbannt, die dem Schauer der Furcht
keine Macht über uns einräumt. Unter ihrer Anleitung läßt es sich in Ruhe leben, wenn die Glut aller
Begierden ausgelöscht ist. Die Begierden nämlich
sind unersättlich; sie vernichten nicht nur einzelne
Menschen, sondern ganze Familien, oft erschüttern sie
auch den ganzen Staat. 44. Aus Begierden entspringen Haß, Zerwürfnis, Zwietracht, Aufruhr, Krieg.
Aber nicht nur außerhalb des Menschen machen sie
sich breit, und sie stürzen sich nicht nur auf andere in
blindem Ungestüm, sondern auch drinnen, in die
Seelen eingeschlossen, sind sie untereinander selbst in
Uneinigkeit und Zwietracht. Daraus muß ein höchst
bitteres Leben hervorgehen, dergestalt, daß der
Weise allein, der allen Wahn und allen Irrtum gleichsam abgehauen und ringsum beschnitten hat, mit den
Grenzen, wie sie die Natur gezogen hat, zufrieden,
ohne Bekümmernis und ohne Furcht leben kann.

45. Denn welche Einteilung wäre nützlicher oder
für ein gutes Leben geeigneter als die, deren sich
Epikur bediente? Er hat ja als die eine Art von Begierden diejenigen aufgeführt, welche natürlich und
notwendig zugleich sind, als zweite die, welche natürlich, aber nicht notwendig, als eine dritte die,
welche weder natürlich noch notwendig sind. Ihr Verhältnis ist nun dies, daß die notwendigen ohne viel
Mühe und Aufwand befriedigt werden. 46. Auch die
natürlichen verlangen nicht viel, weil die Natur selbst
im Besitze von Reichtümern ist, mit denen sie zufrieden sein kann, die leicht zu beschaffen und auch fest
umgrenzt sind. Für eitel Begierden aber kann weder
ein Maß noch eine Grenze gefunden werden.

Wenn wir schon sehen, daß das Leben in seiner

Gesamtheit in Verwirrung gerät durch Irrtum und Unwissenheit, und daß es die Weisheit allein ist, die uns von dem Ungestüm der Leidenschaften und von den Schreckbildern der Furcht befreit und uns selbst des Schicksals Schläge gelassen tragen lehrt und alle Wege zeigt, die zu Frieden und Gemütsruhe führen: warum sollten wir da zögern zu behaupten, es sei die Weisheit der Lust wegen zu suchen, es sei die Unwissenheit der Beschwerden wegen zu fliehen?

47. So werden wir gleichfalls behaupten, daß auch die Mäßigung nicht um ihrer selbst willen erstrebt werden müsse, sondern weil sie den Herzen Frieden schafft und diese gleichsam durch Harmonie versöhnt und zur Ruhe bringt. Die Mäßigung ist es nämlich, die uns beim Begehren und Meiden der Dinge der Vernunft zu folgen gemahnt. Denn es ist nicht genug, zu beurteilen, was zu tun oder zu fliehen sei, sondern man muß auch bei dem beharren, was man erkannt hat. Die meisten Menschen aber geben sich den sinnlichen Lüsten zur Verknechtung hin, weil sie das, was sie selbst beschlossen haben, nicht festhalten und durchführen können, bewältigt und geschwächt, wenn das Trugbild der Lust sich ihnen darbietet, ohne vorauszusehen, was daraus werden wird. Und deshalb stürzen sie sich um einer Lust willen, die gering, die nicht notwendig, die entweder auch anderswie erworben oder auch ohne Schmerz ganz entbehrt werden könnte, bald in schwere Krankheiten, bald in Schaden, bald in Schande, oft setzen sie sich sogar der Strafe der Gesetze und Gerichte aus. 48. Wer aber die Lust so genießen will, daß sie für ihn keine Schmerzen zur Folge hat, und wer bei dem, was er einmal entschieden, beharrt, um nicht, durch die Lust besiegt, das zu tun, was nach der eigenen Ansicht nicht geschehen sollte, der erreicht die höchste Lust durch Verzichtleistung auf Lust. Eben der erduldet auch oft Schmerz, um nicht, wenn er sich diesem einen

entzieht, einem um so größeren zu verfallen. Daraus ersieht man, daß man die Zügellosigkeit nicht um ihrer selbst willen fliehen, der Mäßigung aber nachtrachten soll, nicht weil sie Lust meidet, sondern weil sie größere Lust erreicht.

49. Dieselbe Einsicht wird sich herausstellen über die Tapferkeit. Denn weder das Verrichten von Arbeiten noch das Ertragen von Schmerzen hat an sich etwas Verlockendes, ebensowenig die Geduld, die Beharrlichkeit, die durchwachten Nächte, auch nicht sie selbst, die so gepriesen wird, die Tatkraft, nicht einmal die Tapferkeit; sondern jenen unterziehen wir uns nur, um ohne Sorge und Furcht zu leben und Seele und Leib so weit wie möglich vor Ungemach zu bewahren. Wie nämlich durch die Angst vor dem Tode jeder Bestand eines ruhigen Lebens getrübt wird und wie den Schmerzen sich hinzugeben und sie mit Kleinmut und Ohnmacht zu leiden etwas Elendes ist, und wie dieser Schwäche wegen viele ihre Eltern, viele ihre Freunde, manche ihr Vaterland, die meisten aber sich selbst gänzlich ins Verderben gestürzt haben, so ist ein starker und erhabener Sinn frei von aller Sorge und Beklemmung, wenn er den Tod verachtet – wer ihm erliegt, ist ja in der gleichen Lage, in der man war, ehe man geboren worden –, wenn er auf die Schmerzen so gerüstet ist, daß er sich darüber klar ist, die größten enden mit dem Tod, die geringen haben vielfache Pausen zu ruhen, über die mittelmäßigen sind wir Herr, so daß wir, wenn sie erträglich sind, sie aushalten, wenn aber nicht, mit Gleichmut das Leben, das uns nicht mehr gefällt, wie ein Theater verlassen.

Hieraus ist zu erkennen, daß weder die Furchtsamkeit und Feigheit Tadel, noch die Tapferkeit und Ausdauer um ihrer selbst willen Lob verdienen, sondern daß man jene ablehnt, weil sie Schmerz, für diese sich entscheidet, weil sie Lust erzeugen[41].

50. Noch bleibt die Gerechtigkeit, um von allen Tugenden gesprochen zu haben. Doch kann von ihr im ganzen Ähnliches gesagt werden. Wie ich nämlich nachgewiesen habe, daß Weisheit, Mäßigung und Tapferkeit mit der Lust dergestalt verknüpft sind, daß sie von ihr auf keine Weise gewaltsam weggerissen noch abgesondert werden können, ebenso ist auch über die Gerechtigkeit zu urteilen, welche nicht nur niemandem je schadet, sondern im Gegenteil jeden jederzeit an sich lockt, sowohl durch ihre eigene Kraft und Natur, weil sie die Gemüter in Ruhe versetzt, als auch durch die Hoffnung, es werde nichts von dem fehlen, was die unverdorbene Natur fordert. Und gleichwie die Verwegenheit, die Wollust und die Trägheit stets die Seele quälen, stets sie verstören und Unruhe in ihr bewirken, so ist auch die Unredlichkeit, wenn sie in eines Menschen Herz sich eingenistet hat, allein schon durch ihr Dasein verwirrend: wenn sie aber einmal etwas ins Werk gesetzt hat, wie geheim sie's auch ausführte, sie wird sich doch nimmermehr darauf verlassen können, daß dies immer verborgen bleiben werde. Meist folgt den Taten des Bösewichts zuerst der Verdacht, dann Gerücht und böse Nachrede, hierauf der Kläger, endlich der Richter. Viele haben sich auch schon, wie unter deinem Konsulat, selbst angezeigt. 51. Wenn sich auch mancher gegen das Mitwissen der Menschen verwahrt und gesichert vorkommt, so schaudert er doch davor, daß die Götter es wissen, und eben diese Gewissensqualen, von denen sein Herz Tag und Nacht verzehrt wird, glaubt er von den unsterblichen Göttern zu seiner Strafe verhängt. Wie kann aber aus unredlichen Taten ein so großer Beitrag zur Verminderung von Beschwerden des Lebens erwachsen, wie er zu deren Vermehrung erwächst, durch das bloße Bewußtsein der bösen Tat, durch die Strafe der Gesetze und den Haß der Mitbürger? Und doch hat

bei manchen weder die Geldgier ein Maß noch der
Ehrgeiz noch die Herrschsucht noch die Wollust noch
die Schlemmerei noch die übrigen Begierden. Kein
Gewinst, den sie aus ihren Untaten gezogen haben,
mindert je ihre Begierden, sondern setzt sie vielmehr
in Flammen, so daß es den Anschein hat, daß solche
Menschen mehr durch Zwang gebändigt als eines
besseren belehrt werden müssen.

52. Es fordert also die wahre Vernunft die Verständigen zu Gerechtigkeit, Billigkeit und Treue auf.
Denn nicht sind einem Manne, der nicht zu reden
weiß, oder einem, der ohne Macht ist, ungerechte
Handlungen von Nutzen, weil ein solcher weder
leicht ins Werk setzen kann, was er wagen möchte,
noch gar es behaupten kann, wenn er es verwirklicht
hätte; und jede Macht, sei es des Vermögens oder
des Talentes, paßt besser zur Großzügigkeit. Wer
diese übt, verschafft sich Wohlwollen und, was zum
ruhigen Leben am förderlichsten ist, Zuneigung, besonders da überhaupt kein Beweggrund vorhanden
ist, Unrecht zu tun.

53. Denn die Begierden, welche von der Natur
ausgehen, werden leicht befriedigt ohne irgendeine
Ungerechtigkeit; den eitlen Begierden aber darf man
nicht nachgeben. Denn nichts Wünschenswerteres begehren sie, und mehr Einbuße bringt unmittelbar die Ungerechtigkeit mit sich als Vorteil das, was
durch Unrecht gewonnen wird. Also kann man
auch wohl nicht die Gerechtigkeit mit Fug um ihrer
selbst willen wünschenswert nennen, sondern weil sie
ein ganz hohes Maß von Annehmlichkeit gewährt.
Denn geliebt zu werden und anderen teuer zu sein,
ist deshalb angenehm, weil es das Leben sicherer und
die Lust vollständiger macht. Und so glauben wir,
daß nicht nur der Nachteile wegen, welche den Unredlichen erwachsen, die Unredlichkeit zu meiden
ist, sondern noch viel mehr, weil sie dem, in dessen

Herzen sie ihr Wesen treibt, niemals aufatmen, niemals zur Ruhe kommen läßt.

54. Wenn also nicht einmal das Lob der Tugenden selbst, in welchem die Darstellung der anderen Philosophen sich so stolz ergeht, ein Ziel finden kann außer in Richtung auf die Lust, die Lust es aber allein ist, die uns zu sich zu rufen und anzulocken vermag kraft des ihr eigenen Wesens, so kann es kein Zweifel sein, daß sie das höchste und äußerste aller Güter ist, und daß das glückliche Leben nur in einem von Lust erfüllten Leben besteht.

55. Was mit diesem sicheren und unumstößlichen Grundsatz zusammenhängt, will ich kurz erklären. Kein Irrtum ist möglich im Hinblick auf eben dieses Höchste der Güter und Übel, d. h. auf Lust oder auf Schmerz, aber man kann auch in diesen Bereichen fehlgehen, wenn man die Quelle, der sie entspringen, nicht kennt. Lust und Schmerz der Seele, bekennen wir, entstehen aus den körperlichen Empfindungen der Lust und des Schmerzes. So gebe ich zu, was du vorhin behauptetest, daß den Prozeß verliert, wer von uns anderer Meinung ist; freilich sind es, wie ich sehe, deren viele, aber es sind die Unkundigen. Obgleich aber die Lust der Seele uns ebenso Freude wie ihr Schmerz Leiden bringt, so gebe ich weiter zu, ist doch beides aus dem Körper entsprungen und bezieht sich auch auf den Körper zurück, und aus eben diesem Grunde ist Lust sowohl wie Schmerz der Seele viel größer als Lust und Schmerz des Körpers. Denn mit dem Körper können wir nur empfinden, was eben jetzt zugegen ist, mit dem Geiste aber auch Vergangenes und Künftiges. Denn mag auch sein, daß wir mit der Seele in gleichem Maße leiden, wenn wir mit dem Körper leiden, so kann doch dem eine sehr große Steigerung zuteil werden, wenn wir uns vorstellen, es stehe uns irgendein ewiges und unendliches Übel bevor. Und eben das kann auf die Lust angewandt

werden, so daß diese also um so größer ist, wenn wir
nichts derartiges fürchten.

56. So ist denn soviel allerdings ersichtlich, daß
die größte Lust oder Qual der Seele einen größeren
Einfluß auf das glückliche oder aber auf das elende
Leben habe als beiderlei Empfindung, wenn sie
gleich lange im Körper ist. Nicht aber sind wir der
Meinung, daß nach Entzug der Lust sofort Kummer
folge, es sei denn, daß an die Stelle der Lust zufällig
ein Schmerz getreten sei; im Gegenteil, daß wir uns
an dem Nachlassen der Schmerzen freuen, wenn auch
durchaus keine solche Lust, die die Sinne erregte, an
deren Stelle getreten ist; und daraus ist zu erkennen,
welch große Lust der Zustand der Schmerzlosigkeit
bedeutet.

57. Aber wie wir durch die Güter, die wir erwarten, aufgerichtet werden, so freuen wir uns ihrer in
der Erinnerung. Nur die Toren quälen sich beim Andenken an das Üble, die Weisen ergötzen die vergangenen Güter, die sie sich in dankbarer Erinnerung erneuen. Es liegt aber in unserem Wesen, Wi-
derwärtiges gleichsam in ewige Vergessenheit zu ver-
senken sowie der Tage des Glücks uns mit Freude
und Behagen zu erinnern. Betrachten wir aber das
Vergangene mit Scharfblick und Aufmerksamkeit,
dann geschieht es, daß Bekümmernis entsteht, wenn
jenes böse, Freude aber, wenn es etwas Gutes war.

O herrlicher Weg zum beglückten Leben, o ge-
bahnter, kunstloser und gerader Weg! Denn da doch
für den Menschen nichts besser sein kann, als frei zu
sein von allem Schmerz und aller Beschwernis und
die höchste Lust der Seele und des Leibes zu genießen: so seht ihr doch wohl, wie nichts außer acht gelassen wird, was das Leben fördern kann, damit wir
um so leichter das, was unsere Lebensaufgabe ist, das
höchste Gut, erreichen? Laut ruft Epikur, er, den ihr
den Lüsten allzu sehr ergeben nennt, man könne

nicht angenehm leben, ohne weise, sittlich gut und
gerecht zu leben; nicht weise, sittlich gut und gerecht,
ohne angenehm zu leben.

58. Denn auch ein Staat kann im Aufruhr nicht
glücklich sein, noch bei der Zwietracht seiner Herren
ein Haus; um so weniger kann die Seele, mit sich
selbst uneins und in Zwietracht, auch nur einen Teil
eines reinen und freien Vergnügens kosten. Und so
kann sie, einander bekämpfenden und entgegengesetzten Neigungen und Entschlüssen stets hingege-
ben, gleichwohl keine Ruhe erleben, keinen Frieden.
59. Und wenn durch schwerere Krankheiten des Leibes die Annehmlichkeit des Lebens gestört wird: um
wieviel mehr muß sie durch Krankheiten der Seele
gestört werden! Seelenkrankheiten aber sind maß-
lose und eitle Begierden nach Reichtum, Ruhm, Herrschaft und sinnlichen Lüsten. Dazu gesellen sich Miß-
mut, Beschwernisse, Gram aller Art, die das Herz
zernagen und mit Sorge erschöpfen bei Menschen,
welche nicht einsehen, daß die Seele sich über nichts
betrüben soll als nur über gegenwärtiges oder künftiges körperliches Leiden. Und in der Tat gibt es
keinen Toren, der nicht an einer dieser Krankheiten
litte; folglich ist auch keiner von ihnen, der nicht unglücklich wäre.

60. Dazu kommt noch der Tod, der wie der Fels
über Tantalus immer drohend über seinem Haupte
hängt, ferner der Aberglaube; wer von ihm ange-
steckt ist, kann nie Ruhe haben. Überdies erinnern
sich solche nicht der Güter vergangener Zeit, die ge-
genwärtigen genießen sie nicht; nur auf das, was die
Zukunft bringen soll, warten sie; und weil hier Gewißheit nicht möglich ist, so reiben sie sich auf in Beklemmung und Befürchtung, und ganz besonders zer-
martern sie sich, wenn sie zu spät merken, daß sie
umsonst sich bemüht haben um Geld, um Stellen, um
Macht, um Ruhm. Denn sie erreichen keinen Genuß

der Lust, derentwegen sie brennend in der Hoffnung, sie zu gewinnen, viele große Mühsale auf sich genommen hatten.

61. Siehe da wieder andere, kleinliche, engherzige Menschen, entweder an allem stets verzweifelnd, oder übelwollend, neidisch, unverträglich, lichtscheu, schmähsüchtig, nicht recht geheuer; andere dagegen auch leichtfertigem Lieben ergeben, andere frech, andere verwegen, unverschämt, zugleich kein Maß kennend und feige, nie fest bei einem Entschluß beharrend; deswegen findet sich in ihrem Leben gar keine Unterbrechung der Widerwärtigkeiten. Deshalb ist kein Tor glücklich und kein Weiser unglücklich. Und dies lehren wir viel besser und mit mehr Wahrheit als die Stoiker. Denn jene behaupten, es gebe kein Gut außer dem – ich weiß nicht welchem – Trugbild, das sie mit einer mehr blendenden als gründlichen Bezeichnung das Sittliche nennen: die Vollkommenheit aber, gegründet auf dieses Sittliche, habe kein Verlangen nach Lust, sondern sei zum glücklichen Leben sich selber genug.

62. Doch kann dies in gewisser Hinsicht gesagt werden, nicht nur ohne unseren Widerspruch zu erregen, sondern sogar mit unserer entschiedenen Zustimmung. Denn folgendermaßen wird von Epikur der Weise als immer glücklich vorgeführt: eine Grenze gesetzt hat er seinen Begierden, er fürchtet den Tod nicht, über die unsterblichen Götter hat er ohne jegliche Furcht die richtigen Vorstellungen; er trägt kein Bedenken, wenn es ihm so besser erscheint, aus dem Leben zu scheiden. Auf diese Weise ist er stets in Lust. Denn es gibt keinen Zeitpunkt, wo er nicht mehr der Lust hätte als der Schmerzen. Des Vergangenen erinnert er sich ja dankbar, aber auch das Gegenwärtige meistert er dadurch, daß er darauf achtet, wie Großes und wie Angenehmes es bedeutet; aber von der Zukunft macht er sich nicht abhängig, sondern

er genießt in deren Erwartung den Augenblick; und von jenen Fehlern, die ich kurz zuvor zusammengestellt habe, ist er gar weit entfernt. Und wenn der das Leben der Toren mit dem seinigen vergleicht, so empfindet er große Lust; Schmerzen aber, wenn deren auf ihn einstürmen wollen, haben nie eine solche Gewalt, daß der Weise nicht mehr Grund hätte, sich zu freuen als Beklemmung zu empfinden.

63. Vortrefflich fürwahr ist der Ausspruch Epikurs, daß das Schicksal dem Weisen nur wenig in den Weg trete, und daß die größten und wichtigsten Dinge von ihm nach seiner Einsicht und seinen Grundsätzen durchgeführt würden, und es könne aus einer unendlich langen Lebenszeit nicht mehr Lust aufgefangen werden, als man aus der erhasche, die wir doch so begrenzt sähen.

In eurer Dialektik aber liege, so meint er, gar kein Weg, weder zur Erhöhung des Lebensglücks noch zur Erleichterung wissenschaftlicher Erörterungen. Auf die Naturwissenschaften legte er den größten Wert. Diese Wissenschaft kann die Bedeutung der Worte, das Wesen sprachlicher Darstellung sowie die Lehre von den Folgerungen und Widersprüchen erhellen; haben wir aber das Wesen aller Dinge erkannt, so werden wir vom Aberglauben erlöst, von der Furcht vor dem Tode befreit, werden wir nicht mehr irregeführt durch Unvertrautheit mit den Erscheinungen der Natur; aus ihr gerade gehen so oft schauerliche Schreckbilder hervor. Endlich werden wir sittlich besser sein, wenn wir gelernt haben, was die Natur verlangt. Und zuletzt, wenn wir eine wohlgegründete Kenntnis von den Dingen besitzen werden und dabei jene Richtschnur[42] bewahren, welche gleichsam vom Himmel zur Erkenntnis sich niedergesenkt hat, nach der sich alle unsere Urteile über die Dinge richten sollen: so werden wir nie, durch irgend jemandes Rede besiegt, von dieser Ansicht abstehen.

64. Haben wir aber die Natur der Dinge nicht durchschaut, so werden wir auch auf keine Weise die Urteile unserer Sinne verteidigen können. Was wir ferner mit dem Geiste schauen, das entspringt alles den Sinneswahrnehmungen; wenn diese durchaus wahrhaftig sind, wie es das System Epikurs lehrt, dann erst wird etwas erkannt und begriffen werden können. Wer sie aufhebt und behauptet, es könne nichts wahrgenommen werden, der kann, indem er jene verwirft, nicht einmal das rechtfertigen, worüber er sich auseinandersetzen will. Überdies wird, sobald man Erkenntnis und Wissenschaft aufhebt, jede Norm für die Gestaltung des Lebens und Handelns mit aufgehoben. So wird aus der Naturwissenschaft einmal Festigkeit gegen alle Todesfurcht, sodann Unerschütterlichkeit gegen die Schrecknisse des Aberglaubens, ferner Beruhigung des Gemütes geschöpft, weil die Unvertrautheit mit allen den Sinnen verhüllten Dingen beseitigt ist, es wird auch Selbstbeherrschung gewonnen, wenn die Natur der Begierden und deren verschiedene Arten erläutert sind, und es wird, wie ich oben nachgewiesen, die Regel der Erkenntnis und – indem nach eben dieser unser Urteil bestimmt wird – die Unterscheidung des Wahren vom Falschen gelehrt.

65. Noch bleibt ein Punkt übrig, der bei dieser Untersuchung durchaus nicht fehlen darf, nämlich der über die Freundschaft, von der ihr behauptet, daß sie, wenn Lust das höchste Gut sein soll, in Zukunft gar nicht bestehen würde. Und doch sagt Epikur von ihr: von allen Dingen, die die Weisheit zum Lebensglück sich ausgedacht habe, gebe es nichts Höheres, nichts Ertragreicheres, nichts Süßeres als die Freundschaft. Und dies hat er nicht nur durch seine Rede, sondern noch weit mehr durch sein Leben, seine Handlungen und seinen Wandel bestätigt. Welch seltenes Gut die Freundschaft ist, zeigen die

dramatischen Stoffe der Alten, in welchen, so viele
und so verschiedenartige es deren gibt, aus den Sagen der fernsten Vorzeit entnommen, man kaum drei
Freundespaare findet, wenn man mit Theseus beginnt und bis zu Orestes geht. Dagegen Epikur, in
dem einen und noch dazu engen Hause – eine wie
große und in welch harmonischer Liebe sich verste-
hende Freundesschar hat er vereinigt! Und noch
jetzt wird das so bei den Epikureern gehalten. Doch
kehren wir zur Sache zurück; von den Personen zu
reden, ist nicht nötig.

66. In dreifacher Weise haben, wie ich sehe, die
Unsrigen von der Freundschaft gehandelt. Während
die einen nämlich in Abrede stellen, daß diejenigen
Genüsse der Lust, die sich auf die Freunde beziehen,
um ihrer selbst willen so zu suchen seien, wie wir
unsere eigenen suchen – ein Gesichtspunkt, mit dem
manchem die Festigkeit der Freundschaft zu wanken
scheint –, so halten sie dennoch diesen Satz fest und
helfen sich meines Erachtens leicht aus der Verlegenheit heraus. Denn ebensowenig wie die Tugenden,
von denen zuvor gesprochen wurde, könne, sagen sie,
die Freundschaft von der Lust getrennt werden. Denn
da die Abgeschiedenheit und das Leben ohne Freunde
voller Nachstellungen und Furcht ist, so mahnt die
Vernunft selbst, Freundschaften zu schließen: sind
sie erst zustandegekommen, so kräftigt sich die Seele
und läßt sich die Hoffnung auf zu gewinnende Vergnügungen nicht nehmen. 67. Und wie der Haß, der
Neid, die Verachtung der anderen dem Vergnügen
hinderlich sind, so sind Freundschaften nicht nur die
verläßlichsten Gönnerinnen, sondern auch Schöpfe-
rinnen von Freuden sowohl für den Freund als für
sich selbst: und zwar genießt man diese Freuden nicht
nur im Augenblick, sondern fühlt sich auch durch
die Hoffnung auf die nächste und spätere Zeit aufgerichtet. Weil wir nun auf keine Weise ohne

Freundschaft sichere und dauernde Annehmlichkeit des Lebens uns erhalten können, aber auch nicht die Freundschaft selbst behaupten können, ohne daß wir den Freund wie uns selbst lieben, deshalb wird gerade dies in der Freundschaft verwirklicht, wie sich auch die Freundschaft verquickt mit der Lust. Denn wir freuen uns über die Freude der Freunde ebensosehr wie über die unsrige, so wie uns in gleicher Weise ihre Trübsal schmerzt.

68. Darum wird sich der Weise ebenso gegen den Freund verhalten wie gegen sich selbst; und die Mühen, die er um seiner eigenen Lust willen auf sich nähme, wird er auch für des Freundes Lust ertragen. Und was ich von den Tugenden gesagt habe, daß sie stets in innigstem Zusammenhang mit der Lust stehen, eben das ist von der Freundschaft zu sagen. Denn vortrefflich drückt dies Epikur mit etwa folgenden Worten aus: ›Wie der Grundsatz, kein Übel wie ein ewiges oder dauerndes zu fürchten, die Seele kräftigt, so stärkt die Einsicht, daß in eben dieser Spanne Leben die Freundschaft den sichersten Schutz biete[43]‹.

69. Einige andere Epikureer sind ein wenig zu furchtsam gegenüber euren Vorwürfen, doch sind sie scharfsinnig genug; sie sorgen sich nämlich, es möchte, wenn wir die Freundschaft unserer eigenen Lust wegen für wünschenswert halten, die ganze Freundschaft gleichsam zu hinken scheinen. Daher behaupten sie, daß das erste Näherkommen, die Verbindungen und der Wunsch nach Anbahnung eines dauernden Umgangs sich allerdings um der Lust willen bilde; wenn aber fortgesetzter Umgang vertraute Freundschaft gezeitigt habe, dann blühe eine so innige Liebe hervor, daß, wenn auch kein Vorteil aus der Freundschaft hervorgehe, doch die Freunde selbst um ihrer eigenen Person willen geliebt werden. Denn wenn wir schon eine bestimmte Gegend, wenn wir

Tempel, Städte, Gymnasien, das Marsfeld, wenn wir Hunde, Pferde und Schauspiele durch die Gewohnheit des Spiels und der Jagd liebzugewinnen pflegen, um wieviel leichter und mit wieviel größerem Recht dürfte dies im Vertrautsein mit Menschen geschehen können?

70. Es gibt endlich auch solche, die behaupten, es bestehe zwischen den Weisen eine Art Vertrag, die Freunde nicht weniger als sich selbst zu lieben. Daß dies der Fall sein kann, begreifen wir und sehen es in häufigen Beispielen, und klar ist, daß kein geeigneteres Mittel zu einem angenehmen Leben sich finden läßt als eine solche Verbindung.

Aus all dem kann man ermessen, daß die Leitlinie der Freundschaft nicht nur nicht gestört wird, wenn das höchste Gut in der Lust gesehen wird, sondern daß ohne dies die Gestaltung der Freundschaft überhaupt nicht gefunden werden kann.

71. Wenn demnach das, was ich vorgetragen habe, heller und klarer als die Sonne selbst ist, wenn alles Vorgebrachte aus der Quelle der Natur geschöpft ist, wenn meine ganze Rede ihre vollkommene Glaubwürdigkeit durch die Sinne gewährleistet, das heißt mit unbestochenen, reinen Zeugen, wenn Kinder, die noch nicht sprechen können, wenn selbst die stummen Tiere es beinahe aussprechen, belehrt und geleitet von der Natur, daß es kein Glück gebe außer der Lust, keine Widerwärtigkeit außer dem Schmerz – und darüber die Sinne weder verführt noch bestochen urteilen –, müssen wir dann nicht dem den größten Dank wissen, der gleichsam diese Stimme der Natur abgelauscht und sie so fest und ernst aufgefaßt hat, daß er alle Verständigen auf den Weg eines beruhigten, ungestörten, friedlichen, glücklichen Lebens führte? Wenn aber Epikur dir zu wenig wissenschaftlich gebildet erscheint, so liegt der Grund davon darin, daß er keine Bildung anerkannte, außer wenn sie

dem Stoffgebiet des glücklichen Lebens förderlich
sei.

72. Oder hätte er etwa seine Zeit entweder mit
Durchstudieren von Dichtern, wie ich und Triarius
auf deinen Rat es tun, verbringen sollen, wobei
doch kein haltbarer Nutzen entsteht und der ganze
Genuß kindisch ist; oder hätte er sich etwa, wie Platon, mit Musik, Geometrie, mit Zahlen und Sternen
abplagen sollen, Gegenständen, die, von falschen
Grundlagen ausgehend, auch nicht wahr sein können: so wie sie, wenn sie wahr wären, auch nicht im
geringsten dazu beitragen würden, daß wir angenehmer, das heißt besser lebten? Solchen Künsten also
hätte er nachlaufen, um die Kunst des Lebens aber,
diese so große, so mühevolle, aber auch ebenso se-
gensreiche, sich nicht kümmern sollen? Nicht Epikur
also fehlt es an Gelehrsamkeit, sondern denjenigen
fehlt es an Bildung, welche meinen, daß sie das, was
sie als Knaben schmählicherweise zu lernen ver-
säumt haben, bis zu ihrem Greisenalter nachholen
müßten.«

Nach diesen Worten sprach er: »Entwickelt habe
ich meine Ansicht, und zwar mit dem Ziel, dein Urteil hierüber zu erfahren; die Gelegenheit, dies nach
meinem Gutdünken zu tun, hat sich mir früher nie
geboten.«

ZWEITES BUCH

1. Als mich hier beide ansahen und bedeuteten, sie seien bereit zu hören, sprach ich: »Zuerst muß ich mir ausbitten, daß ihr nicht von mir erwartet, ich werde euch, gleich einem Philosophen, eine schulmäßige Abhandlung vortragen, eine Sitte, die mir nicht einmal bei den Philosophen selbst je sehr gefallen hat. Wann hat denn Sokrates, den man doch mit Recht den Vater der Philosophie nennen kann, dergleichen getan? Nur jene damaligen sogenannten Sophisten hatten diese Gewohnheit, von denen zuerst der Leontiner Gorgias[1] sich erdreistet hat, in Zusammenkünften eine Aufgabe zu fordern: es solle jemand den Gegenstand angeben, über den er einen Vortrag hören wolle. Ein kühnes Unterfangen, ich würde sagen ein unverschämtes, hätte sich nicht dieses Verfahren auf unsere Philosophen[2] fortgepflanzt.
2. Aber sowohl den Genannten wie die übrigen Sophisten sehen wir, wie man aus Platon entnehmen kann, von Sokrates verspottet. Der nämlich pflegte durch Ausforschen und Fragen die Meinungen derer hervorzulocken, mit denen er etwas erörterte, um auf das, was sie geantwortet hatten, mit seiner Anschauung zu erwidern. Diese Weise behielten die Späteren nicht bei, bis Arkesilaos[3] sie wieder ins Leben rief und es so einrichtete, daß die, welche ihn hören wollten, nicht ihn befragen, sondern selber ihre Meinung sagen sollten; und hatten sie gesprochen, so sprach er dagegen. Dabei verteidigten aber dann seine Zu-

hörer, so weit sie konnten, ihre Meinung. Bei den übrigen Philosophen aber schweigt derjenige, der eine Frage aufgeworfen hat; und das war schon in der Akademie der Fall. Hat also ein Zuhörer etwa den Satz ausgesprochen: ›Die Lust scheint mir das höchste Gut zu sein‹, so wird in einem fortlaufenden Vortrag dagegen gesprochen, so daß man leicht sehen kann, daß diejenigen, welche eine solche Behauptung aufstellen, damit nicht ihre eigene Meinung ausdrükken, sondern nur die Widerlegung hören wollen. 3. Wir verfahren zweckdienlicher. Denn Torquatus hat nicht nur seine Ansicht ausgesprochen, sondern auch den Grund dafür. Ich aber glaube, obwohl sein pausenloser Vortrag mir sehr viel Freude gemacht hat, daß, wenn man bei den einzelnen Punkten stehen bleibt und sieht, was jeder zugesteht und was er bestreitet, man dann doch bequemer aus dem Zugegebenen die nötigen Folgerungen zieht und so zu einem Ergebnis gelangt. Denn wenn die Rede wie ein Gießbach dahinströmt, so mag sie wohl viel und mancherlei mit sich fortreißen, doch festhalten kann man nichts, nichts ergreifen, nirgends die dahinflutende Rede eindämmen.

Ein jeder Vortrag aber, der planvoll angelegt durchgeführt wird, muß bei einer wissenschaftlichen Untersuchung zuerst, damit die Sache nach bestimmten Formeln verhandelt wird, festsetzen: um dieses Thema wird es gehen, – damit die Teilnehmer des Gesprächs sich über den Gegenstand der Untersuchung einigen.

4. Diese Richtlinie Platons im ›Phaidros⁴‹ hat Epikur anerkannt und meinte, daß dies bei jeder Untersuchung geschehen müsse. Aber was nun zunächst daraus folgte, hat er nicht gesehen. Er drückt nämlich sein Mißfallen darüber aus, daß man eine Definition geben solle; und ohne die ist es doch bisweilen nicht möglich, daß die Streitenden miteinander einverstan-

den sind, was es denn eigentlich ist, worüber sie streiten, wie dies z. B. gerade in der Frage der Fall sein
dürfte, über die wir jetzt verhandeln. Wir suchen
nämlich das Ziel alles Guten. Können wir wissen, wie
beschaffen dies ist, ehe wir untereinander besprochen
haben, was, wenn wir ›Ziel alles Guten‹ gesagt haben, der Begriff ›Ziel‹ und auch, was der Begriff
›das Gute‹ an sich ist? 5. Nun aber ist die Enthül-
lung des gleichsam Verhüllten, wodurch man heraus-
stellt, was die und die Sache ist, eben eine Begriffsbestimmung. Und davon hast auch du unbewußt
einige Male Gebrauch gemacht. Denn eben dieses,
mag man es nun Ziel oder Höchstes oder Äußerstes
nennen, bestimmtest du, sei dasjenige, auf welches
alles, was recht getan werde, bezogen werde, und dies
selbst werde nicht weiter bezogen. Vortrefflich ist das
doch gesagt! Das Gute selbst hättest du vielleicht
auch, wenn es nötig gewesen wäre, seinem Wesen
nach so erklärt: entweder was von Natur erstrebt
werden müsse, oder aber was nütze, oder was fördere, oder auch nur was beliebe. Nun wünschte ich
auch von dir, wenn es dir nicht unangenehm ist, weil
dir das Erklären ja nicht überhaupt zuwider ist und
du es tust, wenn du willst, daß du den Begriff der
Lust bestimmest, denn darum dreht sich diese ganze
Untersuchung.«

6. »Aber ich bitte dich«, antwortete Torquatus,
»wer wüßte denn nicht, was die Lust ist, oder wer
wünschte, um dies noch besser zu verstehen, eine Begriffsbestimmung?«

»Ich würde mich selbst nennen«, sagte ich, »wenn
es mir nicht wäre, als hätte ich die Lust wohl kennengelernt und ziemlich bestimmt in meiner Seele erfaßt und begriffen. Nun aber behaupte ich, daß es
Epikur selbst nicht recht weiß und darin schwankend
ist, und daß er, der so oft versichert, man müsse sorgfältig ausdrücken, welche Bedeutung in den Wörtern

liege, bisweilen nicht versteht, was das Wort ›Lust‹
ausdrücken wolle, das heißt, welcher Gehalt diesem
Worte zugrunde liege.«

Darauf lachte Torquatus: »Das ist ja allerliebst, daß
der, welcher die Lust als das Ziel alles Strebens, als
das höchste, das letzte aller Güter nennt, eben von dieser nicht wissen soll, was und wie beschaffen sie ist!«

»Und doch«, entgegnete ich, »entweder weiß Epikur nicht, was Lust ist, oder alle Menschen, die es in
der Welt gibt, wissen es nicht.«

»Wie meinst du dies?« erwiderte er.

»Weil alle unter Lust das verstehen, wodurch der
Sinn, der es aufnimmt, in Bewegung gesetzt und mit
einer gewissen angenehmen Empfindung durchströmt wird.«

7. »Was willst du also?« erwiderte er. »Diese Lust
kennt Epikur nicht?«

»Nicht immer«, sagte ich; »denn bisweilen kennt er
sie nur zu gut; bezeugt er doch, er könne nicht einmal
begreifen, wo irgendein Gut sei, außer jenem, welches man sich durch Essen und Trinken, durch Ohren-
schmaus und durch den Geschlechtsgenuß erobere.
Oder sagt er das nicht?[5]«

»Als ob ich mich solcher Äußerungen schämen
müßte«, sagte er, »oder nicht nachweisen könnte, wie
jenes gemeint sei!«

»Auch ich zweifle gar nicht«, sagte ich, »daß du das
leicht kannst, und du hast keinen Grund, dich zu schämen, einem Weisen beizustimmen, der sich allein, soviel ich weiß, für einen Weisen auszugeben gewagt
hat. Denn Metrodoros[6], glaube ich, hat sich nicht
selbst dafür ausgegeben, sondern wollte nur, da er
von Epikur so genannt wurde, eine solche Gunstbe-
zeigung nicht zurückweisen. Jene Sieben aber sind
nicht nach ihrem eigenen, sondern nach dem Urteil
aller Völker so genannt worden. 8. Doch – ich nehme
für jetzt wirklich an, daß Epikur bei diesen Worten

dieselbe Bedeutung von Lust vor Augen gehabt habe, welche die übrigen Menschen mit diesem Ausdruck verbinden. Denn alle nennen ja die angenehme Erregung, durch die die Sinnesorgane in einen wohligen Zustand versetzt werden, im Griechischen Hedone, im Lateinischen Voluptas, Lust.«

»Was verlangst du mehr?« war seine Antwort.

»Ich will es sagen«, erwiderte ich, »und zwar mehr um zu lernen, als daß ich dich oder Epikur getadelt wissen möchte.«

»Auch ich«, sagte er, »wollte lieber lernen, wenn du etwas beizutragen hast, als dich tadeln.«

»Ist dir also in Erinnerung«, sagte ich, »was Hieronymos von Rhodos[7] als das höchste Gut bezeichnet, womit nach seiner Meinung alles in Verbindung gebracht werden muß?«

»Ich weiß«, erwiderte er, »Schmerzlosigkeit gilt ihm als das Höchste.«

»Nun, und was meint eben dieser über die Lust?«

9. »Er lehnt es ab«, antwortete Torquatus, »daß sie um ihrer selbst willen zu erstreben sei.«

»Er hält also dafür, sich freuen sei etwas anderes als nicht leiden.«

»Allerdings«, sagte jener, »befindet Hieronymos hier sich in einem großen Irrtum; denn, wie ich kurz zuvor gezeigt habe, das Ziel aller Steigerung der Lust ist die Beseitigung allen Schmerzes.«

»Jene Schmerzlosigkeit«, antwortete ich, »welche Bedeutung sie hat, will ich nachher sehen; daß aber wirklich die Lust etwas anderes bedeute als Schmerzlosigkeit, mußt du, wenn du nicht zu hartnäckig sein willst, wohl zugeben.«

»Und doch wirst du mich in diesem Punkte wenigstens eigensinnig finden«, antwortete er; »denn man kann gar nichts Wahreres behaupten.«

»Empfindet denn, ich bitte dich«, so fragte ich, »der Dürstende beim Trinken nicht Lust?«

»Wer könnte das leugnen?« war die Antwort.

»Dieselbe, wie wenn er seinen Durst gelöscht hat?«

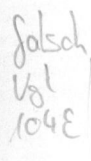

»Nein, vielmehr ganz anderer Art. Denn der gelöschte Durst hat die Stetigkeit der Lust, jene Lust aber des Durstlöschens an und für sich ist eine Lust in Bewegung.«

»Warum also«, entgegnete ich, »bezeichnet man so unähnliche Dinge mit demselben Worte?«

10. »Erinnerst du dich nicht«, sagte er, »was ich kurz zuvor bemerkt habe, daß nach Beseitigung allen Schmerzes zwar eine Abtönung, aber keine Steigerung in der Lust eintrete?«

»Ja, ich erinnere mich«, sagte ich. »Allein du hast das zwar dem lateinischen Sprachgebrauch angemessen, aber nicht deutlich genug ausgedrückt. Abtönung, varietas, nämlich ist im Lateinischen ein Ausdruck, der eigentlich von verschiedenen Farben gebraucht, jedoch auch auf vieles Verschiedenartige übertragen wird. So spricht man von einem Gedicht in seiner Abtönung, von einer Rede, von den Sitten, dem Glück in seiner Abtönung, auch von dem Lustgefühl in seiner Abtönung pflegt man zu sprechen, wenn es aus vielen verschiedenartigen Dingen heraus gewonnen wird, welche verschiedenartige Genüsse der Lust auslösen. Wenn du das mit Abtönung meintest, so würde ich es so verstehen, wie ich es auch verstehe, ohne daß du es erklärst. Was aber jene Abtönung bedeuten soll, sehe ich nicht recht ein, da du sagst, daß wir dann, wenn wir frei von Schmerzen sind, die höchste Lust genießen; wenn wir aber solche Kost zu uns nehmen, welche eine süße Bewegung in den Sinnen zur Folge hat, daß dann unsere Lust in Bewegung sei, dies rufe zwar eine Abtönung der Genüsse hervor, vermehre aber nicht jene Lust der Schmerzlosigkeit. Warum du die letztere eine Lust nennst, weiß ich nicht.«

11. »Aber kann es denn«, erwiderte jener, »etwas Süßeres geben, als keinen Schmerz empfinden?«

»Allerdings, es soll meinetwegen nichts Besseres geben«, sagte ich – »denn danach frage ich noch gar nicht –, ist denn deswegen die Lust dasselbe wie die sogenannte Unempfindlichkeit gegen Schmerz?«

»Völlig dasselbe«, sagte er, »und zwar der höchste, unübersteigbare Grad von Lust.«

»Was säumst du denn noch«, sagte ich, »wenn der Begriff des höchsten Gutes von dir so bestimmt ist, daß dies ganz und gar in der Schmerzlosigkeit bestehe, diese allein festzuhalten, diese in Obhut zu nehmen, diese zu verteidigen? 12. Denn wozu ist es nötig, wie eine Dirne in die Gesellschaft ehrbarer Frauen, so die Lust in den Bund der Tugenden einzuführen? Verhaßt ist ihr Name, verrufen, verdächtig. Daher pflegt von euch häufig gesagt zu werden, wir verständen nicht, von was für einer Lust Epikur spreche. Wenn mir dieser Vorwurf schon bisweilen gemacht worden ist – und es ist nicht allzu selten geschehen –, so pflege ich, wiewohl ich ziemlich gelassen bin bei der Erörterung von Streitfragen, doch bisweilen etwas zornig zu werden. Ich also soll nicht verstehen, was im Griechischen Hedone, im Lateinischen Voluptas bedeutet? Welche von beiden Sprachen kenne ich denn nicht? Ferner, wie kommt es, daß ich es nicht wissen soll, während es alle wissen, die je Epikureer haben sein wollen? Zumal da die Eurigen so trefflich erörtern, es sei keineswegs nötig, daß der künftige Philosoph wissenschaftliche Kenntnisse habe. Wie daher unsere Väter jenen Cincinnatus[8] vom Pfluge weggeholt haben, damit er Diktator würde, so sucht ihr aus allen Dörfern jene zwar ehrlichen, aber gewiß nicht sehr gelehrten Leute zusammen. 13. Diese also sollen verstehen, was Epikur sagt, ich aber nicht? – Doch damit du siehst, daß ich es verstehe, behaupte ich zuerst, daß Voluptas ›Lust‹

dasselbe bezeichnet, was Epikur Hedone nennt. Und
wir suchen doch oft ein dem Griechischen entspre-
chendes lateinisches Wort: in diesem Falle haben wir
nicht lange nachzusuchen brauchen. Es kann gar nichts
gefunden werden, was auf lateinisch vollkommener
dasselbe ausdrückte als unser ›Voluptas‹ das griechische Wort ›Hedone‹. Diesem Worte sehen überall
alle, die Lateinisch sprechen, zwei Bedeutungen zugrunde liegen: die geistige Freude und die süße,
wohltuende Bewegung im Körper. So nennt auch jener in dem Stück des Trabea[9] ›eine übervolle Lust der
Seele‹ die Freude, eben diese, von der jene Person
bei Caecilius[10] sagt, daß sie ›an allen Freuden froh‹
sei. Doch der Unterschied ist der, daß man Lust auch
von der Seele sagt – eine verwerfliche Sache, wie die
Stoiker meinen, die sie so bestimmen: das unüber-
legte Außersichgeraten der Seele, welche ein großes
Gut zu genießen wähnt –, daß man dagegen nicht
Fröhlichkeit noch auch Freude vom Körper sagt.
14. Von körperlicher Lust aber ist nach der Gepflo-
genheit aller Latein Sprechenden dann die Rede,
wenn jenes die Sinne bewegende wohlige Gefühl den
Menschen überkommt. Auch dieses wohlige Gefühl
magst du, wenn du willst, auf die Seele übertragen;
denn ›sich wohlfühlen‹ sagt man in beiden Fällen,
und davon ist das ›Wohlgefühl‹ abgeleitet; nur beachte, daß zwischen dem, der sagt

> ›Von solcher Freude bin ich nun beseligt,
> Daß nichts Bestand hat . . .‹

und dem, der sagt:

> ›Jetzt vollends ist das Herz mir entbrannt‹,

von welchen der eine vor Freude außer sich ist, der
andere von Schmerz gequält wird, es noch einen in
der Mitte gibt, der mit seinen Worten:

*›Obschon die Bekanntschaft zwischen uns sehr jung
noch ist[11]‹,*

sich weder freut noch ängstigt, und daß ebenso zwischen dem, der die erstrebte körperliche Lust genießt, und dem, der von den größten Schmerzen gemartert wird, derjenige steht, der von beiden Zuständen frei ist.

15. Was meinst du also: kenne ich hinreichend die Bedeutung der Worte, oder muß ich auch jetzt noch in der griechischen oder lateinischen Sprache unterwiesen werden? Doch nimm dich in acht, daß nicht, wenn ich denn doch nicht verstehe, was Epikur redet, obschon ich, wie mir scheint, gut Griechisch kann, die Schuld zum Teil an demjenigen liege, der so redet, daß er nicht verstanden werden kann. Dies geschieht auf zweierlei Art, ohne daß man es tadeln kann: entweder wenn es absichtlich geschieht, wie bei Heraklit[12], der mit dem Beinamen ›der Dunkle‹ bezeichnet wird, weil er über die Natur allzu Dunkles gelehrt hat, oder wenn die Dunkelheit der Gegenstände und nicht die der Worte den Vortrag unverständlich macht, wie das im ›Timaios‹ des Platon der Fall ist. Epikur aber ist weder, wie ich vermute, so, daß er nicht klar und deutlich sprechen will, wofern er es kann, noch spricht er, wie die Naturwissenschaftler, von einem dunklen, oder, wie die Mathematiker, von einem kunstreichen Gegenstand, sondern er redet über einen klaren, leichten und bereits unter dem Volke bekannten Gegenstand. Jedoch ihr behauptet ja nicht, daß wir nicht wüßten, was Lust sei, sondern nur, daß wir nicht wüßten, was Epikur darunter verstehe; daraus folgt, nicht daß wir die wahre Bedeutung dieses Wortes nicht kennen, sondern daß Epikur seine besondere Sprache redet, um unsere aber sich nicht kümmert.

16. Wenn er nämlich dasselbe meint wie Hierony-

mos, welcher der Ansicht ist, das höchste Gut sei es,
ohne alle Beschwernis zu leben, warum will er dies
lieber Lust nennen als Schmerzlosigkeit, wie jener
tut, der weiß, was er sagt? Wenn er aber glaubt, es
müsse hinzugefügt werden jene ›Lust, die in Bewegung ist‹ – denn so nennt er diese süße, die in der
Bewegung, jene aber, die der Schmerzlosigkeit, ›die
in der Stetigkeit‹ –, was beabsichtigt er denn da,
wenn er es doch nicht erreichen kann, daß irgend jemandem, der sich selbst kennt, das heißt der seine
Natur und seine Empfindungen durchschaut hat,
Schmerzlosigkeit und Lust für das Gleiche erscheine?
Das heißt den Sinnen Gewalt antun, meint Torquatus, und aus der Seele herausreißen die den Worten
zugehörige Vorstellung, an die wir gewöhnt worden
sind. Denn wer sollte nicht sehen, daß in der Natur
der Dinge dies dreierlei Zustände sind? Der eine,
wenn wir lustvoll sind, der andere, wenn im Schmerz,
der dritte, in welchem ich mich jetzt befinde – und ich
glaube ihr gleichfalls –, daß wir weder im Schmerz
noch in der Lust sind, so daß also Lust empfindet,
wer bei Tafel schwelgt, und Schmerz, wer auf der
Folterbank liegt. Siehst du aber nicht diese große
Menge Menschen zwischen beiden, die sich weder
freuen, noch in Schmerz sind?«

17. »Ganz und gar nicht«, antwortete Torquatus;
»vielmehr behaupte ich, daß alle, die ohne Schmerz
sind, sich in der Lust und zwar in der höchsten befinden.«

»Daß also derjenige, der einem anderen einen
Trank von Met mischt, ohne selbst zu dürsten, die
gleiche Lust hat wie der andere, der ihn dürstend
trinkt?«

Darauf sprach jener: »Laß uns doch dem Fragen
ein Ende machen, wenn es beliebt, wie ich ja von Anfang an erklärt hatte, ich wolle es lieber so, weil ich
dies schon voraus sah, diese verfängliche Dialektik.«

»Rhetorisch also«, sagte ich, »willst du mich lieber disputieren hören als dialektisch?«

»Als ob«, sagte er, »ein fortlaufender Vortrag nur der Redner, nicht auch der Philosophen Sache wäre!«

»Zenons[13] des Stoikers Ansicht ist es«, entgegnete ich, »wie schon vor ihm Aristoteles', daß die ganze Wirksamkeit des Redens zwei Seiten habe; er pflegte dann die Rhetorik mit der flachen Hand, die Dialektik mit der Faust zu vergleichen, weil die Rhetoren ausgebreiteter, die Dialektiker aber gedrängter sprächen. Ich will also deinem Wunsch willfahren und, wenn ich kann, rhetorisch sprechen, aber nach rhetorischer Weise der Philosophen, nicht nach unserer auf dem Forum üblichen, die natürlich, da sie für die Menge ist, bisweilen ein wenig oberflächlich sein muß. 18. Doch während es die Dialektik ist, Torquatus, die Epikur verachtet, welche doch allein die ganze Wissenschaft enthält, sowohl aufzufassen, was in jeder Sache ist, als auch zu beurteilen, von welcher Beschaffenheit jede ist, und schließlich die Sache in begriffsmäßiger Methode darzulegen, so überstürzt er sich beim Reden, wie es mir wenigstens scheint, ohne das, was er lehren will, einigermaßen wissenschaftlich zu unterscheiden, so z. B. das, wovon wir gerade eben sprachen. Als höchstes Gut wird von euch die Lust genannt. Es muß also Aufschluß darüber gegeben werden, was Lust ist, denn anders kann der Gegenstand der Untersuchung nicht entwickelt werden. Hätte Epikur ihren Begriff entwickelt, so wäre er nicht so verlegen; denn entweder würde er die Lust beibehalten, welche Aristippos aufstellt, also die, durch welche die Sinne süß und wohlig erregt werden, und die auch das Vieh, wenn es sprechen könnte, Lust nennen würde, oder er würde, wenn es ihm mehr gefiele, nach seiner eigenen Weise zu reden und nicht wie

>*Die Danaer all' und Mykenes Volk,*
Attisch Geschlecht<,

und die übrigen Griechen, die in jenen Anapästen
aufgeführt werden, diese Schmerzlosigkeit allein mit
dem Namen Lust bezeichnen und die Aristippeische
Bedeutung derselben verachten, oder, wenn er, wie
er es tut, beides billigte, so würde er die Befreiung
vom Schmerz mit der Lust verbinden und ein zweifa-
ches höchstes Gut annehmen. 19. Denn viele große
Philosophen haben ein so gedoppeltes höchstes Gut
aufgestellt; so hat Aristoteles[14] die Übung der Tugend mit Glückseligkeit eines vollkommenen Lebens
verbunden; Kalliphon[15] hat zur Sittlichkeit die Lust
hinzugefügt, Diodor[16] zu derselben Sittlichkeit die
Schmerzlosigkeit. Dasselbe hätte Epikur getan, wenn
er die Ansicht, die jetzt die des Hieronymos ist, mit
der alten Ansicht des Aristippos verbunden hätte.
Diese beiden stimmen nämlich nicht überein, deswegen stellt jeder sein eigenes höchstes Gut auf; und
während beide vortrefflich Griechisch sprachen, so
setzt weder Aristippos, der die Lust das höchste Gut
nennt, die Schmerzlosigkeit als Lust, noch gebraucht
Hieronymos, der als das höchste Gut die Schmerzlosigkeit feststellt, je den Namen Lust für jene
Schmerzlosigkeit; rechnet er doch die Lust nicht einmal unter die erstrebenswerten Dinge.
20. Zweierlei ist dies nämlich auch der Sache, meine
ja nicht: nur dem Worte nach! Das eine ist: ohne
Schmerz sein, das andere: in Lust sein. Ihr habt versucht, aus diesen so unähnlichen Dingen nicht nur
einen Namen – denn dies würde ich noch leichter dulden –, sondern auch einen Zustand zu machen, was
doch durchaus nicht geschehen kann. Epikur, welcher
beides gutheißt, hätte sich beider Begriffe bedienen
sollen, wie er es der Sache nach tut, doch ohne beides
den Worten nach zu trennen. Denn da, wo er eben

jene Lust, die wir alle mit dem gleichen Namen be-
nennen, an sehr vielen Stellen lobt, wagt er zu behaupten, nicht einmal ahnen könne er ein Gut, das
von jener Aristippeischen Art von Lust getrennt sein
solle, und dies sagt er an der Stelle, wo sein ganzer
Vortrag vom höchsten Gut handelt. In einer anderen
Schrift aber, in welcher er in kurz zusammengefaßten
gewichtigen Grundsätzen gleichsam Orakel der Weisheit verkündet haben soll, schreibt er in folgenden
Worten, die dir, Torquatus, sicherlich bekannt sind –
denn wer von euch weiß nicht Epikurs Kyriai Doxai
auswendig, jene, wenn man so übersetzen darf, ›Le-
bensregeln‹, weil sie höchst wichtige, kurz ausgespro-
chene Sätze für das glückliche Leben darstellen? Gib
also acht, ob ich folgenden Satz richtig übersetze:
21. ›Wenn das, was Genießern Lust verschafft, diese
von der Furcht vor den Göttern und dem Tode und
dem Schmerze befreite und sie über die Grenzen der
Begierden belehrte, so hätten wir nichts an ihnen zu
tadeln, da sie von allen Seiten mit Lust erfüllt würden und von keiner Seite her irgend etwas Schmer-
zendes oder Quälendes, das ist aber Übel, empfän-
den[17].‹«

Hier konnte sich Triarius nicht mehr halten. »Ich
beschwöre dich«, rief er, »Torquatus, das sagt Epikur?« Damit kam es mir wenigstens vor, als wolle er
dies, wiewohl er es wußte, doch von Torquatus zugestanden wissen.

Aber jener ängstigte sich nicht, vielmehr antwortete er ganz getrost: »Ja, ganz mit denselben Worten, aber ihr versteht nicht, was er damit meint.«

»Wenn er anderes meint«, entgegnete ich, «als er
spricht, so werde ich seine Gedanken nie verstehen;
aber er spricht vollkommen so, daß ich es verstehen
kann. Und wenn er das in dem Sinne sagt, daß die
Genießer nicht zu tadeln seien, wenn sie weise seien,
so spricht er ebenso widersinnig, wie wenn er sagte,

falsch

die Vatermörder seien nicht zu tadeln, sofern sie nicht genußsüchtig seien und sofern sie die Götter scheuten und den Tod und den Schmerz. Und doch, was soll es von Belang sein, daß man bei Genüßlingen irgendeine Ausnahme macht oder sich Leute vorstellt, welche, wenn sie auch ausschweifend lebten, von dem größten Philosophen doch deswegen unter der Bedingung nicht getadelt würden, daß sie sich vor weiteren Ausschweifungen hüteten? – 22. Aber dennoch, Epikur, würdest du nicht die Lüstlinge schon aus dem Grunde tadeln, weil sie so leben, daß sie allen Arten von Lüsten nachjagen, zumal da, wie du sagst, die höchste Lust darin besteht, keinen Schmerz zu leiden? Nun aber werden wir Wüstlinge finden, die zum ersten so wenig Ehrfurcht vor dem Heiligen haben, daß sie von einer Opferschale sich gütlich täten, zum anderen so wenig ängstlich vor dem Tode sind, daß sie jenen Vers aus der Hymnis[18] im Munde führen:

> ›Sechs Monde sind mir zum Leben genug,
> Den siebten gelob' ich dem Orkus.‹

Endlich als Heilmittel gegen den Schmerz werden sie wie aus einem Salbenkästchen jene epikureischen Worte hervorholen: ›Schwer, aber kurz; lang, aber leicht.‹ Nur eines weiß ich nicht, auf welche Weise ein Genüßling, wenn er dies ist, für seine Begierden Grenzen finden soll!

falsch zitiert!

23. Was hat es also für eine Bedeutung, wenn Epikur sagt: ›Ich hätte keinen Grund, sie zu tadeln, wenn ihre Begierden Grenzen hätten‹? Das heißt: ›Ich würde die Wüstlinge nicht tadeln, wenn sie keine Wüstlinge wären‹. Auf diese Weise könnte er sogar die Bösewichte nicht tadeln, wenn sie rechte Männer wären. Dieser entschiedene Mann hält also die Genußsucht an und für sich nicht für tadelnswert, und, beim Herkules, mein Torquatus, um die Wahrheit zu sagen, wenn das höchste Gut die Lust ist, so

hat er diese Auffassung ganz mit Recht. Denn ich
möchte mir nicht gerade solche Wüstlinge vorstellen,
die sich auf den Tisch erbrechen, die man von Gelagen wegschleppen muß und die am nächsten Tag,
noch mit verdorbenem Magen, sich von neuem voll-
saufen, die, nach dem Sprichwort, die Sonne weder je
unter- noch aufgehen sahen, die den ererbten Besitz
durchgebracht und nun von der Hand in den Mund
leben. Niemand von uns glaubt, daß Verschwender
dieser Art ein angenehmes Leben führen. Jene feinen Herren, jene Männer von Geschmack, die mit
vorzüglichen Köchen und Pastetenbäckern, mit ihrem
Fischfang, ihrer Vogelstellerei, ihrer Jagd, durch lau-
ter solche ausgesuchte Mittel die Überladung des Ma-
gens vermeiden, denen, wie Lucilius sagt:

>*Wein ausströmt*
Aus vollem Faß, dem noch nichts Heber und
Schöpfhand
Fortnahm und den kein Seiher geschwächt<

und die sich mit Spielen vergnügen und was darauf
folgt, Dinge, ohne deren Besitz Epikur laut versichert
kein Gut sich denken zu können; mögen dann noch
gut gewachsene Knaben zur Aufwartung dabei sein,
mögen dem entsprechen Teppich, Silbergeschirr, die
korinthischen Gefäße, der Ort selbst und das Haus –
daß solche Verschwender also gerade schön und glücklich lebten, möchte ich nie behaupten.   24. Hieraus
folgt nicht, daß die Lust keine Lust sei, sondern, daß
die Lust nicht das höchste Gut ist. Und jener Laelius[19], der als junger Mann den Stoiker Diogenes[20],
später aber den Panaitios gehört hatte, ist nicht deswegen ein Weiser genannt worden, weil er nicht gewußt hätte, was höchst angenehm sei – denn es ist
gar nicht eine notwendige Folge, daß, wo Gefühl im
Herzen ist, der Gaumen ohne Geschmack sein müsse–,
sondern weil er dergleichen gering achtete.

›O Sauerampfer, wie wirst du gepriesen, und doch bist
Du nicht genug bekannt. Bei deinem Genusse
Erhob schon Laelius der Weise rühmend die Stimme,
Wenn er der Reihe nach unsere Schlemmer schalt[21].‹

Vortrefflich spricht dort Laelius, und mit Recht heißt
er der Weise, und wahr ist jenes Wort:

›O Publius, o Gallonius, du Nimmersatt,
Wie elend bist du. Nie hast du gut im Leben
Gespeist, denn alles zehrst du auf in Austern
Und im zehn Ellen langen Riesenstör[22].‹

So redet jemand, der auf die Lust keinen Wert legt
und in Abrede stellt, daß der gut speise, der alles
auf die Lust setze; und doch behauptet er nicht, daß
Gallonius kein Wohlbehagen an seiner Mahlzeit gehabt habe, sonst würde er lügen, aber gut gegessen
habe er nicht. So scheidet er ernstlich und streng die
Lust von dem Guten. Hieraus wird dies gefolgert:
Alle, die gut speisen, speisen auch mit Wohlbehagen;
aber die mit Wohlbehagen, nicht gerade auch gut.
Laelius speist immer gut. 25. Was heißt gut? Lucilius wird es sagen:

›Wohlgekocht und wohlgewürzt‹,

aber nenne die Hauptsache bei der Mahlzeit:

›Ein verständig Gespräch‹,

was hat man davon?

›Wenn du fragst, ein Vergnügen.‹

Er kam nämlich zur Tafel, um mit Seelenruhe die
Bedürfnisse der Natur zu befriedigen. Mit Recht also
stellt er in Abrede, daß Gallonius je gut gespeist
habe, mit Recht nennt er ihn elend, besonders da er
darauf allen Eifer vergeudet hat. Daß er mit Wohlbehagen gespeist habe, leugnet niemand. Warum

also nicht gut? Weil, was gut, auch recht, ordentlich und anständig ist; jener überdies speiste schlecht, liederlich, abscheulich: also nicht gut. Nicht also zog Laelius den angenehmen Geschmack des Sauerampfers dem des Stör von Gallonius vor, aber den Wohlgeschmack selbst schätzte er gering; und dies hätte er nicht getan, wenn er in die Lust das höchste Gut gesetzt hätte.

Hinweg also mit der Lust, nicht nur, damit ihr dem Rechten nachtrachtet, sondern damit es auch als geziemend angesehen werde, vernünftig zu reden. 26. Können wir nun im Leben etwas das höchste Gut nennen, was uns nicht einmal bei der Mahlzeit dafür gelten kann?

Wieso aber nennt der Philosoph drei Arten von Begierden: natürliche und notwendige, natürliche und nicht notwendige, weder natürliche noch notwendige? Zum ersten hat er nicht kunstgerecht eingeteilt. Was nämlich zweiteilig war, daraus hat er drei Teile gemacht. Das heißt nicht einteilen, sondern zerspalten. Wer die Wissenschaft gelernt hat, die jener verachtet, macht es folgendermaßen: ›Es gibt zwei Arten von Begierden, natürliche und nichtige; die natürlichen zerfallen wieder in zwei Arten, notwendige und nicht notwendige.‹ So wäre die Sache abgetan. Denn fehlerhaft ist es, beim Einteilen Besonderes unter das Allgemeine zu rechnen. 27. Doch das wollen wir ihm meinetwegen noch nachsehen. Er verachtet die wissenschaftliche Gründlichkeit beim Vortrag, er spricht zerfahren; man muß sich in seine Art fügen, wenn er es nur recht meint. Ich für meinen Teil bin schon damit nicht sehr einverstanden und lasse es nur so eben hingehen, wenn ein Philosoph von Begrenzung der Begierden spricht. Oder läßt sich etwa Begierde begrenzen? Vernichtet muß sie und samt der Wurzel ausgerissen werden. Denn wie könnte man von jemand, in dem die Begierde wohnt,

sagen, er treffe in der Begierde das rechte Maß? Also
wird er auch habgierig sein, aber in Grenzen; auch
ein Ehebrecher, aber er wird Maß halten; und ein
Schlemmer unter gleichen Bedingungen. Was ist
denn das für eine Philosophie, die nicht der Schlech-
tigkeit den Untergang brächte, sondern sich zufrieden gäbe mit einem gewissen Maßhalten in den
Lastern?

Indes bei dieser Einteilung heiße ich die Sache
selbst ganz gut, doch die rechte Formulierung vermisse ich. Nenne er dies Bedürfnisse der Natur, den
Namen Begierde spare er auf, damit er sie, wenn er
von Habgier, von Zügellosigkeit und von den größten Lastern spricht, gleichsam auf Leben und Tod
anklagen kann. 28. Doch werden gerade diese Dinge
von ihm etwas leichtsinnig und des öfteren hinge-
sprochen. Das will ich für meinen Teil nicht tadeln;
denn ein so großer und bedeutender Philosoph pflegt
seine Lehrsätze auch mutig zu verteidigen. Indes dadurch, daß er diejenige Lust, welche alle Welt mit
diesem Namen bezeichnet, öfters etwas gar zu sehr in
sein Herz zu schließen scheint, befindet er sich bisweilen sehr in der Klemme, so daß er den Anschein
erweckt, es gebe, wenn nur kein anderer Mensch darum wüßte, nichts so Schändliches, das er um der Lust
willen nicht tun könnte. Denn wenn er errötet – die
Macht der Natur ist ja sehr groß –, nimmt er seine
Zuflucht zu der Behauptung, die Lust eines Schmerz-
losen könne keine Steigerung erfahren. Doch wendet
man ein, daß jener Zustand der Schmerzlosigkeit
nicht Lust genannt werden könne, so antwortet er:
›Ich will nicht auf dem Namen bestehen.‹
Wie aber, wenn die Sache eine durchaus andere ist?
›Ich werde viele oder vielmehr unzählige finden, die
nicht so peinlich und nicht so aufdringlich sind, wie
ihr es seid, denen ich alles, was ich will, leicht ein-
reden kann.‹

Was also zweifeln wir, daß, wenn Schmerzlosigkeit
die höchste Lust ist, das Nicht-in-Lust-Sein der
größte Schmerz ist? Warum wird dieser Schluß nicht
gezogen?
›Weil das Gegenteil von Schmerz nicht Lust ist, sondern das Befreitsein vom Schmerz.‹

29. Aber daß er dies nicht begreift, ist der deut-
lichste Beweis, daß seine Lust diejenige sei, ohne
welche er nicht einmal einen Begriff von Gut zu haben behauptet. Diese Lust stellt er aber als solche dar,
die man mit dem Gaumen, mit den Ohren genießt; er
fügt noch anderes hinzu, vor dessen Erwähnung man
›mit Ehren zu melden‹ hinzusetzen muß. Und derselbe gestrenge und gewichtige Philosoph, welcher
darin das einzige Gut erkennt, sieht nicht ein, daß
ein solches nicht einmal erstrebenswert ist, weil wir
nach seinem eigenen Ausspruch diese Lust nicht verlangen, wenn wir nur vom Schmerz frei sind. Was
sind das für Widersprüche!

30. Hätte der Mann das Bestimmen von Begriffen
sowie das Einteilen nach einheitlichen Gesichtspunkten gelernt, besäße er die Kraft, Dialoge zu führen,
würde er endlich die übliche Bedeutung der Wörter
kennen, so wäre er nie solchen Schwierigkeiten verfallen. Jetzt siehst du, wie er sich hilft. Was nie ein
Mensch Lust genannt hat, nennt er so; aus zwei Dingen macht er eines. Diese Lust in der Bewegung – so
nämlich nennt er diese wohligen und süßen Lust-
empfindungen – macht er bisweilen so herunter, daß
man einen Manius Curius[23] zu hören vermeint, und
bisweilen preist er sie so an, daß er nicht einmal ahnen
zu können erklärt, was außerdem noch ein Gut sein
könne. Eine Redeweise, die nicht mehr von einem
Philosophen, sondern von einem Sittenrichter unter-
drückt werden sollte. Denn nicht nur in der Redeweise liegt der Fehler, sondern es liegt eine Unsitt-
lichkeit vor. Die Genußsucht tadelt er nicht, sofern

sie nur frei ist von grenzenloser Begierde und von
Furcht. Hier scheint er Schüler werben zu wollen, die,
um Wüstlinge werden zu können, vorher Philosophen werden sollen.

31. Vom ersten Dasein lebendiger Wesen wird,
wie ich meine, der Ursprung des höchsten Gutes hergeleitet. Sobald das Lebewesen geboren ist, freut es
sich der Lust und strebt sie an als ein Gut, verschmäht den Schmerz als ein Übel. Über Übel aber
und Gut werde, meint Epikur, von denjenigen Lebewesen am besten geurteilt, die noch unverdorben
seien. Das hast auch du so behauptet, und überhaupt
sind das eure eigenen Worte. Wie vieles Falsche
steckt nicht darin! Denn das höchste Gut und Übel –
nach welcher Lust wird über sie das wimmernde
Kind entscheiden, nach der Lust in Ruhe oder der in
Bewegung? Denn von Epikur lernen wir ja – so Gott
will – das Sprechen. Soll es nach der Lust in Ruhe
geschehen, so verlangt ohne Zweifel die Natur nur
das, daß sie sich erhalte, und das geben wir zu; soll
es nach der Lust in Bewegung geschehen, was ihr ja
doch sagt, so wird keine Lust so verworfen sein, daß
man sie versäumen dürfte. Außerdem geht jenes eben
geborene Lebewesen nicht von derjenigen höchsten
Lust aus, die du in der Schmerzlosigkeit siehst.

32. Jedoch hat Epikur diesen Beweis nicht von
den kleinen Kindern oder auch Tieren entnommen,
welche er für Spiegelbilder der Natur hält; kann er
doch nicht behaupten, daß diese Geschöpfe nach Anleitung der Natur auf die Lust der Schmerzlosigkeit
ausgingen. Denn diese kann das Begehrungsvermögen der Seele nicht erregen, und dieser Zustand der
Schmerzlosigkeit hat keine Stoßkraft, die Seele anzu-
treiben; deshalb verfällt hier auch Hieronymos in
denselben Fehler. Vielmehr gibt jener Zustand, der
der Sinnlichkeit mit wirklichem Genuß der Lust
schmeichelt, der Seele einen solchen Anstoß. Daher

beruft sich Epikur immer darauf, um zu beweisen,
daß die Lust von Natur erstrebt werde, weil es diese
Lust in der Bewegung ist, welche die kleinen Kinder
an sich lockt, nicht aber jene Lust in Ruhe, welche in
Schmerzlosigkeit besteht. Wie stimmt das nun zusammen, zu behaupten, von der einen Lust gehe die Natur aus, und in eine andere das höchste Gut zu setzen?

33. Von den Tieren also kann meines Erachtens
kein Urteil kommen. Denn wenn sie auch unverdorben sind, so können sie doch entartet sein. Denn
wie ein Stock mit Fleiß umgebogen und gekrümmt,
ein anderer so gewachsen ist, so ist die Natur der
Tiere zwar nicht durch schlechte Zucht ausgeartet,
sondern durch ihre eigene Natur schlecht. Auch treibt
die Natur das Kleinkind nicht an, Lust zu erstreben,
sondern nur, sich selbst zu lieben und sich unversehrt
und wohlbehalten zu wissen. Denn jedes Geschöpf
liebt gleich mit seiner Geburt sich und alle seine
Teile, und die beiden Hauptteile schließt es vor allem
liebend mit ein, Seele und Leib, sodann die Bestandteile dieser beiden. Denn es gibt in der Seele wie
auch im Leib gewisse Teile, die einen Vorzug haben;
sobald das Geschöpf von diesen nur eine leichte
Wahrnehmung hat, so fängt es an zu unterscheiden,
so daß es nach dem verlangt, was von Natur das
erste Begehrenswerte[24] ist – dessen Gegenteil aber
verschmäht. 34. Ob zu diesen ersten Naturforderun-
gen die Lust gehört oder nicht, ist eine große Frage.
Aber zu meinen, es gehöre nichts zu ihnen außer der
Lust, keine Glieder, keine Sinne, keine Regung von
Geist, nicht Unversehrtheit des Leibes, nicht Gesundheit, das erscheint mir als ein Zeichen von höchster Geistesarmut.

Und das ist die Quelle, aus der die ganze Lehre
vom Gut und vom Übel fließen muß. Polemon[25] und
schon vorher Aristoteles haben das, was ich kurz zuvor gesagt habe, als Erstes geltend gemacht. Daraus

ist die Ansicht der alten Akademiker und Peripatetiker hervorgegangen, daß sie als höchstes Gut be-
zeichneten, der Natur gemäß zu leben, das heißt die
ersten Geschenke der Natur zu genießen, aber so,
daß die Tugend ihr Recht behält. Kalliphon fügte
der Tugend, der Vollkommenheit nichts hinzu als die
Lust, Diodor nur die Schmerzlosigkeit. Von all diesen Genannten ist das höchste Gut hiernach folgerecht bestimmt worden; bei Aristipp ist das höchste
Gut schlechthin die Lust; bei den Stoikern ist es das
Übereinstimmen mit der Natur, was sie verstanden
wissen wollen als ein Leben aus der Vollkommenheit
das heißt ein sittliches Leben, und sie erklären es so:
Leben mit der Einsicht in diejenigen Dinge, die aus
der Natur hervorgehen, wobei man das wähle, was
der Natur gemäß, und das verwerfe, was ihr zuwider
sei.

35. So gibt es drei Endziele ohne Sittlichkeit, eines
bei Aristipp oder Epikur, das andere bei Hieronymos, das dritte bei Karneades[26]; ferner drei Ziele, bei
denen die Sittlichkeit noch mit einem Zusatz aufgeführt wird, bei Polemon, Kalliphon und Diodor: ein
Ziel, das von Zenon, ist einfach und besteht lediglich
in der Ehre, dem Anstand, dem inneren Wert
(decus), das heißt in der Sittlichkeit, der sittlichen
Schönheit (honestas). Denn Pyrrhon[27], Ariston[28] und
Herillos[29] sind längst aufgegeben. Die übrigen stimmen darin miteinander überein, daß sie ihr Letztes
(vom höchsten Gut) mit dem Anfang (von den ersten
Geschenken der Natur) in Übereinstimmung setzen,
so daß also dem Aristipp die Lust, dem Hieronymos
die Schmerzlosigkeit, dem Karneades der Genuß der
ersten Geschenke der Natur das Höchste ist.

Epikur aber hätte, weil er als das Erste, was die
Natur empfehle, die Lust erklärt hatte, wenn er damit dieselbe meint wie Aristipp, das nämliche auch
als höchstes Gut festhalten müssen; hätte er aber die

Lust des Hieronymos gemeint, so hätte er ja auch ebenso verfahren sollen, daß er diese Lust als das Erste, was die Natur empfehle, setzte.

36. Denn wenn er sagt, unmittelbar durch die Sinne werde die Lust für ein Gut und der Schmerz für ein Übel erklärt, so räumt er den Sinnen mehr ein, als uns die Gesetze erlauben, wenn wir in Zivilsachen urteilen. Denn über nichts können wir entscheiden, außer was zu unserem Urteilsbereich gehört – dabei ist es unnütz, daß die Richter, wenn sie den Urteilsspruch verkünden, hinzufügen: »sofern ich die Sache zu beurteilen habe«; denn wenn sie sie nicht zu beurteilen hätten, so bliebe es auch ohne diesen Zusatz eine Entscheidung. – Was können die Sinne nun urteilen? Das ist süß, bitter, glatt, rauh, nahe, fern, das ist in Ruhe, in Bewegung, das ist viereckig, rund. 37. Einen ihr entsprechenden Urteilsspruch wird daher erst die Vernunft verkünden, mit Zuziehung zuerst der Kenntnis von den göttlichen und menschlichen Dingen, die wahrhaft Weisheit genannt werden kann; sodann mit Zuziehung der Tugenden, welche die Vernunft als Herrinnen aller Dinge erklärt, während du sie als Trabanten und Dienerinnen der Lust angesehen wissen wolltest. – Nach dem Ausspruch aller dieser wird sie das Urteil fällen, einmal in betreff der Lust, daß für sie hier gar kein Standort sei, weder allein auf dem von uns gesuchten Throne des höchsten Gutes zu sitzen, noch auch nur der Sittlichkeit beigeordnet zu werden. Über die Schmerzlosigkeit wird das gleiche Urteil gefällt werden. 38. Abgewiesen wird auch Karneades werden; auch wird keine Lehre über das höchste Gut, die entweder die Lust und die Schmerzlosigkeit an demselben teilnehmen läßt oder die sittliche Haltung ausschließt, Billigung finden. So wird sie zwei Ansichten übrig lassen, über welche sie wiederholt nachsinnen muß. Denn entweder wird sie festsetzen,

nichts sei gut außer dem Sittlichguten, nichts ein Übel
außer dem Sittlichschlechten, und das Übrige habe
entweder überhaupt keine Bedeutung oder nur so
viel, daß es weder zu erstreben noch zu fliehen, sondern nur zu wählen oder zu verwerfen sei; oder aber
sie wird derjenigen Ansicht den Vorzug geben,
welche sie nicht nur mit Sittlichkeit reichlichst
schmückt, sondern namentlich auch mit den damit
verbundenen Grundtrieben der Natur und mit der
Vollkommenheit des ganzen Lebens bereichert finden
wird. Diese Entscheidung wird sie um so klarer fällen, wenn sie erkannt hat, ob zwischen beiden Ansichten in der Sache oder nur in den Worten eine
Gegensätzlichkeit vorliegt.

39. So will denn auch ich nach dem maßgebenden
Beispiel der Vernunft dasselbe tun. Nach Kräften
nämlich will ich das Streiten einschränken und die
Auffassung vertreten, daß alle einseitigen Ansichten
derer, bei denen eine Mitwirkung der Vollkommenheit keineswegs eine Rolle spielt, überhaupt von der
Philosophie auszuschließen sind, zuerst die des Aristipp und aller Kyrenaïker, die sich nicht gescheut
haben, das höchste Gut in diejenige Lust zu setzen,
welche mit dem süßesten Reiz die Sinne aufrege, wobei sie jene Schmerzlosigkeit verwarfen. 40. Diese
haben nicht gesehen, daß, wie zum Lauf das Pferd,
zum Pflügen der Stier, zum Spüren der Hund, so der
Mensch zu zwei Dingen, wie Aristoteles sagt, zum
Erkennen und zum Handeln geboren ist, gleich einem
sterblichen Gotte. Im Gegenteil haben sie dieses
göttliche Geschöpf wie ein träges und lässiges Stück
Vieh nur zum Fressen und zur Lust der Fortpflan-
zung geschaffen sehen wollen. Nichts erscheint mir
abwegiger als dies. 41. Soviel gegen Aristipp, der
diejenige Lust nicht nur für die höchste, sondern auch
für die einzige hält, welche wir alle einzig und allein
Lust nennen. Anders jedoch scheint euch die Sache

richtig. Doch Epikurs Auffassung ist, wie gesagt, verwerflich. Denn weder die Gestalt des menschlichen Körpers noch die überragende Denkkraft seines Geistes deutet darauf hin, daß der einzige Zweck des menschlichen Daseins der Genuß der Lust sei.

Aber auch auf Hieronymos darf man nicht hören, für den das höchste Gut dies ist, was auch ihr bisweilen – oder vielmehr zu oft – nennt: die Schmerzlosigkeit. Keineswegs nämlich, wenn der Schmerz ein Übel ist, genügt das Freisein von diesem Übel zum glücklichen Leben. Das mag lieber Ennius sagen:

>Zuviel des Guten hat, wer frei von Übel ist[30].<

Wir wollen ein glückliches Leben nicht nach der Abwendung des Übels, sondern nach der Erlangung des Guten beurteilen, und es nicht durch Untätigsein, sei es in der Freude, wie Aristipp, sei es in der Schmerzlosigkeit, wie Hieronymos sagt, sondern durch Handeln und Überlegen suchen.

42. Dasselbe läßt sich auch gegen jenes höchste Gut des Karneades vorbringen. Das hat dieser nicht nur als erwiesene Wahrheit vorgetragen, vielmehr um den Stoikern entgegenzutreten, mit denen er Krieg führte. Doch ist es von der Art, daß es den Anschein erweckt, als werde es in Verbindung mit Vollkommenheit Gewicht haben und werde ein glückliches Leben vollkommen zustande bringen. Und das ist es ja, worum es in unserer ganzen Untersuchung geht. Denn diejenigen, welche mit der Tugend entweder die Lust verbinden, sie, die für sich allein von der Tugend für sehr gering geachtet wird, oder die Schmerzlosigkeit, welche, wenn sie auch vom Übel frei, doch keineswegs das höchste Gut ist, die leisten sich eine nicht eben sehr annehmbare Zugabe; und doch sehe ich nicht ein, warum sie diese Verbindungen so spärlich und mit so gestraffter Einengung eintreten lassen. Gleich als ob sie nämlich erst erkaufen

müßten, was sie der Tugend zufügen wollen, fügen sie zuerst die armseligsten Dinge hinzu, dann lieber einzelnes, als daß sie alles, was die Natur als das Erste empfiehlt, mit der Sittlichkeit verbinden würden.

43. Aber weil dies von Ariston und Pyrrhon überhaupt für nichtig erklärt wurde, weil nach ihnen zwischen bester Gesundheit und schwerster Krankheit durchaus kein Unterschied besteht, so hat man schon längst mit Recht aufgehört gegen sie zu streiten. Denn indem sie in der einen Vollkommenheit so alles enthalten wissen wollten, daß sie diese aller Auswahl zwischen den Dingen beraubten und ihr nichts zugaben, woraus sie entstehen oder worauf sie sich stützen könnte, so haben sie die Vollkommenheit selbst, die sie heftig in Schutz nahmen, wieder aufgehoben.

Herillos aber, der alles auf die Wissenschaft bezog, hat zwar gewissermaßen ein Gut erkannt, aber nicht ein bestes, noch das, welches zum Leitstern des Lebens dienen könnte. Deshalb ist auch er schon lange verworfen worden; denn nach Chrysipp ist der Streit gegen ihn nicht mehr fortgesetzt worden.

So seid ihr noch übrig. Denn mit den Akademikern ist es ein unsicheres Ringen, da sie nichts bestimmt behaupten und, als ob die Erkenntnis der Wahrheit eine aussichtslose Sache wäre, dem nachgehen wollen, was eben wahrscheinlich erscheint.

44. Mit Epikur aber ist die Arbeit schwerer, weil er von einer doppelten Art von Lust ausgeht und weil er selbst und seine Freunde und viele nachher Verteidiger dieser Ansicht gewesen sind und weil – ich weiß nicht wie – das Volk auf ihrer Seite ist, welches zwar das geringste Ansehen, aber doch den größten Einfluß hat. Können wir aber ihn nicht widerlegen, so muß alle Vollkommenheit, aller Anstand, alles wahre Lob preisgegeben werden. So bleibt nach Beseitigung der Ansichten aller Philosophen nicht mir mit Torquatus, sondern der Voll-

kommenheit mit der Lust zu ringen übrig. Ein Ringen, das der scharfsinnige und gründliche Chrysippos
nicht verachtet; vielmehr beruht nach seiner Auffassung die ganze Entscheidung der Frage über das
höchste Gut gerade auf dem richtigen Verhältnis der
beiden (Tugend und Lust). Ich aber glaube, wenn ich
anschaulich gemacht habe, daß es ein Sittlichgutes
gibt, das unmittelbar kraft seines Wesens und um
seiner selbst willen erstrebt zu werden verdient, so
liegt euer ganzes System am Boden. So will ich denn
erst kurz, wie die Zeit es gebietet, bestimmen, was
dieses Sittlichgute ist, um dann auf alle deine Behauptungen, mein Torquatus, einzugehen; es müßte
denn sein, daß mich mein Gedächtnis im Stiche ließe.

45. Unter dem Sittlichguten verstehen wir das,
was so beschaffen ist, daß es auch ohne Rücksicht auf
irgendeinen Nutzen, ohne jeden Lohn und Gewinn
um seiner selbst willen mit Recht gepriesen werden
kann. Doch läßt sich seine Beschaffenheit nicht sosehr
aus der Begriffsbestimmung, deren ich mich bedient
habe, erkennen – obwohl einigermaßen auch durch
sie –, als vielmehr aus dem übereinstimmenden Urteil aller und aus den Bestrebungen und den Taten
gerade der Besten, die sehr vieles einzig darum tun,
weil es sich ziemt, weil es recht, weil es ehrenvoll,
anständig ist, wenn sie auch gar keinen Vorteil für
sich daraus folgen sehen. Denn die Menschen unterscheiden sich neben vielem anderen doch am meisten
in dem einen Punkt von den Tieren, daß sie als Geschenk der Natur Vernunft besitzen und einen schar-
fen und durchdringenden Geist, der aufs schnellste
in vielem zugleich tätig ist, und – wenn ich so sagen
darf – scharfsichtig, um sowohl die Ursachen der
Dinge als auch die Folgen zu sehen, Ähnlichkeiten
zu übertragen, das Getrennte zu verknüpfen, mit der
Gegenwart die Zukunft zu verbinden und die ganze
Lage des folgenden Lebens in einem zu sehen.

Gerade diese Vernunft hat den Menschen so gemacht, daß er sich nach Menschen sehnt und zu ihnen nach seiner Natur in Sprache und Umgang paßt, so daß er, ausgehend von der Liebe zu den Hausgenossen und den Seinen, weiter und weiter um sich greift und zuerst mit der Gemeinschaft der Mitbürger, dann mit der aller Sterblichen in Verbindung kommt und – wie Platon an Archytas[31] schreibt – dessen eingedenk wird, daß er nicht für sich allein geboren ist, sondern für das Vaterland, für die Seinen, so daß ein ganz kleiner Anteil für ihn allein übrig bleibt.

46. Und weil dieselbe Natur dem Menschen die Sehnsucht eingepflanzt hat, die Wahrheit zu schauen – was am besten daraus erhellt, daß wir in sorgenfreien Stunden auch, was am Himmel vor sich gehe, zu wissen trachten –, so lieben wir, von diesen Anfängen darauf hingeführt, alles Wahre, das heißt alles Treue, Lautere, Unwandelbare; alsdann hassen wir alles Eitle, Falsche, Täuschende, das ist Betrug, Meineid, Bosheit und Rechtsverletzung.

Die gleiche Vernunft hat in sich etwas Bedeutendes und Großartiges, mehr zum Gebieten als zum Gehorchen angelegt, alles Menschenschicksal nicht nur für erträglich, sondern auch für unbedeutend erachtend; sie hat etwas Hohes und Erhabenes, nichts fürchtend, keinem weichend, stets unbesiegt.

47. Und jetzt, nachdem diese drei Haupterscheinungsformen des Sittlichguten gekennzeichnet sind, so folgt eine vierte, die in der gleichen Schönheit dasteht und aus jenen drei ersten entspringt; in dieser wird die Ordnung und Mäßigung sichtbar. Ähnlichkeit mit ihr erkannte man in der Anmut und Würde schöner Körper, von da ging man weiter zur Sittlichkeit in Reden und Taten. Denn infolge jener drei oben genannten rühmlichen Eigenschaften schaudert der Mensch zurück vor der Unbesonnenheit, wagt nie

jemandem durch Frechheit in Wort oder Tat zu schaden, scheut sich, überhaupt etwas zu tun oder auszusprechen, was zu wenig männlich scheinen könnte.

48. So hast du, mein Torquatus, eine vollständige und vollendete Zeichnung der Sittlichkeit; jene vier von dir ja auch angeführten Tugenden machen ihre Bestandteile aus. Von dieser behauptet dein Epikur, er wisse überhaupt nicht, welcher Inbegriff und welche Merkmale ihr nach der Meinung derer zukommen sollen, die die Sittlichkeit zum Maßstab für das höchste Gut machen. Denn wenn man alles auf die Sittlichkeit beziehe, ohne zu behaupten, in ihr sei auch die Lust enthalten, so seien ihre Worte eitler Schall – eben diese Ausdrücke gebraucht er nämlich –, und man wisse und sehe nicht, welcher Sinn diesem Worte Sittlichkeit zugrundezulegen sei. Wie nämlich der Sprachgebrauch lautet, heißt das allein ›ehrbar, anständig‹, was durch den Ruf des Volkes ruhmvoll ist. Und dies, sagt er, mag es auch oft beliebter sein als manche Art von Lust, wird doch begehrt um der Lust willen.

49. Siehst du, welch große Meinungsverschiedenheit zwischen uns ist? Der berühmte Philosoph, von dem nicht nur Griechenland und Italien, sondern auch die ganze Barbarenwelt in Bewegung gesetzt worden ist, behauptet nicht zu wissen, was das Sittlichgute sei, wenn es nicht die Lust sein solle; man müßte denn das darunter verstehen, was im Gerede der Menge gepriesen werde. Ich aber urteile, daß dies öfters sogar etwas Schändliches ist, und wenn es bisweilen nicht schändlich ist, so ist es doch nur dann nicht schändlich, wenn das von der Menge gelobt wird, was an und für sich recht und rühmlich ist; dennoch wird jenes nicht aus dem Grunde als das Sittlichgute bezeichnet, weil es von vielen gerühmt wird, sondern weil es von der Art ist, daß, wenn auch die Menschen nichts davon wüßten oder auch

verstummt wären, es dennoch seiner eigenen Schönheit und Gestalt wegen rühmlich wäre. Daher sagt
denn auch derselbe Epikur, bezwungen vom natürlichen Gefühl, dem man nicht widerstehen kann, an
einer anderen Stelle das, was auch von dir kurz
vorher gesagt worden ist, man könne nicht angenehm leben, ohne auch sittlich zu leben.

50. Was nennt er nun ›sittlich‹? Etwa dasselbe,
was ›angenehm‹? Also hieße der Satz: man könne
nicht sittlich leben, ohne sittlich zu leben. Oder:
›wenn man nicht im Ruhm des Volkes lebe‹? Ohne
diesen also, glaubt er, könne man nicht angenehm
leben? Was wäre schmählicher, als daß das Leben des
Weisen vom Geschwätz der Toren abhängen sollte?
Was also versteht er hier unter ›sittlich‹? Gewiß nur
das, was unmittelbar um seiner selbst willen mit
Recht gelobt werden kann. Denn geschähe es der Lust
wegen, was ist das dann für ein Lob, das man sich
auch vom Fleischermarkt herholen kann? Er ist nicht
der Mann, der, wenn er das Sittlichgute so hochhält,
daß er ohne es die Möglichkeit eines angenehmen
Lebens für ausgeschlossen hält, jenes Sittlichgute, was
den Beifall der Menge hat, meinen und die Möglichkeit eines angenehmen Lebens ohne dies leugnen
oder überhaupt etwas anderes für sittlichgut halten
sollte, als was recht und an und für sich schon, nach
seinem Wesen, seiner Natur, von selbst lobenswert
ist.

51. Daher schienst du mir, mein Torquatus, als du
sagtest, Epikur rufe es laut, es gebe ohne ein sittliches, weises und gerechtes Leben auch kein angenehmes Leben, dich selbst zu rühmen. Solche Kraft
war in den Worten ob der Würde dessen, was mit
diesen Worten bezeichnet wurde, daß du dich gehoben fühltest, daß du bisweilen stehen bliebst, daß
du uns anblicktest, als wolltest du bezeugen, gelobt
werde Sittlichkeit und Gerechtigkeit bisweilen von

Epikur. Wie stand es dir gut, dich der Worte zu bedienen, deren Gebrauch bei Philosophen nicht auf-
hören darf, ohne daß wir dann die Philosophie überhaupt entbehren könnten. Denn nur aus Liebe zu
jenen Worten, die Epikur so selten nennt, zur Weisheit, Tapferkeit, Gerechtigkeit und Mäßigung haben
sich die trefflichsten Geister der Beschäftigung mit
der Philosophie zugewandt.

52. ›Der Sinn des Gesichtes‹, sagt Platon[32], ›ist
bei uns der schärfste, aber wir sehen mit ihm die
Weisheit nicht. Welch brennende Liebe zu sich würde
sie erwecken, wenn man sie sehen könnte!‹ Warum
denn? Etwa weil sie so schlau ist, daß sie aufs beste
ein Gebäude der Lustgenüsse in Gedanken entwer-
fen kann? Warum wird die Gerechtigkeit gepriesen?
Oder woher kommt dieses alte, fast abgenützte
Sprichwort: ›Ein Mann, mit dem man in der Dunkelheit würfeln kann‹? Dieser Ausspruch, zunächst auf
einen ganz bestimmten Gegenstand bezogen, läßt sich
auf die umfassendste Weise anwenden, nämlich daß
wir bei allen Handlungen durch die Sache, nicht
durch Zeugen uns bestimmen lassen sollen.

53. Geringfügig nämlich und gar sehr kraftlos ist,
was von dir vorgebracht wurde, die Unredlichen,
Verwerflichen würden durch das eigene Gewissen
gepeinigt, dann auch durch die Furcht vor der Strafe,
von der sie entweder getroffen seien oder einst getroffen zu werden stets in Furcht schwebten. Man
braucht sich hier keinen furchtsamen Mann mit
schwachem Gemüt vorstellen, nicht einen so guten
Mann, der nach allen seinen Taten sich abhärmt
und alles fürchtet, sondern einen, der alles listig
auf seinen Nutzen berechnet, einen scharfsinnigen, gewandten alten Schlaukopf, einen, der leicht
etwas ausheckt, wie er im Verborgenen, ohne jeden
Mitwisser, betrügen könne. 54. Oder glaubst du, daß
ich von Lucius Tubulus[33] rede? Der hat, da er als

Prätor eine Untersuchung wegen Meuchelmordes zu führen hatte, sich die Entscheidung so offenkundig abkaufen lassen, daß im folgenden Jahr der Volkstribun Publius Scaevola das Volk befragte, ob man nicht eine Untersuchung dieser Sache verlangen solle. Durch einen Volksbeschluß wurde die Untersuchung dem Gnaeus Caepio übertragen, Tubulus aber ging sofort in die Verbannung und wagte nicht, sich zu verantworten: denn die Sache war offenkundig.

Nicht also von einem Verwerflichen, Unsittlichen überhaupt sprechen wir, sondern von dem listigen Verwerflichen, wie es etwa Quintus Pompeius[34] war, der das Bündnis mit den Numantinern ableugnete, auch nicht von einem solchen, der sich um die Stimme des Gewissens nicht kümmert und dem es eine kleine Mühe macht, sie nicht aufkommen zu lassen. Denn ein versteckt und heimlich Handelnder wird, weit entfernt sich zu verraten, sich vielmehr den Anschein geben, als betrübe er sich über eine verwerfliche Tat eines anderen. Denn was anderes als Verschlagenheit ist dies? 55. Ich erinnere mich, zugegen gewesen zu sein, als Publius Sextilius Rufus seine Freunde wissen ließ, er sei Erbe des Quintus Fabius Gallus[35], in dessen Testament zwar geschrieben stehe, dieser habe ihn gebeten, die ganze Erbschaft seiner Tochter zuzuwenden. Dies leugnete Sextilius. Er konnte es aber ungestraft; denn wer sollte ihn widerlegen? Keiner von uns glaubte ihm; auch war es wahrscheinlicher, daß der lüge, dem es von Wichtigkeit war, als jener, der in seinem Testament niedergeschrieben hatte, er habe um das gebeten, wozu er verpflichtet war. Sextilius fügte noch hinzu, er sei auf das Vokonische Gesetz[36] vereidigt und wage nicht, dagegen zu handeln, die Freunde müßten denn anderer Meinung sein. Ich war damals zwar noch ein ganz junger Mann, aber außer mir waren sehr angesehene

Männer dabei; und keiner von ihnen war der Meinung, daß der Fadia mehr herauszugeben sei, als ihr nach dem Vokonischen Gesetz zukomme. So behielt Sextilius die sehr große Erbschaft, von der er auch nicht einen Pfennig erhalten hätte, wäre er den Grundsätzen derer gefolgt, welche Sittlichkeit und Recht allen Vorteilen und allem Gewinn vorziehen. Glaubst du etwa, daß er nachher geängstigten und beunruhigten Herzens gewesen sei? Nichts weniger als dies; im Gegenteil, er wurde durch jene Erbschaft reich und eben deshalb fröhlich. Einen hohen Begriff hatte er nämlich von dem Geld, das er nicht nur nicht widergesetzlich, sondern sogar mit Hilfe der Gesetze sich erworben hatte. Und ihr Epikureer müßt es ja sogar mit Gefahr erstreben; denn es ist der Anstifter vieler und großer Verpflichtungen.

56. Wie also diejenigen, die das Rechte und Sittlichgute für das an sich Erstrebenswerte erklären, jeder Gefahr sich unterziehen müssen um der sittlichen Würde und der Ehrbarkeit willen, so müssen die von eurer Schule, die alles an dem Maßstab der Lust messen, Gefahren auf sich nehmen, um große Lust zu gewinnen. Wenn es sich um Bedeutendes und um eine große Erbschaft handelt, da man ja mit Geld sich die meisten Genüsse verschaffen kann, also wird auch euer Epikur tun müssen, wenn er seinem höchsten Gut nachstreben will, wie Scipio, der großen Ruhm vor sich sah, falls er Hannibal zum Rückzug nach Afrika genötigt hätte. – Welch großen Gefahren unterzog er sich deswegen! Auf die Ehrbarkeit, die Sittlichkeit nämlich war sein ganzes Unternehmen gerichtet, nicht auf die Lust. – Ebenso wird euer Weiser, durch irgendeinen großen Vorteil gelockt, wenn es not tut, den Kampf auf Leben und Tod versuchen.

57. Die Tat, die er verübt, könnte verborgen bleiben – das wird ihn freuen; und wird er ertappt, so

wird er jede Strafe verachten. Er wird ja gerüstet
sein, den Tod zu verachten, die Verbannung, ja selbst
den Schmerz. Ihn nennt ihr dann, wenn ihr ihn den
Verwerflichen als Strafe vorhaltet, unerträglich; erträglich dagegen, wenn ihr behauptet, daß bei dem
Weisen stets das Gute überwiege.

Aber stelle dir den, der verwerflich handelt, nicht
nur als listig vor, sondern auch als übermächtig, wie
es z. B. Manius Crassus[37] gewesen ist, – der gleichwohl von seinem Gute Gebrauch zu machen pflegte –,
wie gegenwärtig unser Pompeius[38] ist, dem man, soweit er recht handelt, Dank wissen muß; denn wie
ungerecht er auch sein sollte, er konnte es ungestraft.
Wie vieles in der Tat kann widerrechtlich geschehen,
ohne daß es jemand gerichtlich bekämpfen kann!
58. Wenn dich dein Freund beim Sterben gebeten
hat, seine Hinterlassenschaft seiner Tochter auszu-
händigen, ohne daß er dies jedoch irgendwo schrift-
lich niedergelegt hätte, wie es Fadius in seinem Testamente getan, oder daß er es jemandem mitgeteilt
hätte – was wirst du dann tun? Du allerdings würdest sie aushändigen; Epikur selbst würde sie vielleicht herausgeben, wie Sextus Peducaeus[39] tat, des
Sextus Sohn, der, der uns in unserem Sextus, seinem
Sohn, ein Abbild seiner edlen Menschlichkeit wie
seiner Rechtlichkeit hinterlassen hat. Dieser ebenso
gebildete wie vor allem treffliche und gerechte Mann
wurde ohne Wissen irgendeines Menschen von Gaius
Plotius[40], einem sehr angesehenen römischen Ritter
aus Nursia, um Aushändigung einer Erbschaft gebeten; da ging er aus freien Stücken zu der Witwe, rich-
tete ihr, die gar keine Ahnung davon gehabt hatte,
den Auftrag ihres Mannes aus und zahlte ihr die
Erbschaft aus. Aber jetzt frage ich dich, da du ja gewiß ebenso gehandelt hättest: erkennst du nicht, daß
die Kraft des natürlichen Empfindens um so stärker
ist, da selbst ihr, die ihr alles mit eurem Vorteil und,

wie ihr selbst sagt, mit der Lust in Verbindung
bringt, dennoch so handelt, daß daraus klar zutage
tritt, wie ihr nicht der Lust nachgeht, sondern der
Pflicht folget, und daß das natürliche Empfinden
mehr vermag als eine verkehrte Lehre? 59. Wenn
du wüßtest, sagt Karneades, daß eine Schlange irgendwo verborgen liege und jemand, ohne es zu wissen, sich auf sie setzen wolle, dessen Tod dir Vorteil
bringen würde, so würdest du verwerflich handeln,
wenn du ihn nicht warntest, sich niederzusetzen. Aber
doch kannst du es ungestraft unterlassen. Denn daß
du es gewußt, wer könnte es dir auf den Kopf zu-
sagen? Doch zuviel davon! Denn es ist ganz klar:
wenn Billigkeit, Treue und Gerechtigkeit nicht dem
Wesen des Menschen entspringen, sondern wenn dies
alles nur auf den Nutzen hinsteuert, so kann man
keinen trefflichen Mann mehr finden. Über diesen
Gegenstand hat in meinem Buche ›Vom Gemeinwesen‹ hinreichend Laelius gesprochen.

60. Wende das Nämliche auf die Besonnenheit oder
auf das Maßhalten an, welche in einer der Vernunft
gehorchenden Bezähmung der Begierden bestehen.
Ist denn also der auf die Schamhaftigkeit genügend
bedacht, der ohne Zeugen der Lüsternheit frönt?
Oder ist hierbei etwas an und für sich Schändliches
vorhanden, auch wenn kein übler Ruf Begleiter ist?
Wie? Heldenhafte Männer, rechnen sie sich erst den
Gewinn an Lust aus, bevor sie in die Schlacht gehen,
bevor sie ihr Blut für das Vaterland vergießen, oder
sind sie nicht vielmehr vom Feuer der Begeisterung
und vom Ungestüm des Herzens entflammt?

Was meinst du denn eigentlich, mein Torquatus,
hätte jener Imperiosus, wenn er unsere Worte hören
könnte, lieber deine oder meine Rede über sich gehört, meine, als ich sagte, nichts habe er seinetwegen,
alles um des Gemeinwesens willen getan, deine dagegen, er habe alles nur seinetwegen getan? Wenn du

aber das darstellen und offener erklären wolltest,
er habe alles nur um seiner Lust willen getan, wie
glaubst du wohl, daß er das hätte über sich ergehen
lassen? 61. Doch es sei so, wenn du willst, Torquatus
habe im Hinblick auf seinen Nutzen so gehandelt –
so will ich, bei einem so bedeutenden Manne zumal,
lieber als von Lust sprechen –, hat denn auch sein
Amtsgenosse Publius Decius[41], der erste Konsul aus
seiner Familie, da er sich dem Tode geweiht und mit
verhängtem Zügel mitten in die Schlachtreihe der
Latiner sprengte, etwa dabei seine Lust vor Augen
gehabt? Wo hätte er sie erlangen wollen oder wann,
da er doch wußte, daß er sogleich sterben werde und
diesen Tod mit brennenderem Verlangen suchte, als
man nach Epikurs Auffasung der Lust nachgehen
muß? Und wäre diese seine Tat nicht mit Recht gepriesen worden, so hätte sie sein Sohn nicht in seinem
vierten Konsulate nachgeahmt, so wäre nicht später
dessen Sohn im Kriege gegen Pyrrhus als Konsul gefallen und hätte sich in ununterbrochener Geschlech-
terfolge als drittes Opfer dem Gemeinwesen darge-
bracht. 62. Doch ich enthalte mich weiterer Beispiele.
Bei den Griechen sind hier wenige zu finden, Leonidas, Epaminondas, noch drei oder vier andere.
Wollte ich es unternehmen, die unserer Geschichte zu
sammeln, so würde ich es so weit bringen, daß die
Lust sich der Tugend zum Fesseln ergäbe. Aber der
Tag würde mir nicht ausreichen; und wie schon Aulus
Varius, der für einen sehr strengen Richter gegolten
hat, zu seinem Beisitzer zu sagen pflegte, wenn nach
Stellung der Zeugen immer noch neue vorgeladen
wurden: ›Entweder sind das Zeugen genug, oder ich
weiß nicht, was genug ist‹, so sind von mir genug
Zeugen gestellt worden. Denn wie? Hat dich selbst,
den würdigen Nachkommen großer Ahnen, etwa die
Lust bewogen, noch als ganz junger Mann dem
Publius Sulla das Konsulat zu entreißen? Und als du

eben dieses deinem Vater zugewandt hattest, dem
tapfersten Manne, wie hat der sich als Konsul, als
Bürger immer, ganz besonders aber nach seinem Konsulat bewährt! Nach seinem Vorbild habe ich selbst
so gehandelt, daß ich für alle eher als für mich selbst
Sorge trug. 63. Aber wie schön glaubtest du zu sprechen, als du auf die eine Seite einen Mann stelltest,
überhäuft mit aller Lust im höchsten Maße und frei
von allem Schmerz für die Gegenwart wie für die
Zukunft, auf die andere Seite aber einen mit den
größten Schmerzen am ganzen Körper, ohne alle Lust
für den Augenblick oder in der Erwartung einer solchen, und dann fragtest, wer elender als dieser, glücklicher als jener sei, und dann den Schluß zogest, das
größte Übel sei der Schmerz, das höchste Gut sei die
Lust!

Es gab einen gewissen Lucius Thorius Balbus von
Lanuvium[42], an den du dich nicht erinnern kannst.
Der lebte so, daß keine noch so erlesene Lust ausfindig gemacht werden konnte, die er nicht im Überfluß genossen hätte. Er war so süchtig nach den Lustgenüssen, wie er jeder ihrer Arten kundig war und
reich an Einfällen; auch war er so wenig abergläu-
bisch, daß er von jenen vielen Opfern und Tempeln
in seiner Vaterstadt nichts hielt, er fürchtete so wenig
den Tod, daß er im Kampfe für das Gemeinwesen
gefallen ist. 64. Seine Begierden pflegte er nicht nach
Epikurs Einteilung abzugrenzen, sondern nur nach
seiner eigenen Sättigung. Doch nahm er Rücksicht auf
seine Gesundheit; er trieb so weit Leibesübungen,
daß er zur Tafel mit Eß- und Trinklust kommen
konnte; er aß solche Speisen, welche am schmackhaf-
testen und zugleich am leichtesten verdaulich waren;
Wein trank er aus Wohlgeschmack und soweit er
nicht schädlich war. Jene anderen Dinge genoß er
noch dazu, die bei Epikur nicht in Wegfall kommen
dürfen, damit er noch, wie er sagt, den Begriff eines

Gutes dabei haben kann. Fern von ihm war jeglicher
Schmerz; und hätte sich welcher eingestellt, so hätte
er ihn sicherlich nicht weichlich ertragen, ebenso
sicher aber hätte er doch mehr die Ärzte als die Philosophen zu Rate gezogen. Seine Farbe war vorzüglich,
seine Gesundheit wohlerhalten, er genoß große
Gunst bei anderen, kurz, sein Leben war gerüttelt
voll von mannigfachen Genüssen aller Art.

65. Diesen Mann nennt ihr glücklich; eure Grundsätze wenigstens zwingen euch dazu. Aber ich – wen
ich diesem vorziehe, wage ich gar nicht zu sagen.
Sprechen wird statt meiner die Virtus, die Vollkommenheit, selbst und wird sich nicht bedenken, jenem
eurem Glücklichen den Manius Regulus[43] vorzuziehen. Diesen preist laut die Virtus, weil er nach
freiem Entschluß, durch keine andere Gewalt gezwungen als durch sein Wort, das er dem Feinde gegeben hatte, aus seiner Vaterstadt nach Karthago
zurückgekehrt war, daß er, als ihn Schlaflosigkeit
und Hunger marterten, glücklicher war als Thorius,
der unter Rosen zechte. Große Kriege hatte Regulus
geführt, zweimal war er Konsul gewesen, hatte einen
Triumph gehalten; und doch hielt er seine früheren
Taten nicht für so groß und glänzend wie jenes letzte
Mißgeschick, das er um seiner Treue und Standhaftigkeit willen auf sich genommen hatte, ein Mißgeschick, das uns, wenn wir von ihm hören, bejam-
mernswert erscheint, für ihn aber, der es durchmachte,
reich an Lust war. Denn nicht durch Fröhlichkeit und
Ausgelassenheit, auch nicht durch Lachen oder Scherzen, die Begleiter des Leichtsinns, sondern oft auch
inmitten der Traurigkeit durch Ausdauer und Charakterfestigkeit ist man glücklich.

66. Mit Gewalt geschändet von einem Königssohn
gab Lucretia, nachdem sie die Bürger zu Zeugen an-
gerufen, sich selbst den Tod. Dieser Schmerz des
römischen Volkes wurde dem Staat unter Brutus'

Führung und Leitung Anlaß zur Freiheit; und im Andenken an jene Frau wurden im ersten Jahre ihr Mann und ihr Vater zu Konsuln gewählt. Der bedeutungslose Lucius Virginius, einer aus der Menge, tötete 60 Jahre nach der Herstellung der Freiheit seine unvermählte Tochter lieber mit eigner Hand, als sie der Lüsternheit des Appius Claudius, der damals die höchste Gewalt innehatte, auszuliefern.

67. Entweder mußt du, Torquatus, derartige Handlungen tadeln oder dein Amt als Verteidiger der Lust aufgeben. Was aber ist das für ein Schutzherrenamt oder wie ist es da um die Lust bestellt, wenn sie weder einen Zeugen noch einen Lobredner aus der Zahl erlauchter Männer aufzustellen hat? Denn während ich aus den Urkunden der Geschichte als Zeugen Männer aufrufe, deren ganzes Leben sich in ruhmvollem Mühen verzehrte, Männer, die das Wort ›Lust‹ nicht hören konnten, so ist bei euren Lehrgesprächen die Geschichte stumm. Nie habe ich in Epikurs Schule den Namen eines Lykurg, Solon, Miltiades, Themistokles, Epaminondas, nennen hören, während alle übrigen Philosophen sie im Munde führen. Jetzt aber, da auch wir Römer diese Gegenstände zu behandeln begonnen haben, welch bedeutende Männer wird uns unser Atticus aus seinen Schätzen des Wissens vorführen? 68. Ist es nicht besser, über diese etwas als in so vielen Bänden über Themista[44] zu reden? Mag das der Griechen Sache sein; wiewohl wir von ihnen die Philosophie und alle edlen Wissenschaften haben, so gibt es doch noch etwas, das nur ihnen, aber nicht uns gestattet ist.

Es streiten die Stoiker mit den Peripatetikern. Die einen lehnen es ab, daß irgend etwas gut sein könne, außer was sittlichgut ist; die anderen sagen, sie gäben sehr viel und bei weitem am meisten auf die Sittlichkeit, indessen gäbe es doch noch andere Güter, teils körperliche, teils außerhalb des Körpers. Ein ehren-

voller Kampf, eine glänzende Untersuchung! Denn
um die Würde der Vollkommenheit geht es bei dem
ganzen Streit. Aber wenn du mit den Männern deiner
Schule Streitgespräche führst, so mußt du vieles auch
über schmutzigen Sinnengenuß hören, von dem Epikur nur zu oft spricht. 69. Solche Lehren kannst du
also nicht verteidigen, mein Torquatus, glaube es mir,
wenn du dich selbst, dein Denken und dein Streben
durchschaut hast. Schämen wirst du dich, sage ich,
jenes Gemäldes, das Kleanthes[45] sehr treffend mit
folgenden Worten zu beschreiben pflegte. Er forderte
seine Zuhörer auf, sie sollten sich mit ihm die Lust
auf einer Tafel gemalt vorstellen, wie sie in schön-
ster Kleidung und in königlichem Schmuck auf einem
Throne sitzt, um sie her die Tugenden als ihre Dienerinnen, die nichts anderes zu tun haben, nichts anderes für ihre Pflicht halten, als der Lust zu dienen,
und ihr nur die Mahnung ins Ohr zu flüstern – wenn
man das noch aus dem Bilde ersehen konnte –, sie
möge sich hüten vor jeder Unvorsichtigkeit, die den
Sinn der Menschen beleidigen oder einen Schmerz
zur Folge haben könnte: ›Wir Tugenden sind geboren, dir Dienst zu tun, eine andere Aufgabe haben
wir nicht.‹

70. Aber Epikur stellt ja in Abrede – er ist doch
euer Leitstern –, daß jemand angenehm leben könne,
ohne ein sittlich wertvolles Leben zu führen. Als ob
mich berührte, was der behauptet oder in Abrede
stellt! Nur danach frage ich, was der, der in der Lust
das höchste Gut sieht, folgerichtig behaupten muß.
Was bringst du als Grund vor, warum Thorius, warum Gaius Postumius[46], warum der Meister aller solcher Menschen, Orata[47], nicht höchst angenehm gelebt haben sollten? Epikur selbst leugnet, wie gesagt,
daß das Leben der Schlemmer zu tadeln sei, wenn sie
nicht Toren seien, das heißt, wenn sie nicht entweder
Begierden oder Furcht hätten. Indem er nun gegen

dies beides eine Arznei verspricht, verspricht er der Schwelgerei Zügellosigkeit. Denn wenn dies beides entfernt wäre, erklärt er, fände er am Leben der Lüstlinge nichts, was er tadeln würde.

71. Wenn ihr also alles nach der Lust bewertet, so könnt ihr die Vollkommenheit weder in Schutz nehmen noch festhalten. Denn auch für einen trefflichen und gerechten Mann darf der nicht gehalten werden, der, nur um keinem Übel zu begegnen, sich des Unrechts enthält. Du kennst, glaube ich, jenes Wort: ›Niemand ist fromm, der Frömmigkeit aus Furcht nur übt‹; glaube mir, kein Ausspruch ist wahrer. Denn einerseits ist der Mensch, solange er fürchtet, nicht gerecht; andererseits wird er, wenn er zu fürchten aufgehört hat, es sicher nicht sein. Nicht fürchten aber wird er sich, wenn er entweder verheimlichen oder durch große Macht vertreten kann, was er getan hat; und auf jeden Fall wird er lieber für einen trefflichen Mann gelten wollen, ohne es zu sein, als es sein wollen, ohne dafür zu gelten. So gebt ihr uns – und das ist ganz gewiß – statt einer wahren und zuverlässigen Gerechtigkeit eine Vortäuschung von Gerechtigkeit und schreibt uns gewissermaßen vor, daß wir unser unverrückbares Gewissen nicht beachten und nach der irrenden Meinung anderer Jagd machen sollen.

72. Das gleiche läßt sich über die übrigen Tugenden sagen, deren gesamte Grundlagen ihr auf der Lust – wie auf Wasser – errichtet. Denn wie? Als einen Tapferen können wir doch eben jenen Torquatus bezeichnen? Meine Freude nämlich, wiewohl ich dich, wie du sagst, nicht bestechen kann, meine Freude habe ich, sage ich, an eurem Geschlecht und Namen. Und in der Tat, so schwebt mir das Bild des trefflichen und gegen mich so liebevollen Aulus Torquatus[48] vor meinen Augen; wie groß und wie ausgezeichnet seine Freundschaft zu mir in jenen allbe-

kannten bösen Zeiten gewesen ist, müßt ihr beide wissen. Das wäre mir selbst, der ich dankbar sein und dafür gehalten sein will, nicht in dankbarer Erinnerung, wenn ich nicht deutlich sähe, daß er mir um meinetwillen Freund gewesen ist, nicht um seinetwillen, du müßtest denn mit diesem ›um seinetwillen‹ dies meinen, daß allen daran gelegen ist, recht zu handeln. Wenn du das sagst, so haben wir gesiegt. Denn das wollen, das verlangen wir, daß die Frucht des rechten Handelns das rechte Handeln sei. 73. Das will jener dein Meister nicht, und aus allem treibt er Lust gleichsam als Lohn ein. Doch ich komme auf jenen Torquatus zurück. Wenn er um der Lust willen mit dem Gallier, der ihn herausgefordert, am Fluß Anio den Kampf bestand und aus dessen Beute sich nur die Halskette und seinen Beinamen erwarb aus keinem anderen Grunde als dem, daß ihm derartige Taten eines Mannes würdig erschienen, so halte ich ihn nicht für tapfer. Wenn nun ferner Schamhaftigkeit, wenn Besonnenheit, wenn Sittsamkeit, wenn – mit einem Worte – das Maßhalten nur durch Furcht vor Strafe oder Schande erreicht werden sollte, ohne daß sie sich durch die eigene Heiligkeit schirmten, welcher Ehebruch, welche Unzucht, welche Ausschweifung wird nicht zum Ausbruch kommen und sich hervordrängen, sobald diesen Lastern nur entweder Verborgenheit oder Straflosigkeit oder völlige Freiheit in Aussicht steht?

74. Und wie, mein Torquatus? Was ist denn eigentlich davon zu halten, daß du, ein Mann von solchem Namen, solchem Geist, solchem Ruhm, nicht vor versammeltem Volke auszusprechen wagst, worauf du dein Handeln, dein Denken, dein Trachten beziehst, noch weshalb du durchsetzen willst, was du unternimmst, noch was du überhaupt für das Beste im Leben erklärst? Was für Lohn willst du denn, wenn du beim Antritt deines Amtes in der Volksver-

sammlung auf die Rednerbühne steigst – denn du mußt ja ankündigen, wie du es halten willst mit deiner Rechtspflege, und vielleicht auch, wenn es dir so beliebt, wirst du etwas von deinen Ahnen und von dir selbst nach der Sitte der Väter mit erwähnen –, was willst du, sage ich, damit verdienen, wenn du versicherst, du wollest in diesem Amte alles um der Lust willen tun und du habest in deinem Leben nichts anderes als nur um der Lust willen getan? ›Hältst du mich‹, wirst du sagen, ›für so wahnsinnig, daß ich vor Ungebildeten auf solche Weise reden sollte?‹ Nun, so sage es eben im Gericht, oder, wenn du diesen Kreis von Zuhörern fürchtest, im Senate. Niemals wirst du es tun. Warum, wenn es zu sagen nicht schändlich ist? So hältst du also mich und den Triarius für gut genug, in unserer Gegenwart eine so schmähliche Sprache zu führen?

75. Doch es sei so: schon das Wort ›Lust‹ hat keine Würde, und wir haben vielleicht nicht die richtige Einsicht. Denn das sagt ihr ja mehrfach, daß wir nicht verstehen, was ihr mit Lust bezeichnet. Sicherlich eine schwierige und dunkle Sache! Wenn ihr von unteilbaren Körpern und von Zwischenweltenräumen sprecht, die weder irgendwo sind noch sein können, so verstehen wir euch; und die Lust, die doch allen Sperlingen bekannt ist, sollte uns unverständlich sein? Wie, wenn ich dich dahin bringe einzugestehen, daß ich nicht nur weiß, was Lust ist – sie ist nämlich eine angenehme Bewegung in den Sinnen –, sondern daß ich auch weiß, was du darunter verstanden haben willst? Denn bald willst du sie genau so verstanden haben wie ich eben und gibst ihr den Namen der Lust in Bewegung, daß heißt die, welche gewisse Abweichungen aufweise; bald wieder verstehst du darunter eine gewisse andere höchste Lust, der nichts weiter hinzugefügt werden könne; diese sei dann vorhanden, wenn aller Schmerz fern

sei; und diese nennst du die ruhende Lust. 76. Nun, es sei denn dies wirklich Lust! So sage in jeder Versammlung, du tätest alles, um ohne Schmerz zu sein. Wenn dir auch diese Erklärung nicht ansehnlich, nicht edel genug vorkommt, so sage, daß du alles sowohl in jenem Amte als im ganzen Leben deines Vorteils wegen tun werdest, nichts tun werdest, was nicht fördere, überhaupt nichts, was nicht um deiner Person willen sei: welch ein Beifallsgeschrei, meinst du, wird sich in der Versammlung erheben, oder was wird mit deiner Hoffnung auf das Konsulat werden, das dir schon so gut wie gewiß ist? Einem solchen Grundsatz also willst du folgen, um nach ihm für dich und im Umgang mit den Deinen zu leben, aber dich öffentlich zu ihm zu bekennen und vor dem Volke vorzutragen darfst du nicht wagen? Vielmehr führst du fortwährend das, was die Peripatetiker, was die Stoiker sagen, im Munde, vor Gericht sowohl wie im Senate: Rechtes Handeln, Billigkeit, Würde, Treue, Recht, Sittlichkeit, würdig des Reiches, würdig des römischen Volkes, alle Gefahren für das Gemeinwesen, Sterben für das Vaterland – wenn du diese Worte aussprichst, staunen wir wie die dummen Tölpel, während du selbst natürlich im Innern lachst. 77. Denn unter jenen so erhabenen und so herrlichen Worten hat die Lust keinen Platz, nicht nur jene, die ihr als Lust in der Bewegung bezeichnet, die alle Leute vom Land und aus der Stadt, kurz alle, die Lateinisch sprechen, Lust nennen, sondern nicht einmal jene ruhende, welche außer euch niemand Lust nennt.

Bedenke also, daß du unsere Worte doch nicht für deine Gedanken gebrauchen darfst. Wenn du eine andere Miene, einen anderen Gang vortäuschen wolltest, um würdevoller zu erscheinen, so wärest du dir selbst nicht gleich; und du wolltest Worte aus der Luft greifen und wolltest Dinge sagen, die du nicht meinst? Oder du wolltest auch, wie man es mit einem Kleid macht, eine andere Ansicht für das Haus, eine andere für die Öffentlichkeit haben, so daß auf deiner Stirn Schein zu sehen, in deinem Herzen aber die Wahrheit verborgen wäre? Siehe zu, ob das recht ist, ich bitte dich! Mir wenigstens scheinen die Grundsätze wahr, die ehrenhaft, lobenswert, rühmlich sind, die man im Senat, vor dem Volke, in jeder Gesellschaft und Versammlung frei äußern kann und die zu denken man sich so wenig schämt wie sie auszusprechen.

78. Freundschaft aber – wo kann für sie Raum sein, oder wer kann eines anderen Freund sein, wenn er ihn nicht liebt um seiner selbst willen? Was ist aber lieben (amare) – wovon ja das Wort Freundschaft (amicitia) hergeleitet ist – anderes als wollen, daß dem anderen die größtmöglichen Güter zuteil werden, auch wenn uns selbst daraus kein Vorteil erwächst? ›Vorteil‹, sagt Epikur, ›bringt es mir allerdings, daß ich von solcher Gesinnung frei bin!‹ Oder vielleicht besser, zu sein scheine; denn sein kannst du nicht so, wenn du es nicht wirklich bist. Wie aber wirst du es sein können, wenn dich nicht die Liebe selbst ergriffen hat? Und das pflegt nicht nach einer vorangegangenen Berechnung des Nutzens zu geschehen, sondern es entsteht von sich selbst und tritt unwillkürlich ins Leben. ›Allein, ich verfolge meinen Nutzen.‹ So wird die Freundschaft so lange bleiben, als ihr Nutzen folgt, und wenn der Nutzen die Freundschaft begründet, wird er sie ebenso wieder aufheben. 79. Aber was willst du gar dann machen, wenn der Nutzen, wie es oft geschieht, dich im Stiche läßt? Willst du sie aufgeben? Was ist das für eine Freundschaft? Willst du sie beibehalten? Wie aber paßt das zueinander? Denn was du von der Freundschaft, sofern sie um des Nutzens willen erstrebenswert ist, gesagt hast, das

weißt du. ›Ich würde mir Haß zuziehen, wenn ich aufhörte, des Freundes mich anzunehmen.‹ Erstens, warum verdient denn das Haß, wenn nicht deshalb, weil es schändlich ist? Und wenn du, um keine Unannehmlichkeit zu erleiden, den Freund nicht im Stich lassen willst, so mußt du ja doch, damit du nicht ohne allen Vorteil an ihn gebunden bist, seinen Tod wünschen. Wie, wenn er dir nicht nur keinen Nutzen bringt, sondern du gar Verluste an deinem Vermögen erleiden, Anstrengungen für ihn übernehmen, selbst Lebensgefahr bestehen mußt? Wirst du auch dann nicht auf deine Person Rücksicht nehmen und bedenken, daß ja jeder für sich geboren ist und für seine Lust? Wirst du dich als Bürgen zum Tode dem Tyrannen hingeben für den Freund, wie jener Pythagoreer es tat bei dem sizilischen Tyrannen? Oder wirst du, wenn du Pylades bist, sagen, du seist Orest, um für den Freund zu sterben? Oder wenn du Orest wärest, würdest du den Pylades widerlegen und dich selbst angeben und, wenn du damit keinen Glauben fändest, würdest du es unterlassen zu bitten, damit man nicht euch beide zugleich töte?

80. Du, mein Torquatus, würdest allerdings so handeln; denn nichts halte ich großen Ruhmes wert, wovon ich glauben müßte, daß du es aus Furcht vor Tod oder Schmerz unterlassen würdest. Doch es fragt sich nicht, was deiner Natur angemessen ist, sondern was deinem Lehrgebäude entspricht. Die Lehre, die du da verteidigst, die Vorschriften, die du gelernt hast, die du anerkennst, von Grund aus zerstören sie die Freundschaft, wenn sie auch Epikur, wie er es tut, bis zum Himmel mit seinem Lob erhebt. Aber er hat ja selbst Freundschaften gepflogen! Aber bitte, wer leugnet denn, daß er persönlich ein rechtschaffener, gefälliger und menschenfreundlicher Mann gewesen ist? Um seinen Geist handelt es sich in diesen Untersuchungen, nicht um seinen Charakter. Lassen wir

jene verdrehte Leichtfertigkeit der Griechen, die mit
Schmähreden diejenigen verfolgen, mit denen sie
hinsichtlich der Wahrheit verschiedener Ansicht sind.
Aber wie liebevoll er auch in Bewahrung der Freundschaft gewesen sein mag, so ist er doch, wenn das wahr
ist – denn ich will nichts bestimmt sagen –, nicht sehr
scharfsinnig gewesen. Aber er hat sich doch bei vielen
beliebt gemacht!

81. Und zwar mit Recht vielleicht, allein das
Zeugnis der Menge ist nicht gerade sehr entschei-
dend. Denn in allen Künsten oder Bestrebungen, in
jeder Wissenschaft, selbst in Tugend und Vollkommenheit ist das Beste immer das Seltenste. Und mir
für meine Person scheint die Tatsache, daß Epikur
selbst ein in seiner Art vorzüglicher Mann war, und
daß es viele Epikureer ebenfalls gewesen sind und
noch heute sind, daß sie in der Freundschaft treu und
in allen Lebensverhältnissen standhaft und ernst sind
und nicht nach der Lust, sondern nach dem rechten
Handeln ihre Entschlüsse einrichten, es scheint mir,
sage ich, dies nur für die stärkere Kraft der sittlichen
Haltung und für die schwächere der Lust zu sprechen.
Leben doch manche so, daß durch ihren Lebenswandel ihre Reden entkräftet werden. Und wie man von
anderen annimmt, daß sie besser sprechen als sie
handeln, so scheinen mir diese besser zu handeln als
zu sprechen.

82. Aber dies trifft eigentlich nicht die Sache; wir
wollen vielmehr deine Ansicht über die Freundschaft
betrachten. Eine unmittelbare Äußerung Epikurs
glaubte ich nämlich dabei zu erkennen: die Freundschaft lasse sich von der Lust nicht trennen, und
eben deshalb müsse man sie pflegen, weil man
ohne Freunde weder sicher und furchtlos noch angenehm leben könne. Genug habe ich darauf geantwortet. Vorgebracht hast du noch eine andere, wohl-
wollendere Ansicht einiger Neuerer, die, soviel ich

weiß, Epikur selbst nie ausgesprochen hat: anfangs
suche man um des Nutzens willen einen Freund, nach
längerem Umgang aber liebe man den Freund um
seiner selbst willen, auch wenn keine Lust zu erwarten sei. Zwar läßt sich diese Ansicht noch auf mancherlei Weise angreifen, aber ich nehme doch an, was
mir damit geboten wird. Denn mir genügt das, ihnen
aber noch nicht. Sagen sie doch damit, daß bisweilen
das Rechte geschehen könne, ohne daß Lust erwartet
oder gesucht werde. 83. Du hast auch die Behauptung anderer erwähnt, die Weisen würden unter sich
eine Art Bund schließen, wonach sie ebenso, wie sie
gegen sich selbst gesinnt seien, es auch gegen ihre
Freunde sein wollten; dies sei möglich und sei auch
oft geschehen und sei auch für das Empfinden von
Lust von ganz besonderem Einfluß. Wenn sie diesen
Bund haben schließen können, so mögen sie auch
einen anderen schließen: Recht und Billigkeit, Mäßigung und alle Tugenden um ihrer selbst willen ohne
Lohn lieben zu wollen. Wenn wir dagegen um des
Ertrages, des Gewinnes, des Nutzens willen Freundschaften pflegen, wenn es keine liebende Gesinnung
dabei gibt, welche die eigentliche Freundschaft ganz
von sich aus, aus ihrer eigenen Kraft heraus, erstrebenswert macht, so daß sie selbst ihre eigene Ursache
und ihr eigenes Ziel ist, gibt es dann noch einen
Zweifel, daß wir Landgüter und Miethäuser den
Freunden vorziehen?

84. Führe du hier immerhin das wieder einmal an,
was Epikur mit so trefflichen Worten zum Lobe der
Freundschaft gesagt hat. Ich frage nicht, was er sagt,
sondern was er übereinstimmend mit seiner Lehre
und Ansicht sagen kann. »Um des Nutzens willen ist
die Freundschaft gesucht worden«. Also glaubst du
wohl, daß dir dieser Triarius nützlicher sein könnte
als die Kornspeicher in Puteoli, wenn sie dein wären?
Fasse alles zusammen, was ihr hier zu sagen pflegt:

›den Schutz von seiten der Freunde‹. In dir selbst, in
den Gesetzen, in alltäglicher Freundschaft hast du
Schutz genug. Man wird dich schon nicht verachten
dürfen. Dem Haß aber und dem Neid wirst du leicht
ausweichen. Für solche Dinge werden ja von Epikur
Vorschriften gegeben. Auch brauchst du übrigens nur
deine so großen Einkünfte zu verwenden, ein großes
Haus zu führen, um auch ohne jene Pylades-Freund-
schaft dich mit dem Wohlwollen der Menge auf ausgezeichnete Weise zu schützen und zu sichern. 85.
Aber, wie man sagt, ›mit wem den Scherz, mit wem
den Ernst, mit wem Geheimnisse und alle Herzens-
angelegenheiten teilen?‹ Mit dir selbst am besten,
dann aber auch mit einem gewöhnlichen Bekannten.
Aber selbst wenn dergleichen nicht so unvorteilhaft
wäre, was ist es gegen den Nutzen von so viel Geld?
Du siehst also, wenn man die Freundschaft nach der
liebevollen Gesinnung mißt, so gibt es nichts Ausge-
zeichneteres als sie; wenn aber nach dem Ertrag, so
wird die höchste Vertraulichkeit dem Geldertrag
fruchtbarer Landgüter nachstehen. Mich selbst also
mußt du lieben, nicht das Meinige, wenn wir wahre
Freunde werden wollen.

Doch wir haben bei diesen ganz offen daliegenden
Dingen zu lange verweilt. Wenn es nämlich einmal
abgemacht und zusammenfassend gefolgert ist, daß
weder für die sittliche Persönlichkeit noch für die
Freundschaft Raum bleibt, wenn alles auf die Lust
bezogen wird, so ist weiter nichts mehr zu sagen.
Jedoch will ich, damit es nicht scheint, als sei etwas
unbeantwortet geblieben, noch weniges auf deinen
übrigen Vortrag erwidern.

86. Weil also der Hauptzweck der Philosophie das
glückliche Leben betrifft und allein diesem nachtrach-
tend die Menschen sich der Bemühung darum zugewandt haben, glücklich leben aber von den einen in
dies, den anderen in jenes, von euch in die Lust und

ebenso dem gegenüber alles Elend in den Schmerz
gesetzt wird, so will ich zuerst untersuchen, wie
denn dies euer glückliches Leben beschaffen ist. Und
ihr werdet, denke ich, das zugeben, daß, wenn es
überhaupt etwas ist, glückselig zu sein, dies ganz und
gar in die Macht des Weisen gelegt sein muß. Wenn
nämlich das glückliche Leben verloren werden kann,
so kann es nicht glücklich sein. Denn wer hat das Vertrauen, es werde ihm das beständig und fest verbleiben, was doch zerbrechlich und hinfällig ist? Wer
aber der Beständigkeit seiner Güter mißtraut, der
muß fürchten, einst durch ihren Verlust unglücklich
zu sein. Glücklich aber kann niemand sein, solange
er um die wichtigsten Dinge in Besorgnis ist. 87. Niemand kann dann also glücklich sein. Denn nicht im
Hinblick auf den einen oder anderen Teil, sondern
auf die ganze Dauer der Zeit pflegt man das Leben
glücklich zu nennen; und. überhaupt wird einem Leben erst dann eine Bezeichnung beigefügt, wenn es
erfüllt und vollendet ist; und ebensowenig kann jemand in einer Beziehung glücklich, in einer anderen
aber elend sein; denn wer da meint, er könne elend
sein, der wird nicht glücklich sein. Denn wenn man
einmal ein glückliches Leben erwählt hat, so beharrt
es ebenso wie jene Schöpferin des glücklichen Lebens
selbst, die Weisheit, und wartet nicht auf den höchsten Augenblick des zeitlichen Daseins, wie es nach
Herodots Erzählung Solon dem Kroisos angeraten
hat. Indessen, wie du eben bestimmt versichertest,
das ist ja eben Epikurs Behauptung, daß die Länge
der Zeit zum glücklichen Leben nichts beitrage und
daß der Genuß der Lust in einer kürzeren Zeit nicht
geringer sei, als wenn diese ewig währte. 88. Dies
ist ganz inkonsequent gesagt. Obgleich er nämlich das
höchste Gut in die Lust setzt, will er nicht wahrha-
ben, daß in einer unbegrenzten Dauer der Lebenszeit
die Lust größer werden könne als in einer beschränk-

ten und mäßigen. Wer das Gut ganz in der sittlichen
Vollkommenheit sieht, der kann sagen, vollendet
werde das glückliche Leben durch Vollendung des
sittlichen Wertes; er stellt nämlich in Abrede, daß
dem höchsten Gut der Tag einen Zuwachs bringe.
Wer aber glaubt, daß die Lust das glückliche Leben
zur Folge habe, wie kann der mit sich selbst übereinstimmen, wenn er in Abrede stellt, die Lust wachse
durch ihre längere Dauer? Also wächst auch der
Schmerz nicht, müßte er dann zugeben. Oder ist der
Schmerz, je länger er anhält, umso elender, und macht
dagegen die Dauer die Lust nicht wünschenswerter?
Was ist es also, warum Epikur so immer die Gottheit
glückselig und zugleich ewig nennt? Denn nimmt
man dem Jupiter die Ewigkeit, so ist er um nichts
glückseliger als Epikur; beide genießen ja das
höchste Gut, nämlich die Lust. – ›Aber Epikur ist ja
auch dem Schmerz unterworfen!‹ Aber er achtet ihn
ja für nichts; er sagt ja, wenn er gebrannt werde,
würde er rufen: ›Wie angenehm ist das!‹ 89. Worin also wird er von dem Gott übertroffen, wenn nicht
durch die Ewigkeit? Und was hat man an ihr Gutes
außer der höchsten Lust, und zwar der nie aufhören-
den? Was also nützt da das prahlende Reden, wenn
man nicht konsequent spricht? In der Lust des Körpers – ich will auch, wenn du es wünschest, der Seele
hinzufügen, da ja deren Lust auch nur, nach eurer
Ansicht, aus dem Körper entspringt – ist das glückliche Leben enthalten. Wie? Den ununterbrochenen
Besitz der Lust – wer kann ihn dem Weisen gewähren? Denn die Dinge, durch welche Lust hervorgebracht wird, sind nicht in der Gewalt des Weisen.
Nicht in die Weisheit selbst ist ja das Glücklichsein gelegt, sondern in die Dinge, die die Weisheit
zur Erlangung der Lust in Bereitschaft setzt. Dies ist
also ganz und gar außer uns, und was außer uns liegt,
gehört dem Zufall an. So wird denn zum Herrn des

glücklichen Lebens das Glück, von dem Epikur sagt,
es werde dem Weisen in spärlichem Maße zuteil.

90. ›Laß das‹, wirst du sagen, ›das sind Kleinig-
keiten! Den Weisen macht schon die Natur reich. sie,
deren Schätze nach Epikurs Lehre leicht zu erwerben
sind.‹ Das ist ganz schön gesagt, und ich widerspre-
che dem gar nicht, aber es widerspricht sich selbst.
Denn Epikur behauptet, aus der schmalsten Kost, das
heißt aus den verächtlichsten Speisen und Getränken
werde keine geringere Lust genossen als aus den aus-
erlesensten Leckerbissen der Tafel. Dem würde ich,
wenn er behauptete, es sei von keiner Beziehung zum
glücklichen Leben, welche Kost man zu sich nehme,
ganz beistimmen, ja loben würde ich es; spräche er
doch die Wahrheit, und dasselbe höre ich den Sokrates, der die Lust für nichts achtet, sagen: der Speisen bester Koch sei der Hunger, der Getränke bester
Mundschenk der Durst. Aber wer, auf die Lust alles
beziehend, lebt wie Gallonius und redet wie jener
Piso Frugi[49], den mag ich nicht hören, noch glaube
ich, daß er sagt, was er meint. 91. Die Schätze der
Natur, hat er behauptet, sind leicht zu erlangen, weil
die Natur mit wenigem zufrieden sei. Dies wäre richtig, wenn ihr die Lust nicht so hoch schätztet! Nicht
geringere Lust, sagt er, wird aus dem Genuß der
wohlfeilsten Dinge gewonnen als aus dem der kost-
barsten. Aber dann darf man nicht nur kein Herz,
sondern nicht einmal einen Gaumen haben. Denn
wer die Lust selbst verachtet, der darf sagen, er ziehe
den Stör dem Hering nicht vor. Wem aber in der
Lust das höchste Gut besteht, der muß alles nach den
Sinnen, nicht nach der Vernunft beurteilen, und er
muß das das Beste nennen, was das Schmackhafteste
ist.

92. Doch es soll gelten! Mag er die größten Lustgenüsse nicht nur um geringen Preis, sondern meinetwegen um nichts gewinnen, wenn er kann; mag

die Lust nicht geringer sein bei der Kresse, wie sie die Perser nach Xenophons Erzählung zu essen pflegten, als bei den syrakusanischen Gelagen, welche Platon so strenge tadelt; es sei, sage ich, so leicht wie ihr wollt, sich Lust zu verschaffen, was sollen wir aber vom Schmerze sagen? Seine Qualen sind so groß, daß bei ihnen, wenn schon der Schmerz das größte Übel ist, ein glückliches Leben nicht möglich ist. Denn Metrodoros selbst, beinahe ein zweiter Epikur, beschreibt das Glücklichsein mit ungefähr folgenden Worten: ›Wenn der Körper in einem guten Zustand ist und die Gewißheit da ist, daß es auch künftig so sein werde.‹ Aber kann diese Gewißheit jemand haben, wie es sich mit seinem Körper verhalten werde, ich will nicht sagen bis übers Jahr, sondern bis zum Abend? Den Schmerz also, das heißt das größte Übel, wird man immer fürchten, auch wenn er nicht da ist; denn er kann ja schon nahe sein. Wie kann nun im glücklichen Leben die Furcht vor dem höchsten Übel Platz haben? 93. Gelehrt wird, sagt man, von Epikur, wie man den Schmerz gering zu achten habe. Schon dies ist widersinnig, daß das größte Übel gering geachtet werden soll. Aber was ist das doch für eine Lehre? Der größte Schmerz, sagt er, ist kurz. Fürs erste, was nennst du kurz? Sodann, welchen Schmerz nennst du den größten? Wie also, der größte Schmerz kann nicht mehrere Tage andauern? Vielleicht sogar Monate! Es müßte denn sein, daß du den meinst, der in dem Augenblick, da er den Menschen überfallen hat, ihn auch tötet. Wer fürchtet diesen Schmerz? Lieber wollte ich, du lindertest jenen, von welchem ich meinen trefflichen, edlen Freund Gnaeus Octavius, des Marcus Sohn, verzehrt sah, doch nicht etwa nur einmal oder auf kurze Zeit, sondern sehr oft und lange. Welche Qualen, o ihr ewigen Götter, hat der ausgestanden, wenn er es in allen Gliedern brennen fühlte! Und doch galt er nicht für einen elenden

Menschen, weil dies nicht das größte Übel war, sondern nur für einen geplagten; dagegen wäre er ein
elender Mensch gewesen, wenn er in einem schändlichen und lasterhaften Leben in einer Überfülle von
Lüsten geschwelgt hätte.

94. Wenn ihr aber einen großen Schmerz kurz,
einen langwierigen leicht nennt, so verstehe ich nicht,
was das bedeutet. Sehe ich doch große und zugleich
gar lange Schmerzen, für welche eine andere Art des
Ertragens richtiger ist, die aber ihr nicht anwenden
könnt, da ihr die sittliche Haltung an und für sich
nicht liebt. Es gibt für die Tapferkeit gewisse Lehren,
fast möchte ich sie Gesetze nennen, welche weichlich
im Schmerz zu sein dem Manne verbieten. Deshalb
gilt es als schimpflich, ich will nicht sagen Schmerz
zu fühlen – denn dies ist bisweilen nicht zu vermeiden –, aber doch jenen Lemnischen Felsen mit
Philoktetes-Geschrei[50] zu verunehren,

>Der vom Geheul, von Klagen, Seufzen, Ächzen
Dumpf widerhallend Weheruf vernehmen läßt.<

Diesem Manne, dem

>Der Eingeweide Adern einer Natter Biß
mit Gift erfüllt abscheulich Qual erregt<,

soll doch Epikur, wenn er kann, einmal sagen: >Phi-
loktet, der Schmerz ist kurz!< Aber er liegt ja schon
das zehnte Jahr in der Höhle! Epikur ruft: >Wenn
er lang ist, so ist er leicht, denn er hat ruhige Zwi-
schenzeiten und läßt nach!< 95. Erstens, er läßt nicht
oft nach, und dann, was ist das für ein Nachlassen,
wenn das Gedächtnis des vergangenen Schmerzes
noch frisch ist und zugleich die Angst vor dem neuen
und schon hereinbrechenden peinigt? >So soll er ster-
ben<, sagt Epikur. Vielleicht ist das das Beste, aber
wo bleibt dann jener Ausspruch: >Stets ein Mehr von
Lust<? Denn wenn es so ist, so nimm dich in acht,

daß du nicht ein Verbrechen begehst, da du ihm den Tod empfiehlst. Vielmehr also soll dies gesagt werden: schändlich sei es und nicht Mannesart, sich vom Schmerz lähmen zu lassen, schwach zu werden, zu unterliegen. Denn jene eure Sprüche ›Kurzer Schmerz — kleiner Schmerz; langer Schmerz — leichter Schmerz‹ sind Schulweisheit. Nur sittlicher Wert, Seelengröße, Geduld, Tapferkeit — das sind die Linderungsmittel, durch die der Schmerz beruhigt zu werden pflegt. 96. Doch damit ich nicht abschweife, höre, was Epikur sterbend sagt, damit du erkennst, daß sein Tun mit seinen Worten in Widerspruch steht:

›Epikur grüßt den Hermarchos[51]. Am heutigen glückseligen Tage, zugleich dem letzten meines Lebens, schrieb ich dieses. So groß aber waren die Leiden der Blase und die Koliken, daß nichts zu ihrer Gewalt hinzukommen konnte‹. Elender Mensch! Wenn der Schmerz das größte Übel ist, läßt es sich nicht anders sagen. Doch hören wir ihn selber: ›Alles dies‹, schreibt er, ›wog die Freudigkeit meiner Seele auf, die ich beim Gedanken an unsere Lehren und Ansichten empfand. Du aber, nimm doch bitte, wie es deiner von Jugend auf gehegten Gesinnung gegen mich und gegen die Philosophie würdig ist, die Kinder des Metrodoros in deine Obhut.‹ 97. Nun ziehe ich nicht den Tod eines Epaminondas, nicht den eines Leonidas dem Tode dieses Mannes vor. Als jener die Spartaner bei Mantinea besiegt hatte und, selbst von schwerer Wunde getroffen, seinen Tod nahen sah, fragte er, sobald er die Augen wieder öffnete, ob sein Schild in Sicherheit sei. Als ihm dies die Seinen weinend bejaht hatten, fragte er, ob die Feinde niedergeworfen seien. Als er auch darauf die gewünschte Antwort erhalten hatte, befahl er, den Speer, von dem er durchbohrt war, herauszureißen. So starb er nach großem Blutverlust in Freude und Siegeslust. Leonidas aber, der König der Spartaner, stellte bei

den Thermopylen sich und die Dreihundert, die er
aus Sparta mitgeführt, als er nur die Wahl hatte
zwischen schimpflicher Flucht oder rühmlichem Tod,
den Feinden entgegen. Glänzend ist der Tod des
Feldherrn; die Philosophen aber sterben meist in ihren Betten. Und doch kommt es darauf an, wie.
Glücklich kommt er sich beim Sterben vor. Ein großes
Lob. ›Aufgewogen wurden‹, sagte er, ›die größten
Schmerzen durch die Freude‹. 98. Ich höre da freilich, Epikur, die Sprache eines Philosophen; aber
was du eigentlich sagen mußt, hast du vergessen.
Erstens, wenn das wahr ist, bei dessen Erinnerung
du, wie du behauptest, dich so freust, das heißt, wenn
deine Schriften und Ansichten wahr sind, so kannst du
dich nicht freuen. Denn du hast nun nichts mehr, was
du auf den Körper beziehen könntest; es ist aber von
dir immer behauptet worden, daß sich weder jemand
freue außer durch den Körper, noch auch Schmerz
empfinde. ›Über das Vergangene‹, sagt er, ›freue ich
mich‹. Über welches Vergangene denn? Ist es auf den
Körper Bezügliches, so sehe ich dich, wie du mit deinen Lehren jene Schmerzen ausgleichst, nicht mit
dem Nachempfinden der von deinem Körper genossenen Lust; ist es aber auf den Geist Bezügliches, so
ist es falsch, was du behauptest, es gebe keine Freude
für den Geist, die sich nicht auf den Körper beziehe.
Warum empfiehlst du dann des Metrodoros Kinder?
Was beziehst du denn bei jener vorzüglichen Erfüllung der Freundespflicht und bei so herzlicher Treue
– so nämlich schätze ich das ein – noch auf den Körper?

99. Möget ihr euch dahin und dorthin wenden,
Torquatus, nichts werdet ihr in diesem vortrefflichen
Briefe von Epikur geschrieben finden, was mit seinen
Lehrsätzen in Einklang und Übereinstimmung wäre.
So wird er durch sich selbst widerlegt, und entkräftet
werden seine Schriften durch seine eigene Rechtschaf-

fenheit und seinen Charakter. Denn jene empfeh-
lende Fürsprache für die Knaben, jenes liebende Gedenken der Freundschaft, jene Beachtung höchster
Pflichten beim letzten Atemzuge zeigen an, daß dem
Menschen eine uneigennützige Redlichkeit angeboren
ist, nicht gelockt durch Lustgenüsse, noch durch Gewinn von Lohn hervorgerufen. Was suchen wir denn
noch für ein größeres Zeugnis, daß das Sittlichgute
und das Rechte um seiner selbst willen begehrenswert ist, da wir sehen, daß das Erweisen eines Lie-
besdienstes eine so große Angelegenheit noch für den
Sterbenden ist?

100. Aber wie ich diesen Brief glaube loben zu
müssen, den ich so ziemlich Wort für Wort übersetzt
habe – freilich stimmte er mit dem Herzstück seiner
Philosophie keineswegs überein –, so erkläre ich, daß
das Testament dieses Mannes nicht nur mit dem
Ernst eines Philosophen, sondern auch mit seinen
eigenen Grundsätzen im Widerstreit steht. Er schrieb
nämlich teils oft mit vielen Worten, teils kurz und
treffend in jenem obengenannten Buche, daß der
Tod uns gar nichts angehe. Denn was aufgelöst sei,
das sei ohne Empfindung; was aber ohne Empfindung sei, das habe auf uns überhaupt keine Beziehung. Eben dies hätte gewählter und besser ausgedrückt werden können. Denn was so ausgedrückt ist:
was aufgelöst sei, das habe keine Empfindung, ist
von der Art, daß er nicht deutlich genug bezeichnet,
was aufgelöst sei. 101. Doch verstehe ich, was er
meint. Ich frage aber, wenn durch die Auflösung, das
heißt durch den Tod, alle Empfindung erlischt und
wenn überhaupt nichts übrigbleibt, was eine Beziehung zu uns hat, warum hat er dann so genau und so
sorgfältig vorgesehen und zur Pflicht gemacht, daß
Amynomachos und Timokrates, seine Erben, nach
dem Gutachten des Hermarchos so viel auszahlen sollten, als genug sei, um seinen Geburtstag jährlich im

Monat Gamelion[52] zu feiern, und ferner an dem
Zwanzigsten jedes Monats denen, die mit ihm philo-
sophiert hätten, zu einem Gastmahl Geld geben sollten, damit sein und des Metrodoros Andenken geehrt
würde. 102. Ich will nicht in Abrede stellen, daß
diese Äußerung einen artigen, menschenfreundlichen
Mann verrät, einen Weisen aber keineswegs, zumal
keinen Naturphilosophen, wofür Epikur sich gehalten wissen will, zu glauben, daß irgendein Tag der
Geburtstag jemandes sei. Wie? Kann denn der nämliche Tag öfter wiederkehren, der einmal da war?
Gewiß nicht! Oder etwa ein Tag von derselben Beschaffenheit? Nicht einmal das, es müßten denn viele
Tausende von Jahren inzwischen verflossen sein, bis
alle Gestirne auf denselben Punkt, wovon sie ausgegangen, zur selben Stunde zurückgekehrt wären. Es
gibt also keine Wiederkehr des Geburtstages irgendeines Menschen. ›Aber man hält es so!‹ Ja freilich,
das wußte ich nicht! Aber mag es sein, soll er denn
auch nach dem Tode gefeiert werden? Und dafür soll
in seinem Testament der Mann Vorsorge treffen, der
euch wie einen Götterspruch verkündet hat, nichts
stehe nach dem Tode in Beziehung zu uns? So konnte
der Mann nicht reden, der unzählige Welten, uner-
meßliche Räume, wo es keine Küste, keine Grenze
gibt, in seinem Geiste durchwandert haben wollte.
Erlaubt sich Demokritos dergleichen? Um andere zu
übergehen, nenne ich diesen, dem allein Epikur gefolgt ist. 103. Wenn schon ein Tag hervorgehoben
werden sollte, mußte er da eher den wählen, an welchem er geboren, oder den, an welchem er weise geworden ist? Aber er konnte ja, wirst du sagen, kein
Weiser werden, wenn er nicht vorher geboren worden wäre. Natürlich ebensowenig, wenn nicht seine
Großmutter geboren worden wäre. Die ganze Sache,
Torquatus, verrät nicht einen gebildeten Mann, zu
wollen, daß nach seinem Tode das Andenken seines

Namens durch Tafelfreuden gefeiert werde. Wie ihr diese Tage feiert, und welchem Gespött witziger Köpfe ihr euch damit aussetzt, will ich nicht sagen; es braucht darüber keinen Streit zu geben; ich sage nur so viel: es war mehr eure Sache, Epikurs Geburtstag zu feiern, als die seinige, durch ein Testament Vorsorge zu treffen, daß er gefeiert werde.

104. Doch um zu unserem Gegenstande zurückzukehren – denn da wir über den Schmerz sprachen, kamen wir vom Wege ab auf jenen Brief –, so läßt sich jetzt das Ganze so abschließen: Wer im größten Übel ist, ist dann, wenn er darin ist, nicht glücklich; der Weise aber ist immer glücklich und ist bisweilen im Schmerz; also ist der Schmerz nicht das größte Übel.

Und dann, was soll denn das heißen, das vergangene Gute entschwinde dem Weisen nicht, vergangener Übel müsse er nicht gedenken? Erstens, ist es denn in unserer Gewalt, an was wir uns erinnern wollen? Themistokles wenigstens, als ihm Simonides[53] – oder wer es sonst war – versprach, ihn die Kunst des Gedächtnisses zu lehren, sagte: ›Ich wünschte lieber die Kunst des Vergessens, denn ich erinnere mich auch an das, was ich nicht will, und vergessen kann ich nicht, was ich will.‹ 105. Das war ein Mann von großem Geist; allein, es verhält sich doch überhaupt so, daß es allzu gebieterisch von einem Philosophen ist, zu verbieten, daß man sich erinnere. Bedenke, ob dies nicht Manlianische[54] oder gar noch größere Machtsprüche sind, wenn man gebietet, was doch nicht zu leisten ist. Wie, wenn die Erinnerung an vergangenes Übel sogar angenehm wäre? Dergestalt, daß einige Sprichwörter wahrer wären als eure Lehrsätze? Gewöhnlich sagt man ja: ›Angenehm ist überstandene Mühsal.‹ Und nicht übel sagt Euripides – ich will, wenn ich's kann, übersetzen, denn den griechischen Vers kennt ihr alle –: ›Süß ist die

Erinnerung an vergangene Drangsal‹. Doch kehren
wir zu den vergangenen Gütern zurück. Würden darunter von euch solche verstanden, wie sie C. Marius
gebrauchen konnte, um, vertrieben, hungernd, in
einem Sumpfe versunken, durch die Erinnerung an
seine Siege den Schmerz zu erleichtern, so würde ich
es gerne hören und gutheißen. Denn nicht wird das
glückliche Leben des Weisen sich vollenden noch zum
Ziele gelangen können, wenn jedes frühere gute
Wollen oder Tun bei ihm selbst in Vergessenheit
sinkt. 106. Aber euch macht die Erinnerung genossener Lust das Leben glücklich, und zwar durch den
Körper genossener Lust. Denn wenn es noch andere
gibt, so ist es falsch, daß alle Lust des Geistes nur aus
dem Zusammenhang mit dem Körper her da ist. Wenn
aber Lust des Körpers, selbst wenn sie vorüber ist,
noch erfreut, so begreife ich nicht, warum Aristoteles
die Grabschrift des Sardanapal[55] so sehr verlacht, in
welcher jener König Syriens sich rühmt, alle Genüsse
der Lust mit sich genommen zu haben. Was er nämlich
nicht einmal während seiner Lebzeit, sagt Aristoteles,
länger empfinden konnte, als solange er es eben genoß, wie hat dies ihm im Tode verbleiben können?
Es verfliegt also die Lust des Körpers, und eine nach
der anderen verfliegt und läßt öfter Grund zur Reue
als zur angenehmen Erinnerung zurück. Daher ist
Africanus glücklicher, wenn er so mit seinem Vaterlande redet: ›Höre, Rom, nur auf, vor deinen Feinden . . .‹ und so weiter, und dann so trefflich: ›Denn
es erwuchs ein Bollwerk dir durch meine Drangsal.‹
An den vergangenen Beschwerden freut sich dieser;
du verlangst, man freue sich der Lustgenüsse; dieser
Mann ruft sich zu Dingen zurück, bei denen er nie
etwas auf den Körper bezogen hatte; du aber haf-
test ganz und gar am Körper.

107. Jener Satz selbst aber, den ihr aussprecht, wie
kann er verteidigt werden, alle Lust und aller

Schmerz der Seele leite sich ab von Lust und Schmerz des Körpers? Nichts also erfreut dich jemals – ich sehe, mit wem ich spreche –, dich, Torquatus, erfreut nichts rein durch sich selbst? Ich will nicht sprechen von Würde, sittlicher Haltung, von der Schönheit der Tugenden selbst – es ist früher die Rede davon gewesen –, nur dieses Geringfügigere will ich nennen: wenn du ein Gedicht, eine Rede schreibst oder liest; wenn du von allem Geschehenen, von allen Ländern Kenntnisse sammelst; eine Statue, ein Gemälde, eine schöne Gegend, Spiele, Jagd, Lukulls Landgut – denn würde ich deines nennen, so hättest du eine Ausflucht; du könntest sagen, dies gehöre dem Körper an –, alles aber, was ich genannt habe, beziehst du es auf den Körper? Oder gibt es etwas, was dich um seiner selbst willen erfreut? Entweder mußt du ganz hartnäckig sein, wenn du darauf bestehst, daß sich das Genannte auf den Körper beziehe, oder du mußt die ganze Lust Epikurs aufgeben, wenn du es verneinst.

108. Wenn ferner von dir behauptet worden ist, die Genüsse und Schmerzen der Seele seien größer als die des Körpers, weil die Seele an drei Zeiten Anteil habe, durch den Körper aber nur das Gegenwärtige empfunden werde: wie läßt sich beweisen, daß der, welcher um meinetwillen sich über etwas freut, sich mehr freue als ich selbst? (Der Seele entspringt Lust durch die Lust des Körpers, und größer ist die Lust der Seele als die des Körpers. So kommt es, daß der Glückwünschende fröhlicher ist als der, welchem er Glück wünscht.) Aber, indem ihr versichern wollt, der Weise sei glücklich, weil er ja die größte Lust mit der Seele genieße, und zwar eine nach allen Seiten größere als durch den Körper, so bemerkt ihr gar nicht, was euch in den Weg kommt. Denn so wird er auch Schmerzen der Seele empfinden, die nach allen Seiten größer sind als die des

Körpers. Folglich muß bisweilen auch unglücklich sein derjenige, den ihr allezeit glücklich sehen wollt; dies werdet ihr aber nie erreichen, solange ihr alles auf Lust und Schmerz bezieht.

109. Darum muß etwas anderes, mein Torquatus, als höchstes Gut für den Menschen aufgefunden werden. Die Lust wollen wir den Tieren überlassen, die ihr als Zeugen für das höchste Gut aufzurufen pflegt. Aber was sagst du, wenn auch die Tiere vieles tun, jedes von der eigenen Natur geleitet, teils in Hingabe, selbst wenn es mit Beschwerden verknüpft ist, wie denn beim Gebären, beim Betreuen der Jungen leicht zu sehen ist, daß sie eine andere Aufgabe als die Lust haben, teils sich an Lauf und Wanderung erfreuen oder andere durch Zusammenleben gewissermaßen die Staatsgemeinschaften nachahmen? 110. Wir sehen bei einer Gattung von Vögeln gewisse Äußerungen von Anhänglichkeit, Erkennungsvermögen, Gedächtnis; bei vielen stellen wir sogar gewisse Begierden fest. Also bei den Tieren wird es gewisse von der Lust unabhängige Ähnlichkeiten mit menschlichen Tugenden geben; bei den Menschen selbst soll dagegen alle Tugend nur um der Lust willen bestehen? Und dem Menschen, der doch so gar weit über den anderen Lebewesen steht, sei, so sollten wir sagen, von der Natur überhaupt kein Vorzug gegeben worden?

111. Wir werden wahrlich, wofern alles auf der Lust beruht, weit und vielfach von den Tieren übertroffen, denen die Erde selbst aus ihrem Schoße mannigfache und reichliche Nahrung spendet, ohne daß sie sich abmühen; uns reicht sie kaum oder gar nicht aus, während wir sie mit großer Mühe suchen. Und doch will mir auf keinen Fall das höchste Gut des Viehs und das des Menschen als das nämliche erscheinen. Denn wozu bedarf es so großen Aufwandes zum Ausbau von Kunst und Wissen-

schaft, wozu so großen Zusammenwirkens edelster
Bestrebungen, wozu eines so großen Gefolges der
Tugenden, wenn das alles für nichts anderes als für
die Lust aufgeboten wird? 112. Hätte etwa, als Xerxes
mit so großen Flotten, mit so viel Reiterei und Fuß-
volk den Hellespont überbrückt, den Athos durch-
stochen und dergestalt über das Meer marschiert und
über das Land gesegelt war, hätte ihn damals, als er
mit so großer Macht in Griechenland eingefallen, jemand nach dem Grund so gewaltiger Truppenmassen
und so schweren Krieges gefragt und er geantwortet,
er habe den Honig vom Hymettos[56] holen wollen, so
hätte er sicherlich den Anschein gegeben, ohne Grund
so Großes unternommen zu haben; so werden wir,
wenn wir sagen wollen, der Weise, – ausgerüstet und
geschmückt mit sehr vielen und sehr gewichtigen
Kenntnissen und Tugenden, nicht, wie jener, die
Meere zu Fuß, die Berge zu Schiff überquerend, sondern den ganzen Himmel und die weite Erde mit
dem ganzen Meer im Geiste umfassend –, der Weise
suche die Lust, so werden wir sagen, um des Honigs
willen habe er so Gewaltiges in Bewegung gesetzt!

113. Zu etwas Erhabenerem und Bedeutungsvollerem, glaube mir's, Torquatus, sind wir geboren;
und dies zeigen nicht nur die Kräfte des Geistes,
denen innewohnt das Gedächtnis für zahllose Dinge
– in dir sogar ein unbegrenztes –, innewohnt eine
Deutung des Kommenden, die der Gabe der Weissagung nahekommt, innewohnt als Halt gegen die
Begehrlichkeit das Schamgefühl, innewohnt als treue
Wächterin der menschlichen Gesellschaft die Gerechtigkeit, innewohnt eine für Erduldung von Müh-
salen und Bestehen von Gefahren feste und unver-
rückbare Verachtung des Schmerzes und des Todes –
so also in der Seele; du aber betrachte auch die Glieder selbst und die Sinne, sie werden sich dir, wie die
übrigen Kräfte des Körpers, nicht nur als Begleiter

der Tugenden, sondern auch als ihre Diener zeigen.
114. Wenn schon bei dem, was unmittelbar den Körper angeht, vieles der Lust vorzuziehen ist, wie z. B. die Stärke, die Gesundheit, die Behendigkeit, die Schönheit, was meinst du, wird dann erst von der Seele gelten? In ihr lebe, haben jene gebildetsten Männer des Altertums geglaubt, etwas Himmlisches und Göttliches.

Wenn nun, wie ihr sagt, in der Lust das höchste Gut bestünde, so wäre es wünschenswert, in der größten Lust ohne Unterbrechung Tag und Nacht zu schwelgen, wobei alle Sinne von Wonnegefühlen aller Art gleichsam durchströmt und in Bewegung gehalten würden. Wer ist aber des Namens Mensch würdig, wenn er auch nur einen ganzen Tag in jener Art von Lust sich befinden möchte? Die Kyrenaiker freilich verschmähen das nicht; eure Schule ist darin sittsamer, jene vielleicht konsequenter.

115. Doch wir wollen nicht jene ganz hohen Tätigkeiten des Geistes[57] in Gedanken durchmessen, die den Menschen nur zu fehlen brauchten, um von den Vorfahren als ›keine Kunst verstehend‹ bezeichnet zu werden; vielmehr frage ich, ob du denn glaubst, daß – ich will nicht Homer, Archilochos und Pindar nennen –, daß aber Phidias, Polyklet und Zeuxis ihre künstlerische Tätigkeit auf die Lust gerichtet haben?

Sollte also der Künstler mit der Schönheit seiner Formen auf ein höheres Ziel hinsteuern als der trefflide Bürger mit der Schönheit seiner Handlungen? – Wo anders aber liegt der Grund für einen so großen und so weit und breit eingerissenen Irrtum, als daß derjenige, der die Lust für das höchste Gut erklärt, nicht mit dem Teile der Seele, der die Vernunft und die Überlegung enthält, sondern mit der Begierde, also mit dem ganz untergeordneten Teil der Seele zu Rate geht? Denn ich frage dich, wenn es Götter gibt, wie ihr doch auch meint, wie können sie glückselig sein, da sie nicht mit einem Körper Lust genießen, oder, wenn sie ohne diese Art von Lust glückselig sind, warum wollt ihr nicht, daß bei dem Weisen die Seele einen ähnlichen Dienst leistet?

116. Lies, Torquatus, die Lobreden – nicht auf die, die von Homer gelobt sind, nicht auf Kyros, auf Agesilaos, auf Aristeides oder Themistokles, nicht auf Philipp oder Alexandros, lies die auf unsere Landsleute, lies die auf eure Familie; keinen wirst du so gelobt finden, daß er ein gewitzigter Künstler in Bereitung von Lustgenüssen genannt werden könnte. Nicht dergleichen bezeichnen die Inschriften auf den Gräbern, wie z. B. diese neben dem Tore: ›Diesen einen nennen die meisten Völker übereinstimmend den ersten Mann der Nation.‹ Sollen wir glauben, diese Übereinstimmung der meisten Völker, daß Calatinus[58] der erste Mann der Nation gewesen, beziehe sich darauf, daß er der Ausgezeichnetste gewesen sei in der Bereitung von Lustgenüssen? So werden wir also behaupten, daß jene jungen Leute zu großer Hoffnung Anlaß geben und sehr talentvoll seien, von denen wir glauben, daß sie ihrem eigenen Vorteil dienen und tun werden, was ihnen irgend nützen kann? Sehen wir nicht, welche Verwirrung aller Verhältnisse daraus folgt, welches Durcheinander? Vereitelt ist jede herrliche Tat, vereitelt jede Zuneigung, und dies sind Bande der Eintracht. Denn wenn du um deinetwillen jemandem etwas Gutes erweisest, so ist das nicht für eine Gefälligkeit zu halten, sondern für Wucher; und keinen Dank ist man offensichtlich dem schuldig, der um seinetwillen Gutes erwiesen hat. Wahrlich, alle die herrlichsten Tugenden müssen da erliegen, wo die Lust herrscht. Auch gibt es sehr viel Schandbares: und wenn nicht die Natur dem Sittlichguten die über-

wiegende Kraft verleiht, so läßt sich nicht leicht nachweisen, warum es nicht der Weise sein soll, der dem
ausgesetzt ist.

118. Und, um nicht noch mehr mit einzuschließen
– denn es wäre hier Unzähliges vorzubringen –, die
Tugend, die mit Recht gepriesen wird, verschließt
notwendigerweise der Lust die Zugänge. Doch erwarte dies jetzt nicht von mir. Blicke du selbst in
deine eigene Brust, durchforsche sie mit allem Nachdenken und frage dich selbst, ob du lieber dauernde
Lust genießen willst im Zustand der Ruhe, die du so
oft geltend gemacht hast, und dein ganzes Leben
ohne Schmerz und überdies noch – was ihr hinzu-
zufügen pflegt, obwohl es unmöglich ist – ohne Furcht
vor Schmerz hinbringen möchtest; oder ob du lieber
selbst die Mühsale des Herkules erdulden würdest,
wenn du dir um alle Völker die größten Verdienste
erwerben, wenn du Hilfe den Bedürftigen und Ret-
tung bringen könntest. Denn so haben unsere Väter
Mühen, denen man sich nicht entziehen soll, mit
einem harten, aber schönen Namen selbst bei dem
Gotte ›Arbeiten‹ genannt.

119. Verlangen würde ich von dir und in dich drin-
gen, mir zu antworten, wenn ich nicht fürchtete, du
möchtest sagen, daß Herkules selbst jene Taten, die
er zum Heil der Völker mit der größten Mühe vollbracht, der Lust wegen vollbracht habe.«

Als ich das gesagt, antwortete Torquatus: »Ich
weiß, wem ich die Sache übertragen kann; und wenn
ich auch selbst etwas darauf erwidern könnte, so will
ich doch lieber Leute finden, die dazu besser gerüstet
sind.«

»Ich glaube, du meinst unsere vertrauten Freunde
Siro und Philodemos[59], die ebenso treffliche wie ausgezeichnete Gelehrte sind.«

»Du vermutest recht«, sagte er.

»Wohlan denn«, sagte ich darauf; »doch billiger

wäre es, daß auch Triarius sein Urteil über unseren Streit gesagt hätte.«

»Ich lehne ihn ab«, sagte er lächelnd, »als voreingenommen, wenigstens in dieser Sache; denn du behandelst die Sache gelinder, dieser dagegen plagt uns nach der Weise der Stoiker.«

Darauf erwiderte Triarius: »Ja, später einmal, und dann recht herzhaft. Denn was ich eben gehört, wird mir genau im Gedächtnis bleiben; doch werde ich nicht eher daran gehen, als bis ich dich durch die, die du genannt hast, gerüstet sehe.«

Damit beendigten wir unseren Spaziergang und unser Gespräch.

DRITTES BUCH

1. Die Lust, mein Brutus, würde, glaube ich, wenn sie selbst für sich reden könnte und nicht so beharrliche Verteidiger hätte, im vorigen Buch widerlegt, der inneren Ehre das Feld räumen. Denn sie müßte wirklich unverschämt sein, wenn sie der Tugend länger Widerstand leisten oder wenn sie dem Sittlichguten das Angenehme vorziehen oder behaupten wollte, die leiblichen Genüsse und die hieraus entspringenden Freuden hätten höheren Wert als der Ernst und die Festigkeit der Gesinnung. Daher wollen wir die Lust entlassen und ihr gebieten, in ihren Grenzen zu bleiben, damit durch ihre Schmeicheleien und Lockungen nicht gestört werde die Unnachgiebigkeit der Untersuchungen.

2. Es gilt nämlich zu suchen, wo jenes höchste Gut ist, das wir finden wollen, weil einerseits die Lust von ihm weggeräumt ist, andererseits fast dasselbe gegen diejenigen gesagt werden kann, die in der Schmerzlosigkeit das Ziel der Güter sehen wollten. Nie aber soll irgend etwas als höchstes Gut anerkannt werden, was der Vollkommenheit entbehrt, an deren Herrlichkeit nichts anderes heranreicht. Wenn wir daher auch in jener Untersuchung mit Torquatus keineswegs die Sache leichtgenommen haben, so ist doch der Kampf, der uns jetzt mit den Stoikern bereitet ist, heftiger. Denn was die Epikureer für die Lust geltend machen, das wird weder besonders geistreich noch mit tieferem Sinn durchgesprochen;

denn weder sind ihre Verteidiger im wissenschaftlichen Entwickeln gewandt, noch haben ihre Gegner
eine schwierige Sache zu bekämpfen. 3. Denn Epikur
sagt selbst, nicht einmal Beweise zu führen brauche
man, was die Lust angeht, weil ihre ausschlaggebende
Eigenart in den Sinnen liege, so daß ein bloßes Be-
merkbarmachen hinreiche, auf wissenschaftliche Belehrung komme es gar nicht an. Daher hatten wir
dort eine einfache Auseinandersetzung des Für und
Wider. Denn in Torquatus' Rede war nichts Ver-
wickeltes oder Verfängliches, und auch mein Vortrag
war, wie mich dünkt, klar. Von den Stoikern aber
weißt du gut, wie fein oder vielmehr wie spitzfindig
ihre Art wissenschaftlicher Auseinandersetzung ist;
und das schon für die Griechen, noch mehr aber für
uns, die wir sogar neue Worte schaffen und neuen Begriffen neue Namen geben müssen. Und darüber
wird sich kein nur einigermaßen Gebildeter wundern,
wenn er bedenkt, daß in jeder Kunst, die nicht allgemein bekannt und gewöhnlich ist, sich viele neue
Benennungen finden, weil man für diejenigen
Dinge, welche in der betreffenden Kunst vorkommen,
sich zu bestimmten Benennungen entschließt. 4. Daher bedienen sich die Dialektiker wie auch die Naturforscher solcher Ausdrücke, wie sie selbst den
Griechen unbekannt sind; die Geometer aber und
Musiker, auch die Grammatiker drücken sich nach
ihrer besonderen Weise aus. Sogar die Rhetoren,
die doch ganz für das Forum und für die Menge
bestimmt sind, bedienen sich doch für den Unterricht ihrer eigenen, nicht allgemein üblichen Ausdrücke.

Doch abgesehen von diesen feinen und edeln Künsten – nicht einmal die Handwerker könnten ihre
gewerbliche Tätigkeit fortführen, ohne sich gewisser
Ausdrücke zu bedienen, die uns unbekannt, ihnen
selbst aber geläufig sind. Ja selbst der Ackerbau, der

so weit von aller feineren Bildung entfernt ist, hat dennoch die Gegenstände, mit denen er sich beschäftigt, mit neuen Ausdrücken bezeichnet. Um so mehr muß dies der Philosoph tun. Denn die Philosophie ist die Kunst des Lebens, und wer von ihr redet, der kann die Ausdrücke nicht von der Straße aufgreifen. 5. Indessen haben unter allen Philosophen die Stoiker am meisten Neues eingeführt, und Zenon, ihr Meister, war nicht so sehr ein Entdecker neuer Gesichtspunkte, als vielmehr ein Erfinder neuer Bezeichnungen. Wenn es nun in derjenigen Sprache, welche man meist für reicher hält, von den Griechen gestattet ist, daß sehr gelehrte Männer zur Bezeichnung von nicht allgemein verbreiteten Begriffen ungewöhnliche Ausdrücke benutzen, um wieviel mehr muß man das uns erlauben, die wir jetzt zum ersten Mal uns an etwas Derartigem versuchen? Freilich haben wir schon oft gesagt – und zwar zu einiger Unzufriedenheit nicht nur der Griechen, sondern auch derer, die mehr für Griechen als für Römer gelten wollen –, daß wir an Wortreichtum von den Griechen nicht nur nicht übertroffen werden, sondern daß wir darin ihnen sogar überlegen sind, und so müssen wir darauf hinarbeiten, daß wir dies nicht nur auf den Gebieten unseres Könnens, sondern auch auf den ihrigen erreichen. Wenn wir jedoch nach der Sitte der Alten solche Ausdrücke wie Philosophie, Rhetorik, Dialektik, Grammatik, Geometrie, Musik, statt der lateinischen gebrauchen, so können wir diese Ausdrücke, obschon wir sie auch mit lateinischen Worten übersetzen könnten, dennoch, weil sie gebräuchlich geworden sind, als uns angehörig gelten lassen.

6. Soviel von den Benennungen der Begriffe. Was aber die Gegenstände selbst betrifft, so fürchte ich mich oft, mein Brutus, vor einem Tadel, wenn ich diese Schrift an Dich richte, der Du sowohl in der Phi-

losophie, als auch ganz besonders in der besten Art
von Philosophie so weit vorgeschritten bist. Und täte
ich es, als wollte ich Dich belehren, so würde ich mit
Recht getadelt werden. Aber davon bin ich sehr weit
entfernt; und ich schicke Dir diese Schrift nicht, daß
Du solche Dinge erfahren sollst, die Dir völlig bekannt sind, sondern weil bei Deinem Namen meine
Gedanken am selbstverständlichsten zur Ruhe kommen und weil ich in Dir einen Mann habe, der die
Stoffgebiete, die mir mit Dir gemeinsam sind, am
sichersten überblicken und beurteilen kann. Du wirst
also, nach Deiner Gewohnheit, mit Bedacht zuhören
und die Streitfrage entscheiden, die ich mit Deinem
Oheim durchsprach, einem vortrefflichen und einzigartigen Manne.

7. Als ich nämlich auf meinem tuskulanischen
Landgut war und aus der Bücherei des jungen Lukullus[1] einige Bücher benutzen wollte, ging ich in
dessen Landhaus, um sie mir dort nach meiner Gewohnheit selbst herauszusuchen. Als ich dahin gekommen war, sah ich Marcus Cato[2], von dessen An-
wesenheit dort ich keine Kenntnis hatte, in der
Bücherei sitzen, von vielen Schriften der Stoiker
eingekreist. Wie du weißt, hatte er eine Gier nach
Lesestoff. Pflegte er doch, ohne den – überdies nich-
tigen – Tadel der Menge zu scheuen, sogar in der
Kurie oft zu lesen, während der Senat sich versammelte, in einer Zeit, wo er seine Dienste in keiner
Hinsicht dem Gemeinwesen entzog. Um so mehr
schien er damals in der größten Muße und unter den
reichsten Vorräten in Büchern gleichsam zu schwelgen, wenn man diesen Ausdruck in einer so rühmlichen Sache gebrauchen darf.

8. Als es sich so traf, daß wir uns gegenseitig
unerwartet sahen, stand er sogleich auf, dann folgten
jene üblichen Worte bei Begegnungen: »Was führt
dich hierher?« fragte er; »denn du kommst, denke

ich, von deinem Landgut«; und: »wenn ich dich dort
gewußt hätte, wäre ich selbst zu dir gekommen.«

»Gestern«, sagte ich, »bin ich nach Beendigung der
Spiele in Rom abgereist und gegen Abend angekom-
men. Der Grund, weshalb ich hierher komme, war
der: ich wollte hier einige Bücher holen. Und gewiß,
mein Cato, dieser ganze Bücherschatz muß wohl unserem Lukullus bekannt sein, denn an diesen Büchern
möchte ich ihn lieber sich erfreuen sehen als an der
übrigen Ausstattung des Landhauses. Es ist mir nämlich sehr daran gelegen – obschon es eigentlich deine
ausdrückliche Aufgabe ist–, er möge sich so ausbilden,
daß er seinem Vater und auch unserem Caepio und
dir, seinem so nahen Verwandten, Ehre mache. Ich
trage aber nicht ohne Grund Sorge um ihn; denn
einerseits treibt mich das Andenken an seinen Großvater dazu – und du weißt doch, wie hoch ich Caepio[3]
geschätzt habe, und ich meine, wenn er noch lebte,
wäre er unter den ersten Männern im Staate –; andererseits schwebt mir Lukullus vor Augen, ein Mann,
der durch alle sittlichen Werte sich auszeichnete und
auch besonders mir in Freundschaft wie in allem
Wollen und Meinen verbunden war.«

9. »Schön«, sagte er, »daß du nicht nur diese Männer im Andenken behältst, die dir beide im Testament ihre Kinder anempfohlen haben, sondern daß du
auch den Knaben liebhast. Was du aber meine Aufgabe nennst, der will ich mich nicht etwa entziehen,
wohl aber dich mir zum Genossen nehmen. Ich füge
auch hinzu, daß mir der Knabe schon viele Anzeichen
von einem zarten sittlichen Gefühl wie auch von Be-
gabung gibt, doch bedenke seine Jugend.«

»Freilich wohl« sagte ich; »doch muß er schon jetzt
mit den Wissenschaften vertraut gemacht werden, die
er, solange er noch zart ist, eingesogen haben muß,
um einst Höherem desto vorbereiteter gewachsen sein
zu können.« »Du hast recht«, sagte er, »und zwar

wollen wir recht sorgfältig und oft über diese Dinge
miteinander sprechen und gemeinsam handeln. Aber
setzen wir uns doch«, sagte er, »wenn es dir recht ist.«
Und so taten wir.

10. Da sprach jener: »Du hast doch selbst so viele
Bücher, welche suchst du denn nur hier?«

»Einige Kommentare des Aristoteles«, sagte ich,
»von denen ich wußte, daß sie hier sind, kam ich mir
zu holen, um sie zu lesen, solange ich Muße habe; dies
aber kommt, wie du weißt, nicht so oft vor.«

»Wie wünschte ich«, erwiderte er, »du hättest dich
den Stoikern zugewendet! Denn wenn irgend jemand, so war es gewiß dir gegeben, nichts zu den
Gütern zu zählen als die Vollkommenheit.«

»Bedenke«, sagte ich, »ob es nicht mehr noch dir
zukam, da wir doch in der Sache einig sind, den Dingen nicht neue Namen zu geben. Denn in der Ansicht
gehen wir einig, verschieden sind wir nur im Ausdruck.«

»Keineswegs gehen wir einig«, sagte dann jener.
»Du magst nämlich neben Sittlichgutem noch etwas
erstrebenswert nennen und unter die Güter zählen,
was du willst: du wirst das Sittlichgute selbst, gleichsam das Licht der Vollkommenheit, auslöschen, wie
auch die Vollkommenheit in ihrem Grunde aufheben!«

11. »Das sind herrliche Worte, lieber Cato«, entgegnete ich, »aber siehst du nicht, daß du diesen
Glanz der Worte mit Pyrrhon und Ariston, die alles
gleichmachen, gemein hast? Ich möchte dein Urteil
über diese hören.«

»Mein Urteil?« sagte er. »Männer, die wir als
trefflich, tapfer, gerecht, ausgeglichen haben nennen
hören oder selbst gesehen haben in unserem Staate,
die ohne alle Wissenschaft, der Natur allein folgend,
viel Rühmliches ausgerichtet haben, diese sind – meine
ich – von der Natur besser versorgt als sie von der
Philosophie hätten versorgt werden können, falls sie

irgendeiner anderen gefolgt wären als der, welche
nichts unter die Güter zählt als das Sittlichgute, nichts
unter die Übel als das Schlechte; alle übrigen Philosophenschulen, freilich auch die eine mehr, die andere
weniger, aber doch alle, die irgend etwas, was außer
der Vollkommenheit ist, zu den Gütern oder Übeln
rechnen – von ihnen glaube ich, daß sie nicht nur
nicht helfen, noch etwas mit Sicherheit aufweisen
könnten, wodurch wir besser werden mögen, sondern
daß sie noch dazu die Natur entstellen. Wenn man
nämlich an dem Satze nicht festhält, daß das allein
ein Gut ist, was sittlich wertvoll ist, so dürfte man auf
keine Weise begründen können, daß das glückliche
Leben eine Frucht der Vollkommenheit sei. Wenn
aber dem so ist, so weiß ich nicht, warum man sich
die Philosophie noch angelegen sein lassen soll. Denn
könnte ein Weiser unglücklich sein, wahrlich, so
würde ich jener gerühmten und denkwürdigen Vollkommenheit keinen größeren Wert beimessen.«

12. »Das Nämliche, was du bis jetzt gesagt hast,
lieber Cato, könntest du«, erwiderte ich, »sagen,
wenn du dich zu Pyrrhon oder Ariston bekenntest.
Denn du weißt sehr wohl, daß sie das Sittlichgute
nicht allein für das höchste, sondern auch, mit dir
übereinstimmend, für das einzige Gut erklären. Und
eben daraus folgt das, worauf ich dich bestehen sehe,
daß alle Weisen zu aller Zeit glücklich sind. – Lobst
du jene Männer also, und sollen wir uns zu ihren
Grundsätzen nach deinem Dafürhalten bekennen?«

»Keineswegs zu ihren«, sagte er; »denn da es das
Wesen der Vollkommenheit ist, unter den Dingen,
die der Natur gemäß sind, eine Auswahl anzustellen, so haben sie, die alle Dinge so gleichgemacht
haben, daß sie rechts und links gar keinen Unterschied mehr übrig gelassen haben, daß keine Auswahl mehr getroffen werden kann, sie haben, sage
ich, die Vollkommenheit selbst aufgehoben.«

13. »Da sprichst du ganz richtig«, erwiderte ich. »Aber ich meine, ob du nicht das Gleiche tun mußt, wenn du nichts, was nicht recht und sittlich gut ist, ein Gut nennst, und in den übrigen Dingen allen Unterschied aufhebst?«

»Wenn ich ihn aufhöbe, allerdings! Allein ich lasse einen Unterschied bestehen.«

14. »Wieso?« erwiderte ich. »Wenn die Vollkommenheit allein, jenes einzige sogenannte Sittlichgute, Rechte, Löbliche, Geziemende – es wird uns der Sinn geläufiger, wenn wir mehrere Ausdrücke zur Bezeichnung eines Begriffes gebrauchen –; wenn also«, sagte ich, »dies allein ein Gut ist, was hast du dann noch weiter, dem du nachtrachten wolltest? Oder, wenn nichts ein Übel, außer was schändlich, unsittlich, ungeziemend, schlecht, verbrecherisch, abscheulich – um auch dies mit mehreren Namen kenntlich zu machen –, was willst du weiter noch fliehenswert nennen?«

»Du weißt selbst«, sagte er, »was ich dir erwidern könnte. Aber ich glaube, du hast nur Lust, aus einer kurzen Antwort von mir etwas aufzugreifen; darum werde ich nicht auf das Einzelne antworten; lieber will ich dir, da wir Zeit haben und falls du es nicht für unangebracht hältst, die gesamte Ansicht Zenons und der Stoiker entwickeln.«

»Nichts weniger als unangebracht«, antwortete ich, »und deine Darstellung wird für das, was wir suchen, sehr förderlich sein.«

15. »So will ich es versuchen«, sagte er, »obgleich diese Lehre der Stoiker einige Schwierigkeiten und Dunkelheiten hat. Denn wenn sie damals in der griechischen Sprache neue Namen für neue Begriffe einführen mußte, welche jetzt die alltägliche Gewohnheit geläufig gemacht hat, wie wird es wohl in der lateinischen Sprache sein?«

»Ganz leicht wird das doch sein«, sagte ich. »Denn

wenn es Zenon erlaubt war, wenn er etwas Unge-
wöhnliches gefunden hatte, eben diesem einen bis dahin noch nicht gehörten Namen zu geben, warum
sollte es nicht auch dem Cato erlaubt sein? Doch wird
es nicht nötig sein, Wort durch Wort auszudrücken,
wie es ungewandte Übersetzer machen, selbst wenn
es auch ein gebräuchlicheres Wort von derselben Bedeutung gibt. Ich für mein Teil pflege auch einen
Begriff, den die Griechen mit einem einzigen Worte
bezeichnen, wenn es nicht anders geht, mit mehreren
Wörtern zu umschreiben. Und doch glaube ich, man
muß uns die Freiheit gestatten, das griechische Wort
zu gebrauchen, wenn uns einmal kein lateinisches zu
Gebote steht, damit man dieses Recht nicht lieber
Wörtern einräume wie ephippium (Sattel) und
acratophorum (Weinflasche), als Wörtern wie proegmena und aproegmena. Jedoch könnte man diese
Begriffe allerdings richtig durch die Ausdrücke prae-
posita (Vorgezogenes) und reiecta (Nachgesetztes)
übersetzen.«

16. »Recht«, sagte er, »daß du mir hilfst, und eben
diese lateinischen Ausdrücke, die du soeben aufgeführt hast, will ich nun lieber gebrauchen. Bei den
übrigen wirst du mir Hilfe leisten, wenn du mich
in Verlegenheit siehst.« »Mit allem Fleiß will ich
es«, antwortete ich; »doch dem Tapferen hilft das
Glück. Darum versuche es nur, ich bitte dich. Denn
was können wir Göttlicheres besprechen als dies?«
»Die Schule«, begann er, »zu der ich mich bekenne,
lehrt, daß jeglichem Lebewesen mit seiner Geburt –
denn davon ist auszugehen – aufgegeben und empfohlen werde, sich selbst zu erhalten und sein Dasein
mit allem, was zu dessen Erhaltung dient, zu lieben;
dagegen sei es abgeneigt dem Untergang und allem,
was den Untergang herbeizuführen scheint. Die
Wahrheit dieses Satzes beweist man damit, daß schon
Kinder, ehe sie Lust oder Schmerz berührt hat, nach

dem ihnen Heilsamen streben, das Entgegengesetzte
von sich weisen. Dies würde nicht geschehen, wenn sie
nicht ihr Dasein liebten, den Untergang fürchteten.
Unmöglich aber wäre es, daß sie etwas begehrten,
wenn sie nicht ein Bewußtsein ihrer selbst hätten
und eben darum sich liebten. Daraus muß man erkennen, daß der oberste Grundsatz unserer Lehre
von der Selbstliebe hergeleitet ist.

17. Zu diesen ersten natürlichen Trieben[4] darf
man nach der Meinung der meisten Stoiker die Lust
nicht rechnen, Und diesen stimme ich aus vollem
Herzen bei. Es würde ja, wenn die Natur die Lust
unter die gleich anfangs zu begehrenden Dinge gezählt hätte, viel Schändliches daraus folgen. Daß wir
aber das, was wir von der Natur als ursprüngliche
Mitgabe erhalten haben, lieben, dies wird dadurch
hinreichend bewiesen, daß es keinen Menschen gibt,
der, wenn ihm die Wahl freisteht, nicht lieber alle
Teile des Körpers zueinander passend und unversehrt haben will als — mit derselben Brauchbarkeit —
verstümmelte und verkrüppelte. Die Erkenntnisse
von Dingen aber, welche wir Zusammenfassungen
(comprehensiones) oder das Begreifen (perceptiones)
oder, wenn diese Ausdrücke weniger gefallen oder
weniger verständlich sind, Katalepseis nennen dürfen, diese also, meine ich, muß man sich um ihrer
selbst willen aneignen, weil sie etwas die Wahrheit
in sich Begreifendes und Enthaltendes haben. Dies
sehen wir an der Freude kleiner Kinder, wenn sie
selbst mit ihrem Geiste etwas selbständig aufgefunden haben, auch wenn für sie selber gar nichts daran
gelegen wäre. 18. Auch die Künste muß man sich nach
unserer Ansicht um ihrer selbst willen aneignen, weil
in ihnen etwas der Aneignung Würdiges liegt, ferner weil sie aus Erkentnissen bestehen und eine me-
thodische und vernunftgemäße Anordnung in sich
enthalten. Gegen die Wahrheit aber einer Sache bei-

zustimmen, dem sind wir nach ihrer Ansicht mehr abgeneigt als allem anderen, was gegen die Natur ist.
Nun scheinen von den Gliedern, das heißt von den
Teilen des Körpers, die einen um ihres notwendigen
Gebrauches willen von der Natur geschenkt zu sein,
wie die Hände, Beine, Füße, wie ferner die inneren
Teile des Körpers, über deren größeren oder geringeren Nutzen noch unter den Ärzten gestritten wird;
andere dagegen ohne einen Nutzen, gleichsam zu
einer Art von Zierde, wie der Schweif dem Pfau, die
bunten Federn der Taube, Brustwarzen und Bart den
Männern. 19. Vielleicht spreche ich etwas nüchtern,
aber wir stehen auch bei den Anfangsgründen der
Natur, und bei denen ist eine reichere Darstellung
kaum anwendbar, und ich gehe auch für mein Teil
nicht darauf aus. Wenn man aber von großartigeren
Dingen spricht, so reißen die Gegenstände von selbst
die Worte mit sich fort. So steigt mit der Bedeutung
auch der Glanz der Rede.« »Es ist so, wie du sagst«,
erwiderte ich. »Nur halte ich jeden klaren und ver-
ständlichen Vortrag über eine gute Sache zugleich für
trefflich. Dergleichen Gegenstände aber rednerisch
aufputzen zu wollen, ist kindisch; dagegen deutlich
und durchsichtig sie auseinandersetzen zu können,
das zeigt einen unterrichteten und einsichtigen
Mann.«

20. »Laßt uns also weitergehen«, sagte er, »da wir
von diesen ersten Geschenken der Natur abgekom-
men sind. Ihnen muß entsprechen, was folgt. Es folgt
aber diese erste Einteilung: Schätzenswert – denn so,
glaube ich, können wir es nennen – heißt das, was
entweder selbst der Natur gemäß ist oder etwas Derartiges bewirkt, so daß es der Auswahl deshalb würdig ist, weil es eine der Schätzung würdige Bedeut-
samkeit hat, was die Griechen Axia nennen; dem
entgegen steht das Wertlose, was das Gegenteil des
Vorigen ist.

Nachdem also die Anfänge dergestalt bestimmt
sind, daß alles der Natur Gemäße unmittelbar um
seiner selbst willen zu wählen und das Gegenteil
ebenso zu verwerfen sei, so ist die erste Pflicht – so
nenne ich nämlich das griechische Kathekon –, daß
man sich erhalte im Zustand der Natur, ferner
daß man das der Natur Gemäße festhalte und das
Entgegengesetzte von sich wehre. Ist dies gefunden
durch Wahl und ebenso durch Abweisung, so folgt
sofort die von der Pflicht bestimmte Wahl. Dann
wird daraus eine fortwährende, und dann die bis
zum Ende beständige und der Natur entsprechende
Wahl. Zuerst aber muß ihr daran liegen zu erkennen, was mit Recht ein Gut genannt werden kann.

21. Denn zuerst empfiehlt sich dem Menschen nur
das Naturgemäße. Sobald er aber eine Vorstellung
oder vielmehr die Einsicht, die Ennoia, wie sie es
nennen, erhalten und die Ordnung und sozusagen
Harmonie im Handeln eingesehen hat, so schätzt er
sie viel höher als alle jene früheren Gegenstände
seiner Liebe, und so kommt er durch Nachdenken
und Schlüsse zu dem Grundsatz, daß hierin jenes an
sich rühmliche und begehrenswerte höchste Gut be-
ruhe. Hierin liegt aber eben das, was die Stoiker
Homologia, wir etwa Übereinstimmung nennen. Da
also hierin das höchste Gut, worauf wir alles beziehen sollen, besteht, so ist die sittliche Tat und das
Sittlichgute selbst, welches allein zu den Gütern gezählt wird, obschon es später entsteht, doch allein
wegen seines inneren Gehaltes und Wertes begehrenswert. Von dem aber, was die ursprünglichen
Naturgüter sind, ist nichts um seiner selbst willen zu
erstreben. 22. Da aber das, was ich Pflichten genannt
habe, begründet ist in den ersten Geschenken der
Natur, so muß jenes notwendig auf dieses sich beziehen. Daher kann man mit Recht sagen, daß alle
Pflichten darauf hinzielen, daß wir die ersten Ge-

schenke der Natur erlangen, doch nicht in dem Sinne,
als wäre dies das höchste Gut, weil das sittlich gute
Handeln nicht zu dem gehört, wozu uns die Natur
zuerst anlockt. Es ist nämlich, wie gesagt, ein Nach-
folgendes, später Entstehendes. Aber es ist der Natur
angemessen und gemahnt uns weit mehr danach zu
streben als alles Frühere.

Vor allem aber müssen wir hier einem Irrtum begegnen, damit man nicht glaube, es folge daraus, daß
es ein doppeltes höchstes Gut gebe. Denn so wie einer
die Aufgabe hat, einen Speer oder einen Pfeil nach
irgendeinem Ziel zu werfen, so verhält es sich auch
nach unserer Ansicht mit dem Streben nach dem
höchsten Gut. Er soll alles tun, was er kann, um zu
treffen. Wenn er aber auch alles tut, um sein Ziel zu
erreichen, so ist da das Zielen gleichsam das Höchste
– und dies heißen wir nun das höchste Gut im Leben –; das aber, daß er treffe, ist gleichsam zu wählen, nicht zu begehren.

23. Da aber alle Pflichten von den ersten Geschenken der Natur ausgehen, so muß von ihnen auch die
Weisheit selbst ausgehen. Aber wie es oft geschieht,
daß der, welcher jemandem empfohlen ist, den höher
schätzt, dem er empfohlen ist, als den, von welchem
er es ist, so dürfen wir uns auch nicht wundern, daß
wir zwar zuerst von den ursprünglichen Geschenken
der Natur an die Weisheit empfohlen werden, nachher aber uns die Weisheit selbst teurer wird als das,
von wo aus wir zu ihr gelangt sind. Und wie uns
unsere Glieder offenbar zu dem besonderen Zweck
einer bestimmten Lebensweise gegeben sind, so
scheint auch das Verlangen des Geistes, was griechisch Horme heißt, nicht für jede Art des Lebens,
sondern für eine bestimmte Weise zu leben gegeben
zu sein; und ebenso die Vernunft und die vollkommene Vernunft. 24. Denn wie dem Schauspieler ein
Agieren, dem Tänzer die Bewegung, nicht jede be-

liebige, sondern eine bestimmte, gegeben ist, so ist
das Leben in einer bestimmten, nicht in jeder be-
liebigen Weise zu spielen; und diese Weise nennen
wir eine entsprechende und übereinstimmende. Wir
glauben nämlich nicht, die Weisheit sei der Kunst des
Steuermanns oder des Arztes, sondern vielmehr jenem oben genannten Agieren des Schauspielers ähnlich und jener Bewegung des Tänzers, insofern in
der Kunst selbst und nicht außer ihr der Endzweck,
das ist die Äußerung ihres Könnens, liegt. Jedoch ist
sonst die Weisheit von diesen beiden Künsten verschieden, weil das, was ihnen recht getan ist, doch
nicht alle Teile enthält, aus denen diese Künste bestehen. Was wir aber das Recht oder – wenn wir
wollen – rechtgetan nennen, das griechische Katorthoma, das enthält alle Punkte der Vollkommenheit,
denn nur die Weisheit ist ganz auf sich gewandt, was
bei den übrigen Künsten nicht so der Fall ist. 25. Un-
geschickt aber ist ein Vergleichen des Zieles der ärzt-
lichen und der Steuermannskunst mit dem der Weisheit. Denn die Weisheit begreift in sich auch die
Größe der Seele und die Gerechtigkeit und eine Erhabenheit über alles, was dem Menschen zustoßen
mag, was bei den sonstigen Künsten nicht so der Fall
ist. Festhalten aber jene Tugenden, die ich eben erwähnt habe, wird niemand können, wenn er nicht
davon überzeugt ist, daß gar nichts sonst Gewicht
oder Unterschied habe als das Sittlichgute – und das
Schändliche.

26. Nun wollen wir die herrlichen Folgerungen
betrachten, die aus diesen Grundsätzen sich ergeben.
Da es nämlich das Letzte – du merkst ja wohl, daß
ich schon lange das griechische Telos bald mit dem
Ausdruck ›das Letzte‹, bald mit ›das Äußerste‹,
bald mit ›das Höchste‹ bezeichne, es wird wohl auch
›das Ziel‹ genannt werden können – da es also, sage
ich, das Letzte ist, der Natur entsprechend und mit

ihr übereinstimmend zu leben, so folgt notwendigerweise, daß alle Weisen immer glücklich, unabhängig,
beseligt leben, daß sie durch nichts behindert, durch
nichts eingeschränkt werden, nichts bedürfen. Was
aber nicht allein das Lehrgebäude, von dem ich spreche, sondern unser ganzes Leben und Lebensglück in
sich schließt, das heißt die Überzeugung, daß das, was
sittlich gut ist, das einzige Gut ist, das könnte allerdings noch breiter ausladend mit Wortfülle und mit
allen wohlerlesenen Ausdrücken und gewichtigen
Gedanken ausdrucksvoll gepriesen wie auch ausge-
schmückt werden; aber ich habe ein besonderes Wohlgefallen an der kurzen, scharfsinnigen Art der Folgerungen der Stoiker.

27. Ihre Beweise also reihen sich so aneinander:
Alles Gute ist löblich; alles Löbliche aber ist sittlich
gut; folglich ist alles Gute sittlich gut. Scheint dir dieser Schluß richtig? Unstreitig. Denn was aus den beiden Vordersätzen sich ergab, das findet man im
Schluß wieder. Man pflegt aber gegen den ersten der
beiden Vordersätze, aus denen sich der Schluß ergeben hat, einzuwenden, daß nicht alles Gute löblich
sei; denn daß das Löbliche sittlich gut sei, das gibt
man schon zu. Höchst gedankenarm aber ist es, daß
etwas gut sein sollte, ohne erstrebenswert zu sein,
oder erstrebenswert, ohne unser Wohlgefallen zu erregen, oder – wenn es gefiele – nicht auch mit Vorliebe zu wählen; also verdient es auch Beifall, und
somit ist es auch löblich. Dies ist aber das Sittlichgute.
So ergibt sich, daß, was gut ist, auch sittlich gut ist.
28. Weiter frage ich, wer sich wegen eines elenden
Lebens preisen könnte oder wegen eines unglücklichen. Also nur wegen eines glücklichen. Folglich ist
ein glückliches Leben, wenn ich mich so ausdrücken
darf, des Rühmens wert, und dies kann mit Recht nur
einem sittlich guten Leben zuteil werden. So ergibt
sich, daß das sittlich gute Leben das glückliche Leben

ist. Und weil der Empfänger eines rechtmäßigen Lo-
bes in Bezug auf Ehre und Verherrlichung etwas
Ausgezeichnetes besitzt, so daß er um ihrer Größe
willen mit Recht glücklich genannt werden kann, so
wird sich dies mit vollem Recht auch auf das Leben
eines solchen Mannes anwenden lassen. Also, wenn
ein glückliches Leben an der sittlichen Haltung erkannt wird, so ist allein das, was sittlich gut ist, für
ein Gut zu halten. 29. Wie könnte aber auf irgendeine Weise behauptet werden, daß kein standhafter,
fester, hochherziger Charakter, kein tapferer Mann,
wie wir es nennen, gedacht werden könne, wenn nicht
feststeht, daß der Schmerz kein Übel ist? Denn so wie
der, welcher den Tod unter die Übel rechnet, ihn
fürchten muß, so kann niemand in irgendeinem Falle
gegen das, was nach seiner Überzeugung ein Übel
ist, gleichgültig sein und es verachten. Nehmen wir
dies an und bestätigt es die allgemeine Zustimmung,
so wird zugleich jener andere Satz angenommen, daß
ein großer und starker Geist alles, was dem Menschen widerfahren kann, gering und für nichts achten
wird. Unter diesen Umständen ist bewiesen, daß
nichts anderes ein Übel ist als was schändlich ist.
Und jener große, ausgezeichnete, hochherzige und
wahrhaft tapfere Mann, alle menschlichen Zufälle
unter sich zu sehen gewohnt, jener, sage ich, den wir
darstellen wollen, den wir suchen, muß gewiß Zutrauen zu sich selbst und seinem Leben, vergangenem
und künftigem, haben und ein günstiges Urteil über
seinen Zustand fällen, überzeugt, daß den Weisen
kein Übel treffen kann. Hieraus ist ebendies zu ersehen, daß das Sittlichgute das einzige Gut ist und
daß glücklich leben soviel heißt wie sittlich gut, das
ist mit Vollkommenheit leben.

30. Es ist mir aber nicht unbekannt, daß es unter
den Philosophen verschiedene Ansichten gegeben hat,
ich meine unter denen, welche dem höchsten Gut, das

ich das Ziel nenne, in der Seele ihren Platz bestimmt
haben. Es war zwar ein Fehler von manchen, sich dieser Lehre anzuschließen; jedoch ziehe ich nicht allein
diesen dreien, welche ein höchstes Gut ohne Vollkommenheit aufstellten, indem sie entweder die Lust
oder die Schmerzlosigkeit oder die ursprünglichen
Naturgüter für die höchsten Güter hielten[5], sondern
auch den anderen dreien, welche die Vollkommenheit
ohne jeden Zusatz für unzulänglich hielten und deswegen von den obengenannten Dingen ihr jeder
eines beiordneten[6] – ich ziehe doch diesen allen
diejenigen vor, welche, wie sie auch sonst sein mögen,
dem höchsten Gut in der Seele und zugleich in der
Vollkommenheit seinen Platz angewiesen haben. 31.
Aber gar sehr abwegige Behauptungen haben doch
auch nicht nur die vorgebracht, welche mit der Wissenschaft zu leben für das höchste Gut hielten[7], sondern auch die, welche behaupteten, es gebe gar keinen
Unterschied der Dinge, und der Weise sei insofern
glücklich, als er keinem Dinge vor dem anderen in
irgendeiner Hinsicht den Vorzug gebe[8]. Einige Akademiker sollen auch behauptet haben, das höchste der
Güter und der wichtigste Beruf des Weisen sei es, der
Welt der Erscheinungen zu widerstehen und sich jeder Zustimmung standhaft zu enthalten. Man pflegt
einem jeden von ihnen ausführlich zu antworten.
Aber was an sich klar ist, bedarf nicht vieler Worte;
was ist aber offenkundiger, als daß, wenn man einen
Unterschied der naturgemäßen und der naturwidrigen Dinge aufhebt, jene ganze gesuchte und gerühmte
Klugheit aufgehoben wird?

Nach Ausschließung also der angeführten und anderer ihnen ähnlichen Meinungen bleibt uns nur der
Satz übrig, das höchste Gut bestehe in einem Leben
mit Anwendung der Wissenschaft von denjenigen
Dingen, die uns von Natur zuteil werden, mit Wahl
des Naturgemäßen, mit Ablehnung des Naturwidri-

gen, das heißt in einem Leben in Übereinstimmung und Einklang mit der Natur.

32. Aber wenn man in den anderen Künsten und Wissenschaften das Wort ›kunstvoll‹ gebraucht, so muß man dies gewissermaßen für ein Späteres, ein Ergebnis halten, die Griechen nennen es Epigennematikon; was man dagegen bei jemand ›weise‹ nennt, das wird mit vollem Recht als etwas Ursprüngliches gedacht. Alles nämlich, was von der Weisheit ausgeht, muß sofort in allen seinen Teilen vollkommen sein; denn darin beruht das, was wir erstrebenswert nennen. Denn wie es eine Sünde ist, das Vaterland zu verraten, die Eltern zu mißhandeln, Heiligtümer zu berauben – Dinge, die alle in der Wirkung bestehen –, so ist Fürchten, Bekümmertsein, Wollüstigsein Sünde, auch wenn keine entsprechende Tat nachfolgt. Und wie aber dies alles nicht erst in seinen Folgen und Wirkungen, sondern sogleich in seinem Ursprung Sünde ist: so ist auch das, was von der Vollkommenheit ausgeht, schon im ersten Entstehen, nicht erst im Vollbringen, als recht zu betrachten.

33. Der Ausdruck ›gut‹ aber, der in meiner Darstellung so oft vorgekommen ist, auch er soll jetzt durch eine Begriffsbestimmung erklärt werden. Aber die Definitionen der Stoiker weichen ein wenig stark voneinander ab, und doch zielen sie auf denselben Punkt hin. Ich stimme dem Diogenes[9] bei, der das Gute als etwas von Natur Vollkommenes bestimmte. Das daraus Folgende aber, auch das, was nützt – so können wir das Ophelema nennen – soll nach ihm nur eine Veränderung oder ein Zustand aus dem von Natur Vollkommenen sein. Und da die Begriffe der Dinge sich im Geist bilden aus Erkenntnissen der Erfahrung oder durch Verknüpfung mehrerer Dinge oder durch Ähnlichkeit oder durch Verhältnisbestimmung, so bildet sich aus diesem zuletzt genannten Vierten der Begriff des Guten. Denn wenn der Geist

von den Dingen, die der Natur gemäß sind, aufsteigt durch Verhältnisbestimmung, dann gelangt er zum Begriff des Guten. 34. Dieses Gute[10] selbst aber empfinden und bekennen wir als solches nicht wegen eines Zusatzes und nicht erst nach Erlangung eines gewissen Grades oder durch Vergleichung mit allem anderen, sondern aus der ihm eigentümlichen Kraft heraus. Wie nämlich der Honig, obschon er das Süßeste ist, doch wegen der eigentümlichen Art seines Geschmacks, nicht durch Vergleichung mit anderem als süß empfunden wird, so verdient auch dies Gute, von dem wir reden, zwar den höchsten Rang, aber dieser Rang gebührt ihm der Art, nicht der Größe wegen. Denn da die Schätzung, die sogenannte Axia, weder zu den Gütern noch auch zu den Übeln gerechnet wird, so wird sie in ihrer Art bleiben, wieviel man auch hinzufügen mag. Eine besondere also und eigentümliche ist die Wertschätzung der Vollkommenheit, die rein durch ihre Eigenart, ohne Rücksicht auf viel und wenig, gilt. 35. Die Störungen der Seele aber machen das Leben der Toren jammervoll und verbittern es. Der Grieche nennt sie Pathe. Das Wort ließe sich auch mit ›Krankheiten‹ übersetzen, aber das würde nicht auf alles passen; denn wer pflegt wohl Mitleid oder selbst den Zorn eine Krankeit zu nennen? Aber die Griechen sagen Pathos. Es heiße also Störung, was durch seinen Namen selbst schon das Fehlerhafte zu bezeichnen scheint. (Nicht also werden diese Störungen durch eine natürliche Kraft erregt.) Ihrer Art nach sind es im ganzen vier, in ihren Teilen mehrere: Betrübnis, Furcht, Wollust und das, was die Stoiker mit einem für Geist und Körper passenden Namen Hedone nennen, ich möchte lieber Fröhlichkeit sagen, um gleichsam das wonnige Entzücken eines Gemütes im Zustand der Überschwenglichkeit auszudrücken. Diese Störungen haben ihre Quelle nicht in der Natur, sondern alles beruht bei

ihnen auf vorgefaßten Meinungen und leichtsinnigen
Urteilen. Der Weise wird also immer frei von ihnen
bleiben.

36. Daß aber alles, was sittlich gut ist, um seiner
selbst willen zu erstreben ist, das lehren wir übereinstimmend mit vielen anderen Philosophen. Denn
außer jenen drei Schulen, welche die Vollkommenheit von dem höchsten Gut ausschließen, müssen alle
anderen Philosophen diese Ansicht festhalten, und
besonders die Stoiker, welche außer dem Sittlichguten nichts anderes unter die Zahl der Güter gerechnet wissen wollen. Die Verteidigung aber gegen jene
ist leicht und ohne Schwierigkeiten. Denn wer ist oder
war jemals von so brennender Habsucht oder von so
zügellosen Begierden, daß er ebendas, was er mit jedem möglichen Verbrechen zu erlangen bereit wäre,
nicht in vieler Hinsicht lieber ohne Freveltat, wenn
auch gänzliche Straflosigkeit bestimmt wäre, als auf
die genannte Weise in seinen Besitz kommen sähe?
37. Welchen Nutzen aber oder welchen Gewinn suchen wir, wenn wir zu wissen verlangen, was uns verborgen ist: auf welche Weise sich die Himmelskörper
bewegen und aus welchen Ursachen? Wer aber lebt
in so grobschlächtigen Gewohnheiten, oder wer ist
gegen die Forschungen im Gebiet der Natur in so
hohem Grade unaufgeschlossen, daß er gegen Dinge,
die der Erkenntnis wert sind, Widerwillen empfände
und sie ohne einen sinnlichen Genuß oder bestimmten Nutzen nicht suchte oder für nichts achtete? Oder
wer gar sollte keine geistige Freude empfinden, wenn
er die Taten, die Aussprüche und Pläne unserer Vorfahren, der Scipionen oder meines von dir so oft erwähnten Ahnherrn[11] und der anderen tapferen und
in ihrem ganzen Gehaben als Persönlichkeiten ausgezeichneten Männer erfährt? 38. Wer aber, in
einer ehrenhaften Familie herangewachsen und anständig gebildet, nimmt nicht an einer schändlichen

Tat Anstoß, wenn sie ihm auch gerade keinen Schaden zufügen kann? Wer sieht mit Gleichmut einen
Menschen an, von dem er glaubt, er führe ein un-
züchtiges und lasterhaftes Leben? Wer haßt nicht den
Anrüchigen, den Prahler, den Leichtsinnigen, den
Nichtswürdigen? Wenn wir aber das Sittlichschlechte
nicht um seiner selbst willen für unstatthaft erklären,
was kann man sagen, damit die Menschen nicht, sobald Dunkelheit und Abgeschiedenheit Gelegenheit
machen, jede Schandtat begehen, wenn sie nicht das
Sittlichschlechte an sich durch seine eigene Scheußlichkeit abschreckt? Unzähliges kann für diese Ansicht angeführt werden, aber es ist nicht notwendig.
Denn über nichts kann weniger Zweifel sein als darüber, daß das Sittlichgute um seiner selbst willen zu
erstreben und ebenso das Sittlichschlechte um seiner
selbst willen zu fliehen ist.

39. Ist aber einmal angenommen, wovon vorher
gesprochen, daß allein das Sittlichgute ein Gut sei, so
muß es uns klar sein, daß das Sittlichgute höher zu
schätzen ist als jene Mitteldinge, die erst durch dieses
erlangt werden. Wenn wir aber behaupten, daß Torheit, Furchtsamkeit, Ungerechtigkeit und Unmäßig-
keit um ihrer Folgen willen zu meiden seien, so ist
dies nicht so gemeint, daß es mit jenem Satze, nur das
Sittlichschlechte sei ein Übel, im Widerspruch stände.
Denn jene Folgen beziehen sich nicht auf das körper-
lich Unangenehme, sondern auf schändliche Handlungen, die aus Lastern entstehen. Was nämlich die
Griechen Kakia nennen, will ich lieber mit Laster als
mit Bosheit bezeichnen.«

40. »Fürwahr, mein Cato«, sagte ich, »deine Worte
sind vorzüglich und bezeichnend für das, was du ausdrücken willst! Du scheinst mir daher die Philosophie
lateinisch zu lehren und ihr gleichsam das Bürger-
recht zu geben. Bisher wenigstens schien sie in Rom
Fremdling und für unsere Unterhaltungen unzu-

gänglich zu sein. Der Grund dafür lag hauptsächlich
in der abgezirkelten Schärfe der Stoiker in Begriffen
und Ausdrücken. Zwar kenne ich einige, die in jeder
Sprache philosophische Betrachtungen anstellen können, doch ohne Zergliederungen und Begriffsbestim-
mungen; sie sagen, nur das gewinne ihren Beifall,
dem die Natur von selbst zustimme. Daher haben sie
bei Gegenständen, die sehr leicht verständlich sind,
keine große Mühe in der Darstellung. Deshalb höre
ich dir eifrig zu und bewahre mir im Gedächtnis die
Ausdrücke, die du den hier behandelten Gegenständen gibst. Denn ich werde die gleichen einmal selbst
anzuwenden haben. Den Tugenden also hast du,
glaube ich, mit vollem Recht und nach unserem
Sprachgebrauch die Laster entgegengesetzt. Denn was
an sich selbst Lästerung verdient (vituperabile), das
ist meines Erachtens eben deshalb Laster (vitium) ge-
genannt worden, oder vielleicht ist lästern aus Laster
entstanden. Hättest du dagegen für Kakia Bosheit
gesagt, so würde uns der lateinische Sprachgebrauch
zu einem anderen, bestimmten Laster führen. So aber
steht jeglicher Tugend, jeglichem sittlichem Wert das
Laster als dessen Gegensatz gegenüber.«

41. Cato fuhr hierauf fort: »Nachdem wir dies
festgesetzt haben, kommen wir nun zu einer großen
Streitfrage, die von den Peripatetikern zu marklos
behandelt ist – denn ihre Art, sich auszudrücken, ist
infolge ihrer Unkenntnis der Dialektik etwas unper-
sönlich –, dein Karneades aber hat mit seiner außerordentlichen Übung im Dialektischen und mit seiner
großen Beredsamkeit den Streit in die größte Ver-
wickelung gebracht, denn er ließ nicht ab zu behaupten, daß bei der ganzen sogenannten Untersuchung
über das Gut und das Übel zwischen den Stoikern
und den Peripatetikern nicht ein Streit um Sachen,
sondern um Worte sei. Mir aber scheint nichts so
deutlich, als daß diese Ansichten der genannten Phi-

losophen mehr im Wesentlichen als dem Worte nach voneinander abweichen. Ich behaupte, daß zwischen den Stoikern und Peripatetikern bei weitem ein größerer Widerspruch in den Gegenständen als in den Worten bestehe, weil nämlich die Peripatetiker sagen, alles, was sie selbst Güter nennen, gehöre zum glücklichen Leben; unsere Schule dagegen meint, daß das, was im allgemeinen einiger Wertschätzung würdig ist, keineswegs das glückliche Leben erfülle und vollende.

42. Oder kann es etwas Gewisseres geben, als daß nach der Ansicht derer, die den Schmerz zu den Übeln zählen, der Weise unmöglich glücklich sein kann, wenn er auf die Folterbank gespannt ist? Die Ansicht derer aber, die den Schmerz für kein Übel halten, führt zu dem sicheren Schluß, daß unter allen Martern das glückliche Leben dem Weisen erhalten bleibt. Denn wenn die gleichen Schmerzen diejenigen leichter ertragen, die sie für das Vaterland, als die sie aus einer geringfügigeren Ursache erleiden, so ist es die Meinung, nicht die Natur, die die Gewalt des Schmerzes mehrt oder mindert. 43. Nicht einmal darin stimmen unsere Grundsätze überein, daß, wenn bei den drei verschiedenen Arten von Gütern nach der Ansicht der Peripatetiker jeder um so glücklicher sein soll, je reichlicher er mit körperlichen oder äußeren Gütern versehen ist, wir nun auch das zugeben müßten, derjenige sei der Glücklichere, der mehr von solchen Dingen habe, die man in Hinsicht auf den Körper hochschätze. Jene nämlich meinen, daß in Annehmlichkeiten des Körpers sich das glückliche Leben erfülle, unsere Schule nichts weniger als das. Denn da wir annehmen, daß selbst eine Vermehrung von den Gütern, die wir wahrhaft Güter nennen, das Leben nicht glücklicher oder erstrebenswerter oder geschätzter machen könne, so gehört ganz bestimmt die Menge von Annehmlichkeiten für den Körper noch weniger

zum glücklichen Leben. 44. Wenn also Weisheit und
Gesundheit erstrebenswerte Dinge sind, so müßte
beides zusammen erstrebenswerter sein als beides allein; und doch sind beide, wenn sie der Hochschät-
zung wert sind, in ihrer Verbindung nicht höher zu
achten als die Weisheit für sich allein. Wie wir nämlich die Gesundheit einiger Schätzung für würdig erachten und sie doch nicht unter die Güter zählen, so
glauben wir auch, daß keine Wertschätzung sonst so
groß sei, daß sie der Vollkommenheit vorgezogen
werden dürfte. Eben dies ist es aber, was die Peripatetiker nicht mit uns festhalten; sie müssen sagen, daß
das Handeln, das sowohl sittlich gut wie auch schmerz-
los sei, mehr erstrebenswert sei als das nämliche Handeln mit Schmerzen. Uns scheint es anders; ob mit
Recht oder nicht, davon später. Aber kann es eine
größere sachliche Verschiedenheit in den Auffassungen geben?

45. Denn gleichwie durch den Glanz der Sonne
der Schein einer Laterne verdunkelt und überstrahlt
wird und wie sich in dem weiten Raum des Ägäi-
schen Meeres ein Tropfen Honig verliert oder in den
Schätzen des Kroisos der Zuwachs durch einen Pfennig oder ein Schritt auf dem Wege von hier bis Indien, so muß, wenn das das höchste Gut ist, was die
Stoiker so nennen, alle die Wertschätzung der Güter,
die in Beziehung auf den Leib stehen, durch den
Glanz und die Größe der Vollkommenheit sich verdunkeln, ersticken, untergehen. Und so wie der günstige Zeitpunkt – so wollen wir Eukairia wiederge-
ben – nicht besser wird durch Zeitaufschub – denn
alles, was zeitgemäß ist, hat sein bestimmtes Maß –,
ebenso ist ein glückliches Vollbringen – so übersetze
ich Katorthosis, da rechtgetan das Katorthoma bezeichnet –, ein glückliches Vollbringen also, desgleichen die Übereinstimmung, endlich das Gute selbst,
das in der Übereinstimmung mit der Natur besteht,

gar keines Zuwachses, keiner Mehrung fähig. 46.
Und wie jener günstige Zeitpunkt nicht besser wird
durch Aufschub, so wenig auch das eben Genannte,
und aus eben diesem Grunde scheint den Stoikern ein
längeres glückliches Leben nicht wünschenswerter
und erstrebenswerter als ein kurzes. Und sie bedienen
sich eines Gleichnisses: Wie, wenn der Vorzug eines
Schuhes darin bestünde, genau auf den Fuß zu passen, weder viele Schuhe wenigen vorgezogen würden,
noch größere kleineren, so können auch diejenigen,
deren Gut ganz durch Übereinstimmung und günstigen Zeitpunkt bestimmt wird, weder das Mehr dem
Wenigen, noch das Längere dem Kürzeren vorziehen. 47. Folgende Aussage aber zeugt nicht von
scharfsinnigem Denken: Wenn ein dauerhaftes Wohlbefinden höher zu schätzen ist als ein kurzes, so muß
auch der am längsten anhaltende Gebrauch der Weisheit den höchsten Wert haben. Sie sehen nicht ein,
daß wohl Gesundheit nach der Dauer geschätzt werden könne, Vollkommenheit aber nach dem rechten
Zeitpunkt. Nach solcher Aussage sollte man glauben,
daß sie auch einen guten Tod oder eine gute Geburt
für besser hielten bei langer Dauer als bei kurzer. Sie
sehen nicht, daß manches um kurzer Dauer, manches
um langer Dauer willen höher geschätzt wird. 48.
In Übereinstimmung mit dem Gesagten müssen daher jene, deren Theorie eine Mehrung jenes höchsten, äußersten, letzten Gutes annimmt, zugleich zugeben, daß einer weiser als ein anderer sei und ebenso einer mehr als ein anderer sündige oder recht tue.
Und dies dürfen wir nicht sagen, die wir das höchste
Gut einer Mehrung nicht für fähig halten. Wie nämlich, wer ins Wasser hinabgesunken ist, um gar nichts
besser atmen kann, wenn er nicht weit von der Oberfläche entfernt ist, so daß er in jedem Augenblick
auftauchen könnte, als wenn er noch tief am Grunde
wäre; oder wie ein junger Hund, der schon nahe

daran ist, sehen zu können, nicht mehr sieht als der
neugeborene: auf gleiche Weise ist auch der, welcher
sich ein wenig der Tugend angenähert, nicht minder
im Elend als der, welcher noch keinen Schritt getan hat.

Dies sind – wie ich wohl einsehe – paradoxe Behauptungen. Da jedoch meine Vordersätze unumstöß-
lich und wahr sind und das übrige sich folgerecht daraus ergibt, so ist auch an der Richtigkeit dieses Er-
gebnisses nicht zu zweifeln. Wenn sie auch immerhin
das Wachsen der Tugend und des Lasters leugnen, so
kann doch nach ihrer Ansicht beides sich gewissermaßen ausdehnen und gleichsam ausbreiten.

49. Diogenes aber behauptet, der Reichtum habe
nicht allein die Bedeutung, zum Vergnügen und zum
Wohlbefinden zu führen, sondern diese schon in sich
zu begreifen; in Bezug auf die Vollkommenheit aber
und in Bezug auf die anderen ›Künste‹, zu denen das
Geld ein Führer sein kann, die es aber nicht enthalten kann, leiste er dieses nicht. Wenn daher die Lust
oder das Wohlbefinden zu den Gütern gehörten,
müsse auch der Reichtum zu den Gütern zu rechnen
sein; daraus aber, daß die Weisheit ein Gut sei, folge
noch nicht, daß wir auch den Reichtum ein Gut nennen dürften. Auch kann nie in etwas, das nicht unter
die Güter gehört, das, was unter sie gehört, enthalten
sein; und aus diesem Grunde, weil Kenntnis und Begreifen von Dingen, aus denen die ›Künste‹ sich bilden, ein Verlangen danach erregen, kann, da der
Reichtum nicht zu den Gütern gehört, keine Kunst in
dem Reichtum enthalten sein.   50. Wenn wir nun
dies auch für die Wissenschaften zugeben, so hat es
darum noch nicht mit der Vollkommenheit eine solche Bewandtnis deswegen, weil diese sehr viel Nachdenken und Übung erfordert, was bei anderen Wissenschaften nicht nötig ist, und weil die Vollkommenheit eine Stetigkeit, Festigkeit und Beharrlichkeit des
ganzen Lebens in sich schließt, wie wir dies aber bei

den Wissenschaften keineswegs ebenso vorhanden sehen.

Im folgenden wird der Unterschied der Dinge entwickelt. Würden wir diesen ableugnen, wie dies von Ariston geschieht, so würde das ganze Leben durcheinandergemengt, und man könnte dann keine Aufgabe oder kein Werk für die Weisheit ausfindig machen, weil es zwischen den Dingen, welche zur Erhaltung des Lebens gehören würden, überhaupt keinen Unterschied gäbe, noch brauchte man irgendeine Art von Auswahl anzuwenden. Obgleich es daher hinreichend bewiesen ist, daß einzig das Sittlichgute ein Gut und einzig das Unsittliche ein Übel ist, so haben sie doch unter dem, was keine Beziehung hat zum glücklich oder elend leben, einen Unterschied annehmen wollen, so daß sie sagen, einige von diesen Dingen seien schätzenswert, andere das Gegenteil, andere keines von beidem. 51. Von dem Schätzenswerten aber enthalte einiges den Grund, anderem vorgezogen zu werden, in sich selbst, z. B. die Gesundheit, die volle Brauchbarkeit der Sinne, die Freiheit von Schmerz, der Ruhm, der Reichtum und dergleichen mehr; mit anderem aber verhalte es sich nicht so. Ebenso trage von dem nicht Schätzenswerten einiges zum Teil den Grund in sich, weshalb man es verwerfe, z. B. der Schmerz, die Krankheit, der Verlust der Sinne, die Armut, die Schande und anderes mehr, andere tragen den Grund nicht in sich. Dies ist der Ursprung von dem, was Zenon Proegmenon und als dessen Gegenteil Aproegmenon nennt. Hier gebrauchte er in der so reichen griechischen Sprache doch neue, selbstgemachte Ausdrücke, ein Recht, das man uns bei unserer armen Sprache nicht einräumt. Du zwar pflegst die unsrige sogar reicher zu nennen. Doch es ist nicht unpassend, damit die Bedeutung des Wortes besser verstanden werde, den Grund, der Zenon veranlaßte, dieses Wort zu bilden, darzulegen.

52. Wie nämlich, sagt er, niemand sich so ausdrückt, in der königlichen Hofburg sei der König
selbst gleichsam der zur Würde Bevorzugte – denn
das bedeutet unser Proegmenon –, sondern man es nur
von denen sagt, die irgendeine Ehrenstelle bekleiden,
deren Rang dem königlichen am nächsten kommt, so
kann man im Leben nicht das, was die höchste Stufe
einnimmt, sondern das auf der zweiten befindliche
Proegmenon, das heißt Bevorzugtes, nennen. Dies
können wir nun entweder so nennen – denn so wird
es ziemlich wörtlich übersetzt sein – oder Vorgerück-
tes und Entrücktes oder, wie wir schon vorher sagten,
Vorzügliches oder Vornehmliches, das Gegenteil davon aber Verwerfliches. Denn wenn wir nur die Sache verstehen, so dürfen wir im Gebrauch der Ausdrücke nachsichtig sein.

53. Da aber nach unserer Behauptung alles, was
ein Gut ist, den ersten Platz einnimmt, so kann das,
was wir Vorzügliches oder Vornehmliches nennen,
weder ein Gut noch ein Übel sein. Wir bestimmen es
also als etwas Gleichgültiges von mittelmäßigem
Wert. Denn was jene Adiaphoron nennen, dafür
kommt mir der Ausdruck Gleichgültiges in den Sinn.
Denn es mußte notwendig unter diesen in der Mitte
bleibenden Dingen manches der Natur gemäß, anderes dagegen sein; und wenn dies der Fall war, so
mußte es zu dem gerechnet werden, was ziemlich
schätzenswert war, und ebenso mußte, wenn dies der
Fall war, einiges davon zu dem Bevorzugten gehören. 54. Richtig also ist diese Unterscheidung gemacht, und sie stellen auch, damit man die Sache um
so deutlicher verstehen könne, folgendes Gleichnis
auf: Angenommen, sagen sie, dies sei das Ziel und
das Höchste, den Würfel so zu werfen, daß er auf die
blinde Fläche zu stehen kommt, so wird der Würfel,
den man so geworfen hat, daß er auf die blinde Fläche fällt, einen gewissen Vorzug haben in Bezug auf

das Ziel, und der nicht so fällt, das Gegenteil; nicht
aber wird jener Vorzug des Würfels zu dem genannten Ziel gehören; in derselben Weise bezieht sich das,
was den Vorzug hat, allerdings auf das Ziel, gehört
aber nicht zu dessen Begriff und Wesen.

55. Es folgt jene Einteilung, wonach einige Güter
zu jenem Letzten und Ziel wesentlich gehören – so
nämlich bezeichne ich die sogenannten Telika; denn
wir wollen es so halten, wie es ausgemacht wurde,
daß wir der Deutlichkeit wegen mit mehreren Worten ausdrücken, was wir mit einem nicht können – andere nur dazu mitwirken, bei den Griechen Poietika
genannt, und noch andere beides in sich vereinigen.
Unter den wesentlich zugehörigen ist keines ein Gut
außer den sittlichen Handlungen, unter den Mitwir-
kenden nur der Freund; doch die Weisheit, bestimmen sie, sei beides, dem Ziel wesentlich zugehörend
und zu ihm mitwirkend. Denn weil die Weisheit
das angemessene Handeln ist, gehört sie in die
sogenannte Klasse des wesentlich Zugehörigen; insofern sie aber sittlich gute Handlungen mit sich
bringt und bewirkt, so kann sie mitwirkend genannt
werden.

56. Das von uns so genannte Bevorzugte ist zum
Teil um seiner selbst willen bevorzugt, teils wegen
irgendeiner Wirkung, teils findet beides zugleich
statt. Um seiner selbst willen z. B. eine gewisse Beschaffenheit des Antlitzes und der Miene, eine Stellung, eine Bewegung; denn unter all diesem ist manches vorzuziehen, manches zu verwerfen, anderes wird
deshalb bevorzugt genannt werden, weil es durch sich
etwas bewirkt, z. B. das Geld. Anderes heißt so aus
beiderlei Gründen, wie gesunde Sinne und das Wohlbefinden. 57. Von dem guten Namen aber – das
griechische Eudoxia drücken wir an dieser Stelle passender durch guten Namen als durch Ruhm aus –
sagten Chrysipp und Diogenes, daß man, seine Nütz-

lichkeit abgerechnet, nicht einmal den Finger danach ausstrecken dürfe; und ich bin vollkommen ihrer Meinung. Die Späteren aber erklärten, da sie zu schwach waren, dem Karneades gegenüber sich zu behaupten, der sogenannte gute Ruf sei um seiner selbst willen vorzuziehen und zu suchen, und es gehöre sich für einen edlen und vornehm erzogenen Menschen, in gutem Rufe zu stehen bei seinen Eltern, bei Verwandten, auch bei vorzüglichen Männern, und zwar um der Sache selbst, nicht um des Nutzens willen; ›und wie‹, sagen sie, ›wir für unsere Kinder gesorgt zu sehen wünschen, selbst wenn sie erst nach unserem Tode zur Welt kämen, so muß man auch für seinen Namen nach seinem Tode sorgen, um der Sache willen, ohne Rücksicht auf den Nutzen[12].‹

58. Während wir aber das Sittlichgute für das einzige Gut erklären, so ist es doch in der Ordnung, daß man sich das rechte Handeln (die Pflicht) angelegen sein läßt; und doch zählen wir dieses rechte Handeln weder zu den Gütern noch zu den Übeln. Denn es gibt darunter Beifallswertes, und zwar derart, daß der vernünftige Grund dafür angegeben werden kann, also auch, daß für eine beifallswerte Handlung ein vernünftiger Grund angegeben werden kann. Pflicht (rechtes Handeln) aber ist, was so getan ist, daß für dieses beifallswerte Tun ein vernünftiger Grund angegeben werden kann. Daraus ist zu ersehen, daß das rechte Handeln etwas Mittleres ist, das man weder zu den Gütern, noch zu dem Entgegengesetzten rechnen kann. Und da in solchen Dingen, die weder zu den Tugenden noch zu den Lastern gehören, doch etwas enthalten ist, das zum Nutzen gereichen kann, so darf man sie nicht verwerfen. Von dieser Art ist aber auch eine gewisse Handlungsweise, und zwar eine solche, daß die Vernunft verlangt, etwas Derartiges zu tun und zu vollbringen. Was aber mit vernünftigem Grunde getan ist, das nennen wir

Pflicht (rechtes Handeln). Rechtes Handeln ist also von der Art, weder unter die Güter, noch unter die Übel gerechnet zu werden.

59. Nun ist auch das einleuchtend, daß die Wirksamkeit des Weisen sich bisweilen im Gebiet dieser mittleren Dinge bewegt. Er hält also dafür, daß ein solcher Inhalt seiner Wirksamkeit rechtes Handeln sei. Nun aber irrt er sich in seinem Urteil niemals; also sind es die mittleren Dinge, innerhalb deren das rechte Handeln seinen Platz haben wird. Der gleiche Schluß ergibt sich noch aus folgender Überlegung: Weil wir sehen, daß es etwas gibt, was wir recht getan nennen, dies aber das vollendete rechte Handeln ist, so wird es auch ein angefangenes geben; z. B. wenn das Zurückgeben eines gerechterweise uns anvertrauten Gutes als recht getan gilt, so gehört also das Zurückgeben des Anvertrauten unter die Pflichten (das rechte Handeln); denn jener Zusatz »gerechterweise« macht die Handlung zu einer recht getanen; das Zurückgeben an sich selbst aber ist nur eine Pflicht. Und weil es keinen Zweifel gibt, daß unter den sogenannten Mitteldingen manches zu nehmen, anderes zu verwerfen ist, so gehört jede Tat oder Rede der Art in den Bereich der Pflicht (des rechten Handelns). Daraus ist zu ersehen, daß, da sich alle von Natur selbst lieben, der Tor so gut wie der Weise das Naturgemäße nehmen und das Gegenteil verwerfen wird. So gibt es eine gewisse gemeinsame Pflicht des Weisen und des Toren, und es ergibt sich, daß diese in den Bereich der sogenannten Mitteldinge gehört.

60. Da aber alle Pflichten von diesen Mitteldingen abgeleitet werden, so sagt man nicht ohne Grund, daß sich auf eben diese alle unsere Gedanken bezögen, dahin gehöre das Scheiden aus dem Leben wie auch das Bleiben im Leben. Denn derjenige, bei dem das Überwiegende der Natur gemäß ist, hat die

Pflicht, im Leben zu bleiben, ein anderer dagegen, bei
dem ein Überschuß des Naturwidrigen vorhanden ist
oder dies zu drohen scheint, hat die Pflicht, aus dem
Leben zu scheiden. Daraus erhellt, daß es ebenso zuweilen Pflicht des Weisen ist, aus dem Leben zu scheiden, obgleich er glücklich ist, wie es Pflicht des Toren
ist, im Leben zu bleiben, obgleich er unglücklich ist[13].
61. Denn jenes Gut und jenes Übel, die wir schon so
oft anführten, sind späteres Ergebnis. Jene Anfänge
der Natur aber, seien sie ihr angemessen oder nicht,
fallen dem Urteil und der Auswahl des Weisen anheim. Dies ist gleichsam der Stoff, den die Weisheit
zu bearbeiten hat. Daher müssen auch die Gründe für
das Verbleiben im Leben wie für das Scheiden aus
ihm nach dem oben Auseinandergesetzten abgemes-
sen werden. Denn weder wird jener durch seinen sittlichen Wert im Leben zurückgehalten, noch müssen die,
die des sittlichen Wertes entbehren, den Tod verlangen. Aber oft ist es Pflicht für den Weisen, aus dem
Leben zu scheiden, während er doch höchst glücklich
ist, sofern dies die Lage der Verhältnisse verlangt,
das heißt, sofern es der Natur gemäß ist. Denn das ist
ihr Grundsatz: die Rechtzeitigkeit sei das Wesen des
glücklichen Lebens. So verordnet denn die Weisheit,
daß der Weise sie selbst aufgebe, wenn es zweckmä-
ßig wird. Und da die Laster die Kraft nicht haben,
daß sie einen Grund abgeben könnten zum freiwilligen Tod, so ist es offenbar auch für die Toren, die
dazu noch unglücklich sind, Pflicht, im Leben zu bleiben, sobald nur diejenigen Dinge, die wir naturgemäß nennen, bei ihnen im Übergewicht sind. Und
weil Scheiden und Bleiben den Zustand gleich elend
läßt und längere Lebensdauer nicht die Verpflichtung
für ihn anwachsen läßt, dem Leben zu entfliehen, so
sagt man nicht ohne Grund, wer die natürlichen Güter überwiegend genießen könne, müsse am Leben
bleiben.

62. Wesentlich aber ist, so glauben die Stoiker, daß
man einsieht, es gehe aus der Natur hervor, daß die
Kinder von den Eltern geliebt werden. Dies ist der
Ausgangspunkt eines Entwicklungsganges, den wir
bis hin zur alle umfassenden Verbundenheit des
Menschengeschlechts verfolgen. Dies muß zuerst anerkannt werden aus der Gestalt und den Gliedern des
Körpers, welche unmittelbar deutlich machen, daß
das Gesetz der Zeugung von der Natur gegeben ist.
Doch könnte keinesfalls dies in Ordnung sein, daß
die Natur Zeugung wollte und zugleich nicht für die
Liebe zu den Erzeugten sorgte. Auch schon an den
Tieren kann die Kraft der Natur wahrgenommen
werden; denn wenn wir ihre Mühsal beim Gebären
und der Aufzucht ihrer Jungen ansehen, so kommt
es uns vor, als hörten wir unmittelbar die Stimme
der Natur. So einleuchtend es daher ist, daß wir von
Natur den Schmerz verabscheuen, so ist es klar, daß
wir von der Natur selbst angetrieben werden, die zu
lieben, die wir ja erzeugt haben. 63. Dies hat im
Gefolge, daß es auch ein gemeinschaftliches natürliches Empfohlensein der Menschen untereinander
gibt, daß der Mensch vom Menschen eben deshalb,
weil er ein Mensch ist, nicht als ein Fremdes angesehen werden darf. Denn wie unter den Teilen des
Körpers einige gleichsam für sich da sind, z. B. das
Auge, das Ohr, andere auch zum Gebrauch der anderen Teile dienen, z. B. die Beine und Hände, so
sind einige wilde Tiere nur für sich geboren; aber die
sogenannte Steckmuschel in ihrer offenen Schale und
das Tier, das aus der Muschel herausschwimmt und,
weil es diese bewacht, Steckmuschelwächter heißt,
und, wenn es sich in diese zurückzieht, von ihr um-
schlossen wird, wie wenn es sie vor einer Gefahr gewarnt hätte, desgleichen die Ameisen, Bienen, Stör-
che, sie tun auch um anderer willen manches. Weit
stärker ist diese Verbindung unter Menschen. Daher

sind wir von Natur befähigt zu Gesellschaften, Vereinigungen, Staaten.

64. Die Welt aber, erklären die Stoiker, werde regiert durch den Willen der Götter, und sie sei gleichsam die gemeinsame Stadt und Gemeinde der Menschen und Götter und jeder Einzelne von uns sei ein Teil dieser Welt; daraus folge naturgemäß, daß wir den gemeinsamen Nutzen dem unsrigen vorziehen. Denn wie die Gesetze das Wohl aller dem Wohl des Einzelnen vorziehen, so ist der treffliche und weise Mann, der dem Gesetze gehorcht und seine bürgerlichen Pflichten kennt, mehr auf den Nutzen aller als auf den eines Einzelnen oder auf seinen eigenen bedacht. Und der Verräter des Vaterlandes ist nicht mehr zu tadeln als der, welcher den allgemeinen Nutzen und das allgemeine Wohl um seines Nutzens und Wohles willen preisgibt. Daraus ergibt sich, daß der zu rühmen ist, der dem Tod für das Gemeinwesen entgegengeht; denn es gehört sich, daß das Vaterland uns teurer ist als wir selbst. Und weil als unmenschlich und verbrecherisch jene Äußerung derer gilt, die da unter Anwendung eines bekannten griechischen Verses erklären, es liege ihnen nichts daran, wenn nach ihrem Tode die ganze Erde in Flammen untergehe, so ist es gewiß wahr, daß man auch für die, welche einst sein werden, um ihrer selbst willen sorgen muß.

65. Aus diesen Gefühlen sind die Testamente und Empfehlungen Sterbender hervorgegangen. Und weil niemand in völliger Einsamkeit sein Leben hinbringen will, selbst dann nicht, wenn ihn eine unendliche Fülle von Genüssen begleitete, so ist leicht zu ersehen, daß wir zur Vereinigung, zum geselligen Zusammenleben und zu einer natürlichen Gemeinschaftlichkeit mit Menschen geboren sind. Angetrieben aber werden wir durch die Natur, möglichst vielen nützlich sein zu wollen, besonders durch Belehrung

und durch Mitteilung der Gebote der Klugheit. 66.
Daher findet man auch nicht leicht jemanden, der
nicht einem anderen mitteilen möchte, was er selbst
weiß; so sind wir nicht nur zum Lernen geneigt, sondern auch zum Lehren. Und wie die Natur es bestimmt hat, daß die Stiere für ihre Kälber gegen die
Löwen mit der größten Gewalt und Heftigkeit kämpfen, so werden die, welche Macht haben und etwas
ausrichten können, wie man von Herkules und Bac-
chus erzählt, von Natur zum schützenden Dienst am
Menschengeschlecht angespornt. Auch wenn wir Jupiter den Besten und Größten und ebenso den Heil-
bringer, Beschützer der Gastfreundschaft und Erhal-
ter nennen, so wollen wir darunter verstanden sehen:
das Wohl der Menschen stehe unter seinem Schutze.
Keineswegs aber verträgt es sich, daß wir uns selbst
gegenseitig verachten und uns untereinander rück-
sichtslos betragen und dann noch verlangen, den unsterblichen Göttern lieb zu sein und von ihnen geliebt
zu werden. Wie wir nun die Glieder gebrauchen, ehe
wir gelernt haben, zu welchem Zweck und Nutzen
wir sie besitzen, so sind wir untereinander von Natur
zur staatlichen Gemeinschaft verbunden und vereinigt. Und wenn das nicht so wäre, so hätte weder
Gerechtigkeit noch Wohltätigkeit irgendeinen Platz.
67. Und wie nach Ansicht der Stoiker die Menschen
untereinander durch die Bande des Rechts zusam-
mengehalten sind, so besteht andererseits zwischen
Mensch und Tier keine Gegenseitigkeit von Recht.
Denn vortrefflich sagt Chrysipp: Alles sei um der
Götter und der Menschen willen da, sie selbst aber
für ihre Gemeinsamkeit und Verbindung, so daß also
die Tiere der Mensch zu seinem Nutzen gebrauchen
könne, ohne Unrecht zu tun. Und weil dies des Menschen Natur sei, daß zwischen ihm und dem Menschengeschlecht gleichsam eine bürgerliche Rechtsge-
meinschaft bestehe, so sei derjenige gerecht, der diese

achte, wer sie übertrete, ungerecht. Aber wie man,
obgleich das Theater allen gemeinsam ist, doch mit
Recht sagen kann, jeder einzelne habe dort den Platz,
den er eingenommen hat, ebenso hindert auch in der
gemeinsamen Stadt oder Welt das Recht nicht, daß
jedem etwas ausschließlich als sein Eigentum gehöre.

68. Da wir aber sehen, daß der Mensch zum Schutz
und zur Erhaltung anderer Menschen geboren ist, so
ist es dieser Natur gemäß, daß der Weise die Leitung
und Verwaltung des Staates gerne übernehme und,
damit er nach der Natur lebe, eine Frau nehme und
von ihr Kinder wolle. Selbst ein reines Liebesverhält-
nis[14] halten die Stoiker nicht für unvereinbar mit
einem Weisen. Die Grundsätze und Lebensweise der
Kyniker aber, sagen einzelne unter ihnen, passen zu
dem Weisen, wenn etwa ein solcher Fall eintrete, daß
sie notwendig werden; andere aber meinen, sie passen in keinem Falle.

69. Damit nun erhalten werde jegliche Gemeinschaft, Verbindung und Liebe des Menschen zum
Menschen, so sollen nach ihnen Erfolge sowohl wie
Verluste, Ophelemata und Blammata genannt, gemeinsam sein; die einen von ihnen nützen, die anderen schaden. Und nicht nur gemeinsam, sagten sie,
sind diese, sondern auch gleich verteilt. Die Vorteile
und die Nachteile – so nenne ich ihre Euchrestemata
und Dyschrestemata – wollten sie gemeinsam, aber
nicht gleich verteilt sein lassen. Denn jene Dinge, die
nützen oder die schaden, sind entweder Güter oder
Übel, und diese müssen gleich verteilt sein. Vorteile
jedoch und Nachteile gehören in die Klasse der Dinge,
die wir vorgezogene und verworfene genannt haben;
diese können nicht gleich verteilt sein. Erfolge aber,
sagt man, sind gemeinsam; Rechtgetanes jedoch und
Sünden gelten nicht für gemeinsam.

70. Freundschaft, so bestimmen sie, müsse gesucht
werden, weil sie aus der Klasse dessen sei, was nützt.

Freilich behaupten einige, bei der Freundschaft sei dem Weisen die Rücksicht auf den Freund ebenso teuer wie die auf sich selbst, andere wieder, einem jeden sei seine eigene Rücksicht teurer, aber doch gestehen auch diese Letzteren, es sei der Gerechtigkeit, zu der wir doch geboren zu sein scheinen, fremd, einem anderen etwas zu entziehen, um es sich selbst zuzueignen. Auf keinen Fall jedoch findet es bei dem System, von dem ich spreche, Beifall, daß Gerechtigkeit oder Freundschaft um des Nutzens willen erstrebt oder gebilligt würden. Denn eben solcher Eigennutz wird sie wankend machen und zerstören können. Überhaupt wird es nämlich weder Gerechtigkeit noch Freundschaft geben können, wenn sie nicht um ihrer selbst willen erstrebt wird.

71. Das Recht aber, was man so nennen und ansprechen könne, das sei in der Natur gegründet, und es sei ferne von dem Weisen, nicht nur jemandem ein Unrecht zuzufügen, sondern auch zu schaden. Allerdings nicht recht ist es, sich mit Freunden oder um uns verdienten Männern in eine Verbindung oder Gemeinschaft zum Unrecht einzulassen, und nachdrücklichst und mit vollem Recht wird der Satz verteidigt, daß die Billigkeit vom Nutzen unzertrennlich sei, und daß alles, was recht und billig sei, auch sittlich gut, und umgekehrt, was sittlich gut, auch recht und billig sein werde.

72. Zu diesen Tugenden nun, von denen gehandelt ist, fügen die Stoiker noch die Dialektik und die Naturwissenschaft hinzu, und beide bezeichnen sie mit dem Namen Tugenden; die eine, weil sie die Art und Weise lehre, wie wir nie dem Falschen beistimmen noch jemals uns von verfänglichen Beweisen täuschen lassen und das, was wir über Gutes und Übles gelernt haben, festhalten und bewahren können. Denn ohne diese Kunst, glauben sie, könne jeder von der Wahrheit abgeleitet und getäuscht werden.

Mit Recht also ist, wenn in allen Dingen das leichtfertige Urteil und die Unwissenheit verwerflich sind, die Kunst, die dergleichen beseitigt, eine Tugend genannt worden.

73. Der Naturwissenschaft ist nicht ohne Grund die gleiche Ehre zuerteilt worden; denn wer im Einklang mit der Natur leben will, der muß ausgehen von dem gesamten Weltall und dessen Lenkung. Niemand kann aber auch über die Güter und Übel ein richtiges Urteil fällen, ohne daß er zuvor die gesamte Gesetzmäßigkeit der Natur und die Art und Weise des Lebens der Götter erkannt und erforscht hat, ob die Natur des Menschen mit der allweltlichen übereinstimmt oder nicht. Und was die alten Lehren der Weisen bedeuten, die da befehlen ›Gehorche der Zeit‹ und ›Folge dem Gott‹ und ›Erkenne dich selbst‹ und ›Überall Maß halten‹, welche Bedeutung diese Aussprüche haben – und sie haben eine sehr große –, kann ohne Naturwissenschaft niemand erkennen. Aber auch welchen Einfluß die Natur auf die Pflege der Gerechtigkeit, auf die Wahrung der Freundschaften und der anderen Verbindungen der Liebe habe, das kann allein diese Wissenschaft lehren. Ja, nicht einmal die Frömmigkeit gegen die Götter und wieviel Dank man ihnen schulde, läßt sich ohne Darlegung und Sinndeutung der Natur begreifen.

74. Doch jetzt merke ich, daß ich weiter gegangen bin, als es mein Plan verlangte. Aber die wunderbare Gestaltung des Lehrgebäudes und die unglaublich schöne Ordnung des Ganzen hat mich hingerissen. Bewunderst du sie – bei den unsterblichen Göttern! – denn nicht? Denn was kann entweder in der Natur, welche doch an Angemessenheit und Bestimmtheit alles übertrifft, oder in Werken aus Menschenhand so Zusammengefügtes und so organisch und fest Verbundenes sonst noch gefunden werden? Wo stimmte nicht darin das Spätere zu dem Früheren? Welche

Folgerung entspräche nicht dem Vordersatz? Ist nicht
eines mit dem anderen so verknüpft, daß, wenn man
auch nur einen Buchstaben bewegte, alles zusammenstürzen müßte? Und gewiß ist nichts da, woran man
rütteln könnte.

75. Wie ernst fürwahr, wie erhaben, wie in sich
gefestigt ist die Persönlichkeit des Weisen durchgeführt! Er ist, da ihn die Vernunft lehrt, daß das, was
sittlich gut sei, das einzige Gut sei, notwendig im-
merfort glücklich und besitzt in Wahrheit alle jene
Namen, die von den Unwissenden verlacht zu werden pflegen. Denn mit größerem Recht wird er ein
König heißen als Tarquinius, der weder sich noch
die Seinigen beherrschen konnte; mit größerem Recht
ein Meister des Volkes – denn das ist der Diktator –
als Sulla, der in drei verderblichen Lastern, der
Schwelgerei, der Habsucht und der Grausamkeit,
Meister war; mit größerem Recht ein Reicher als
Crassus, der, hätte er sich nicht bedürftig gefühlt,
niemals ohne alle Ursache zum Krieg den Euphrat
hätte überschreiten wollen. Mit Recht wird man sagen, alles sei Eigentum dessen, der allein alles zu gebrauchen versteht; mit Recht wird er auch schön ge-
heißen werden – denn in den Grundzügen der Seele
ist wahrere Schönheit als in denen des Körpers –; mit
Recht allein frei und weder der Herrschaft eines anderen gehorchend noch dienstbar seiner Begierde; mit
Recht unbesiegt, da seinem Geist, möchte man auch
seinen Leib binden, sich keine Fesseln anlegen lassen.

76. Und nicht braucht er auf die letzte Stunde seines
Lebens zu warten, um dann endlich beurteilt zu werden, ob er glücklich gewesen ist, wenn er den letzten
Tag des Lebens durch den Tod beschlossen hat, wie
es jener eine unter den Sieben Weisen nicht sehr
weise dem Kroisos in Erinnerung brachte. Denn wäre
er jemals glücklich gewesen, so hätte er sein glückliches Leben auch mit auf den von Kyros errichteten

Scheiterhaufen gebracht. Wenn dem so ist, daß niemand außer dem vorzüglichen Manne und daß jeder vorzügliche Mann glücklich ist, was haben wir dann mehr zu betreiben als die Philosophie, oder was muß göttlicher sein als die Vollkommenheit, die sittliche Persönlichkeit?«

VIERTES BUCH

1. Mit diesen Worten schloß Cato seinen Vortrag.
Ich aber erwiderte: »Wahrlich, Cato, wie hast du so
vieles* aus dem Gedächtnis, so Dunkles so lichtvoll
vorgetragen! Ich muß es also wohl entweder aufgeben, dir überhaupt etwas zu entgegnen, oder mir
erst Zeit zum Nachdenken nehmen; denn ein System,
das so sorgfältig, wenn auch nicht ganz richtig – denn
das wage ich noch nicht auszusprechen –, so doch mit
Genauigkeit nicht nur begründet, sondern auch auf-
gebaut ist, ein solches System vollständig aufzufassen, ist nicht leicht.«

»Meinst du?« antwortete jener. »Denkst du, daß
ich dir, den ich doch nach dem neuen Gesetze an dem
nämlichen Tag dem Ankläger antworten und drei
Stunden lang die Schlußrede halten sah, in dieser
Sache Vertagung zugestehen werde[1]? Und doch wirst
du hier eine Sache führen, die um nichts besser ist als
manche andere, mit der du zuweilen den Prozeß ge-
winnst. Daher greife diese auch nur an, zumal sie
von anderen wie von dir selbst schon oft behandelt
worden ist, so daß dir das Wort nirgends fehlen
kann.«

2. Darauf entgegnete ich: »Nein, fürwahr, ich pflege
nicht unvorbereitet gegen die Stoiker zu sprechen,
nicht als ob ich ihnen großen Beifall zollte, sondern
eine Art von Scham hindert mich; so vieles sagen sie,
was ich kaum verstehe.«

»Dunkel ist manches«, sagte er, »ich gebe es zu,

doch drücken sie es nicht absichtlich so aus, sondern es liegt in den Sachen selbst eine Dunkelheit.«

»Warum haben denn«, sagte ich, »die Peripatetiker, wenn sie von den nämlichen Dingen reden, kein einziges Wort, das man nicht versteht?«

»Von den nämlichen Dingen?« erwiderte er. »Oder habe ich nicht hinreichend dargelegt, daß sich die Stoiker von den Peripatetikern nicht in den Worten, sondern in der gesamten Lehre und der ganzen Sache unterscheiden?«

»Nun aber, mein Cato«, sagte ich, »wenn du das erhärten kannst, so magst du mich ganz auf deine Seite bringen.«

»Ich glaubte das genug dargelegt zu haben«, meinte er. »Drum über diesen Punkt zuerst, wenn es dir recht ist; willst du aber lieber vorher etwas anderes, so später.«

»Nein, nein; an seiner Stelle davon«, sagte ich, »wenn es keine unbillige Zumutung ist zu verlangen, daß du nach meinem Gutdünken antworten sollst.«

»Nach Belieben«, erwiderte er; »denn wäre auch jenes passender gewesen, so ist es doch billig, einem jeden dies freizustellen.«

3. »Nach meinem Dafürhalten, lieber Cato«, hob ich an, »haben jene alten Zuhörer Platons, Speusippos[2], Aristoteles, Xenokrates[3], dann deren Schüler Polemon und Theophrast ein System von hinreichendem Umfang und Geschmack aufgestellt, so daß Zenon keine Ursache hatte, da er den Unterricht des Polemon genossen, von diesem und den Früheren abzufallen. Ihre Bestimmungen aber waren folgende. Dabei bitte ich, daß du, wo du eine Änderung wünschest, darüber deine Bemerkungen machen und nicht warten mögest, bis ich auf alles antworte, was du gesagt hast; denn ich glaube, das ganze System jener Philosophie gegen das ganze der euren kämpfen lassen zu müssen.

4. Da sie nämlich erkannten, wir seien so geboren, daß wir gemeinschaftlich zu denjenigen Tugenden befähigt sind, welche bekannt sind und in die Augen springen, ich meine die Gerechtigkeit, die Mäßigung und die anderen dieser Gattung – welche alle den übrigen Künsten ähnlich sind und sich von ihnen nur dem Stoffe nach in Bezug auf den edleren Gehalt und in der Behandlungsart unterscheiden –, und da sie ferner erkannten, daß wir eben jenen Tugenden mit rühmlicherem und brennenderem Eifer nachstrebten, daß wir auch eine gewissermaßen eingepflanzte oder besser eingeborene Begierde nach Wissen hätten und geboren seien zur Gemeinschaft mit Menschen und zur Gesellschaft und gemeinschaftlichen Verbindung des Menschengeschlechtes, und daß diese Anlage bei den größten Geistern am deutlichsten in Erscheinung trete, so haben sie die ganze Philosophie in drei Teile eingeteilt, und diese Einteilung finden wir auch von Zenon beibehalten.

5. Da ein Teil davon der ist, durch den der Charakter gebildet werden soll, so spare ich diesen Abschnitt, der gleichsam die Wurzel unserer Frage ist, für später auf. Denn was das höchste Gut sei, davon bald; an dieser Stelle will ich nur sagen, daß von den alten Peripatetikern und Akademikern, welche in der Sache einig, nur in den Worten voneinander abwichen, jene Lehre, die wir wohl mit Recht die staatliche nennen wollen – die Griechen sagen Politikon –, ernst und ausführlich behandelt worden ist.

Wie viel haben sie über den Staat geschrieben, wie viel über die Gesetze! Nicht allein wie viele Vorschriften in ihren theoretischen Werken, sondern auch Muster eines guten Vortrags in den Reden haben sie hinterlassen! Denn erstens haben sie eben das, worüber mit Genauigkeit Erörterungen anzustellen waren, mit Feinheit und Geschmack dargestellt, bald Begriffe bestimmend, bald einteilend, wie auch eure

Schule; aber ihr macht es etwas zu trocken, während
ihre Rede gleichsam zierlich schimmert. 6. Zweitens,
wo der Gegenstand einen ausgeschmückten und würdigen Vortrag verlangte, mit welcher Größe des Ausdrucks haben sie es vorgetragen! Wie glänzend
sprechen sie von Gerechtigkeit, Selbstbeherrschung,
Tapferkeit, Freundschaft, vom Lebenswandel, von
Philosophie, von der Teilnahme an Staatsgeschäften,
keineswegs nach Art der Leute, welche Dornen aus-
reißen, wie die Stoiker, auch nicht wie diejenigen, die
das Fleisch vom Knochen schaben, sondern wie Männer, die Bedeutendes mit rednerischem Schmuck,
Geringes mit Deutlichkeit sagen wollen. Welche
Kraft liegt daher in ihren Trostschreiben, in ihren
Ermahnungen, in ihren Warnungen und Ratschlä-
gen, die sie an die bedeutendsten Männer richteten!
Es war nämlich bei ihnen, wie es in der Natur der
Gegenstände liegt, die Übung im Reden doppelter
Art. Denn alles, was man untersucht, enthält ent-
weder über eine allgemeine Bestimmung, ohne
Rücksicht auf Personen und Verhältnisse, oder mit
Berücksichtigung der letzteren eine Streitfrage bald
über eine Tatsache, bald über ein Recht oder eine
Verpflichtung. Daher übten sie sich in beiden Arten,
und diese Methode brachte ihnen eben einen so großen Reichtum des Ausdrucks in beiden Arten des
Vortrags. 7. Diesen ganzen Zweig des Wissens haben
Zenon und seine Anhänger entweder aus Unvermö-
gen oder absichtlich liegen lassen. Zwar hat Kleanthes
eine Rhetorik, ebenso Chrysippos, aber so, daß, wenn
einer stumm zu werden wünschte, er nur diese lesen
müßte. So siehst du denn, wie sie sprechen. Sie bilden
neue Worte, die üblichen geben sie auf.

Aber was für Dinge wagen sie! Diese ganze Welt
sei unsere Stadt! Du siehst, wie seine Zuhörer begeistert werden. Bedenke einmal, für was für eine
Sache du eintrittst: ein Einwohner von Circeji[4] soll

sich einbilden, daß die ganze Welt sein Städtchen sei?

Wie? Ein solcher soll begeistern? Auslöschen wird er allzu schnell die Flamme, wenn er einen Feuerkopf trifft. Selbst das, was du kurz erwähnt hast: ein König, ein Diktator, ein Reicher sei der Weise allein, war zwar passend und rund gesagt. Denn du kommst ja aus der Schule der Rhetoren. Aber euerer Meister Worte, wie dürftig klingen sie, wenn sie von dem Wert der Tugend reden! Von der Tugend, die doch so mächtig sein soll, daß sie durch sich selbst glücklich machen kann. Wie mit Nadelspitzen stechen sie mit ihren spitzigen Fragen; selbst wer ihnen beistimmt, wird innerlich nicht verändert und geht so, wie er gekommen war. Denn die Dinge, die vielleicht wahr, die jedenfalls wichtig sind, behandeln sie nicht so, wie es sein sollte, sondern viel zu kleinlich.

8. Es folgt nun die Lehre von der begriffsmäßigen Darlegung im Vortrag und von der Erkenntnis der Natur. Denn die Frage über das höchste Gut wollen wir, wie gesagt, nachher untersuchen und dem Aufrollen dieses Gegenstandes unsere ganze wissenschaftliche Untersuchung widmen. In diesen beiden Abschnitten also fand sich nichts, was Zenon zu verändern Neigung gehabt hätte. Denn die Gegenstände sind trefflich behandelt, und zwar in beiden Abschnitten. Denn was ist von den Alten von dem, was zur Kunst des Vortrags gehört, übergangen? Haben sie doch das meiste definiert und zugleich Regeln der Definition hinterlassen; und was mit der Begriffsbestimmung verbunden ist, nämlich die Einteilung, dies wenden sie an und lehren die richtige Art der Anwendung. Ebenso handeln sie von den entgegengesetzten Begriffen, von denen sie auf Gattungen und Arten in den Gattungen gekommen sind. Ferner bestimmen sie für die Hauptsache eines vernunftmäßig geschlossenen Beweises ein, wie sie es nennen, an sich

Einleuchtendes; dann gehen sie folgerichtig weiter; der letzte Schluß enthält endlich die aus den früheren Sätzen gefolgerte Wahrheit. 9. Wie sehr unterscheiden sich aber ihre mannigfaltigen vernunftgemäß schließenden Beweise von euren verfänglichen Fragen! Was soll man dazu sagen, daß sie an mehreren Stellen gleichsam feierlich aussprechen, daß wir weder die Glaubwürdigkeit der Sinne ohne Vernunft noch die Glaubwürdigkeit der Vernunft ohne die Sinne suchen und keines von dem anderen trennen sollen? Und was die Dialektiker jetzt mitteilen und lehren, sind das nicht ihre Anordnungen und Erfindungen? Zwar hat Chrysipp auf diesem Gebiete vieles bearbeitet, aber doch Zenon weit weniger als die Älteren; von diesem aber ist einiges nicht besser als von den Vorgängern gemacht, manches völlig übergangen.

10. Wenn es ferner zwei Künste sind, durch welche die Beweisführung und die Darstellung ein vollendetes Ganzes wird, nämlich die Kunst der Erfindung und die des Vortrags, so haben die letzteren sowohl die Stoiker als die Peripatetiker gelehrt, die erstere die Peripatetiker ganz vortrefflich, die Stoiker haben sie nicht einmal berührt. Denn aus welchen Quellen man, wie aus Schatzhäusern, die Beweise herholen könnte, dies hat eure Schule nicht einmal geahnt, die früheren Philosophen aber haben es kunstgerecht und methodisch vorgetragen. Dies hat die Wirkung, daß man nicht über dieselben Dinge gleichsam immer wieder die alte Schulleier abzusingen noch je von seinem Entwurfe abzugehen braucht. Denn wer weiß, wo jedesmal der einzelne Fall begründet ist und auf welchem Wege man dahin kommt, der wird auch das Verdecktere ans Licht ziehen und während des ganzen Vortrags er selbst bleiben können. Zwar erreichen einige Männer von besonders großem Talent diese Fülle der Beredsamkeit ohne bewußte Methode,

doch ist die Kunst eine sicherere Führerin als die Natur. Denn etwas anderes ist es, nach Art der Dichter die Worte hinzusprudeln, etwas anderes, mit Kunst und System das zu ordnen, was man sagt.

11. Ähnliches läßt sich von der Erklärung der Natur sagen, wie sie von jenen und von eurer Schule in Anwendung gebracht wird; nicht aber nur, wie es dem Epikur beliebt, um der zwei Gründe willen, damit die Furcht vor dem Tode und die Furcht des Aberglaubens verscheucht werde; vielmehr bringt die Erkenntnis der himmlischen Dinge auch eine gewisse Selbstbescheidung für diejenigen, welche begreifen, in wie hohem Grade auch bei den Göttern Maß und Ordnung ist, und eine Erhabenheit der Seele, wenn sie die Werke und Taten der Götter sehen; sie bringt auch Gerechtigkeit, wenn man die Erkenntnis gewonnen hat, was der Wink, was der Ratschluß, was der Wille des höchsten Lenkers und Herrn ist; und seine Vernunft, angewandt auf die Natur, wird von den Philosophen jenes wahre und höchste Gesetz genannt.

12. Eben dieses Studium der Natur birgt in sich eine nie gesättigte Freude bei der Erkenntnis der Dinge; in ihm allein können wir nach Verrichtung der Berufsgeschäfte in Stunden der Muße ein wertvolles und eines freien Mannes würdiges Leben führen. So sind nun die Stoiker in dieser ganzen Lehre im wesentlichen jenen Älteren gefolgt, dergestalt, daß sie lehrten, es gebe Götter, und alles bestehe aus vier Grundstoffen. Als es sich aber um eine sehr schwierige Frage handelte, ob man auch noch einen fünften Grundstoff annehmen solle, aus welchem Vernunft und Verstand entspringe, und man dabei zugleich die Frage aufwarf, was für eine Beschaffenheit die Seelen hätten, so erklärte Zenon, das sei das Feuer; in einigen Punkten stellte er sodann abweichende Behauptungen auf, aber deren sind wenige. Über die Hauptsache indes sagt er, wie jene, daß durch einen

göttlichen Geist und durch eine göttliche Natur die
gesamte Welt und ihre wichtigsten Teile regiert werden. Den Stoff aber und Vorrat an Gegenständen der
Naturwissenschaft werden wir bei den Stoikern dürftig, bei den Peripatetikern dagegen in Fülle antref-
fen.   13. Wie vieles ist von diesen untersucht und
gesammelt über das Geschlecht, die Entstehung, die
Glieder, die Lebensdauer sämtlicher Tiere! Wie viel
über die Erzeugnisse in der Erde! Wie viele Ursachen und Beschreibungen von den verschiedenen Dingen, warum und wie jedes entsteht! Aus diesem ganzen Vorrat werden dann die meisten und sichersten Gründe zur Erklärung eines jeden Dinges genommen. Bis hierher scheint daher, soweit ich wenigstens sehe, noch kein Grund gewesen zu sein, den
Namen zu ändern. Denn wenn sich Zenon auch nicht
zu allen einzelnen Sätzen bekannte, so war er darum
keineswegs weniger von dort ausgegangen. Ich für
mein Teil halte auch den Epikur, wenigstens in der
Physik, für einen Anhänger des Demokritos. Wenig
ändert er, und laß es auch mehr sein; er sagt ja doch
wie über die meisten Gegenstände so besonders über
die wichtigsten das Gleiche. Wenn eure Schule das
nämliche tut, so erweist sie dennoch den Erfindern
wenig Dank.

    14. Doch genug davon. Jetzt laß uns doch sehen,
was eure Schule denn Neues gebracht hat über das
höchste Gut, das die Grundlage der Philosophie ist,
was sie bestimmt, sich von den Erfindern, gleichsam
den Eltern, zu trennen. So will auch ich denn hier,
wiewohl es von dir, mein Cato, gründlich auseinandergesetzt ist, dieses höchste Gut, die Grundlage der
Philosophie, was die Stoiker und auch in welcher Beziehung sie es so genannt haben, es dennoch darstellen, damit wir, wo möglich, erkennen, was von Zenon
Neues vorgebracht ist. Da nämlich die Früheren, und
unter ihnen Polemon am deutlichsten, gesagt hatten,

der Natur gemäß leben sei das höchste Gut, so erklären die Stoiker, dieser Ausdruck habe dreierlei
Bedeutung, und zwar erstlich, daß man im Leben
eine Kenntnis alles dessen, was der Natur gemäß geschehe, anwende. Dieses, sagt man, sei das höchste
Gut des Zenon und er erkläre das, was du ›der Natur gemäß leben‹ nanntest. 15. Zweitens werde damit das nämliche bezeichnet, wie wenn man sagte:
mit Erfüllung aller oder der meisten mittleren Pflichten leben. Dieser Satz, so erläutert, stimmt nicht mit
dem Vorhergehenden überein. Denn jenes Rechte —
wie du Katorthoma übersetztest — wird einzig dem
Weisen zuteil, dies Letztere aber gehört zu einer an-
gefangenen und nicht vollkommenen Pflicht, und das
kann sich auch bei einigen Toren finden. Drittens aber
kann es auch heißen: im Genuß aller oder doch der
vorzüglichsten naturgemäßen Güter leben. Das liegt
nicht im Bereich unserer Macht. Denn vollständig
wird es verwirklicht einerseits durch diejenige Lebensweise, die durch die Vollkommenheit bedingt
wird, andererseits durch Dinge, die zwar der Natur
gemäß sind, die aber nicht in unserer Gewalt stehen.
Doch dies höchste Gut, wie es in der dritten Bedeutung verstanden wird, und ein Lebenswandel, geführt im Hinblick auf das höchste Gut, können nur
bei dem Weisen angetroffen werden; und dieses Ziel
des Guten ist, wie wir von den Stoikern selbst geschrieben finden, von Xenokrates und Aristoteles
bestimmt worden.

Daher wird von ihnen jener erste Zustand der Natur, mit dem auch du anfingst, ungefähr mit folgenden Worten entwickelt:

16. Jedes Wesen will sich selbst erhalten, um
einerseits unversehrt zu bleiben, andererseits sich in
seiner Gattung zu erhalten. Zu diesem Zwecke, sagen
sie, hat man auch ›Künste‹ haben wollen, welche die
Natur unterstützen sollten; hierzu gehören in erster

Linie die Kunst zu leben, die Kunst, zu bewahren,
was von der Natur gegeben ist, zu erwerben, was
fehlt. Zugleich haben sie die Natur des Menschen in
Seele und Leib geteilt. Und da sie sagten, daß von
diesen jedes für sich erstrebenswert sei, so erklärten
sie auch, daß die Vorzüge beider an sich erstrebenswert seien; da sie aber die Seele um eine geradezu
grenzenlose Preiswürdigkeit vor dem Körper erhoben, erhoben sie auch die Vollkommenheiten, die Tugenden der Seele vor allen Vorzügen, den Gütern des
Körpers.

17. Aber da sie erklärten, die Weisheit sei des
ganzen Menschen Wächterin und Verwalterin, die
der Natur Begleiterin und Helferin sein müsse, so
bestimmten sie als das Amt der Weisheit, den
Menschen zu beschützen, der aus Seele und Leib bestehe, in beider Beziehung ihm zu helfen und ihn in
seinem Bestand zu erhalten. Und nach dieser einfachen, vorläufigen Aufstellung behaupteten sie, im
Weitergang gründlich eindringend, daß die Güter
des Körpers eine leichte Bestimmbarkeit haben; über
die Güter der Seele untersuchten sie dann ausführlicher und fanden vor allem, daß in diesen die Keime
der Gerechtigkeit liegen, und als erste von allen Philosophen lehrten sie, es sei in der Natur gegründet,
daß die Erzeugten von den Erzeugern geliebt würden
und, was der Zeitordnung nach das Frühere ist, daß
man die ehelichen Bande der Männer und Frauen
von der Natur geknüpft nannte und daß derselben
Wurzel die Freundschaften unter den Verwandten
entwuchsen. Und von diesen Anfängen ausgehend,
verfolgten sie aller Tugenden Ursprung und Wachstum. Daraus entstand ihnen auch die Seelengröße,
durch die man leicht gegen das Schicksal ankämpfen
und ihm entgegentreten könne, weil ja die wichtigsten Dinge in der Gewalt des Weisen stünden. Die
Wechselfälle aber und Widerwärtigkeiten des Schick-

sals überwand ein nach den Lehren der alten Philosophen gestaltetes Leben leicht.   18. Waren so die ersten Güter von der Natur gegeben, so wurden gewisse Erweiterungen von Gütern angeregt, die zum Teil durch das Nachdenken über mehr verborgene Dinge zustande kamen, weil dem Geiste die Liebe zur Erkenntnis eingepflanzt war, woraus sich auch die Begierde, Vernunftsgründe darzulegen und begriffsmäßig zu entwickeln, ergab; und weil dieses Lebewesen allein geboren ist teilhaftig des Schamgefühls und des Gefühls für Ehrfurcht, verlangend nach der Verbindung mit Menschen zur Geselligkeit, in all seinen Taten und Reden darauf bedacht, daß nichts von ihm geschehe, was nicht sittlich gut und schicklich wäre, von diesen naturgegebenen Anfängen, wie gesagt, und Keimen hat sich die Mäßigung, die Selbstbescheidung, die Gerechtigkeit und die ganze sittliche Schönheit zur Vollkommenheit entwickelt.

19. Hier hast du«, sagte ich, »mein Cato, eine Übersicht über die Lehre der Philosophen, von denen ich spreche. Und nach dieser Darlegung bin ich doch neugierig, zu wissen, welchen Grund Zenon gehabt hat, dieser alten Konzeption untreu zu werden, und was denn davon seinen Beifall nicht gefunden hat. Etwa der Satz, daß jedes Wesen sich selbst behaupten wolle; oder daß jedes Lebewesen sich selbst anempfohlen sei, damit es zugleich in seiner Gattung gesund und unversehrt zu bleiben bemüht sei; oder daß, da das Ziel aller Künste dies sei, daß eingerichtet werde, was den Forderungen der Natur am angemessensten sei, dies eben auch von der Kunst des ganzen Lebens gelten müsse; oder daß, da wir aus Seele und Leib bestehen, sowohl eben diese Teile wie auch ihre Vervollkommnung an sich begehrenswert seien. Oder hat ihm etwa mißfallen, daß man den geistigen Vollkommenheiten einen so großen Vorzug zuerkannte? Oder was über die Klugheit, über die Erkenntnis der

Dinge, über die Verbindung des Menschengeschlechts und was von den nämlichen Männern über die Mäßigung, über die Selbstbescheidung, über die Seelengröße, über die sittliche Schönheit überhaupt gesagt wird? Die Stoiker werden bekennen müssen, daß dies alles ganz vortrefflich gesagt sei und daß dies für Zenon nicht der Grund zu seinem Abfall gewesen sei.

20. Sie werden, glaube ich, einiges andere anführen: die Alten hätten große Fehler gemacht, die jener in seinem Eifer für die Erforschung der Wahrheit auf keine Weise habe ertragen können. Denn was sei verkehrter, was unerträglicher, was törichter als Gesundheit, als gänzliche Schmerzlosigkeit, als gesunde Augen und Sinne überhaupt unter die Güter zu rechnen, statt zu sagen, daß zwischen diesen Dingen und ihrem Gegenteil überhaupt kein Unterschied sei? Denn all das, was jene Güter nennen, seien bevorzugte Dinge, aber keine Güter; ebenso hätten auch die Alten Dinge, die im Bereich des Körperlichen ausgezeichnet seien, törichter Weise als an sich erstrebenswert bezeichnet, während sie vielmehr annehmenswert, aber nicht erstrebenswert seien. Das gleiche gelte überhaupt von dem Leben, das in der Vollkommenheit allein seinen Bestand habe; auch sei dasjenige Leben, das noch an anderen naturgemäßen Dingen Überfluß habe, darum nicht etwa erstrebenswerter, sondern annehmenswerter. Und mache auch die Vollkommenheit unmittelbar das Leben so glücklich, daß es nicht glücklicher sein könne, so fehle doch den Weisen noch einiges, selbst in dem Zustand ihrer höchsten Glückseligkeit; und deshalb seien sie darauf bedacht, Schmerzen, Krankheiten, Gebrechen von sich fern zu halten.

21. Welch große Geisteskraft, welche Berechtigung, eine neue Schule zu gründen! Fahre nur fort! Folgen werden die Sätze, die du so kundig zusammengefaßt

hast, daß aller Menschen Torheit und Ungerechtigkeit und andere Laster ähnlich und alle Sünde gleich
sei und daß diejenigen, welche durch Natur und Wissenschaft auf dem Wege zur Vollkommenheit weit
vorgeschritten sind, im höchsten Grade unglücklich
seien, wenn sie sie nicht ganz erreicht hätten, und daß
zwischen ihrem Leben und dem der ruchlosesten Menschen überhaupt kein Unterschied sei, so daß also der
große Platon, falls er nicht weise gewesen sein sollte,
um nichts besser als der gemeinste Schurke, um nichts
glücklicher gelebt habe! Das ist also die Verbesserung
und Berichtigung der alten Philosophie, eine, die nimmermehr Eingang finden kann in die Stadt, auf den
Markt, in die Kurie. Denn wer würde es sich gefallen
lassen, daß einer, der sich für einen Führer zu einem
sittlich ernsten und weisen Leben ausgäbe, so redete
und die Namen der Dinge veränderte, und, während
er dasselbe wie alle anderen meint, Dingen, denen
er dieselbe Bedeutung beilegt, neue Namen gäbe, nur
die Worte änderte, von den Vorstellungen aber in
keiner Hinsicht abwiche? 22. Würde er nicht als Anwalt, wenn er für seinen Klienten spräche, am Schluß
seiner Rede erklären, die Verbannung und die Ein-
ziehung der Güter sei kein Übel? Dergleichen sei
Verwerfliches, aber nicht zu Fliehendes? Auch dürfe
der Richter nicht mitleidig sein? Gesetzt aber, er
spräche in der Volksversammlung, wenn Hannibal
bis an die Tore gekommen wäre und schon seinen
Speer über die Mauer geworfen hätte: könnte er da
behaupten, es gehöre nicht zu den Übeln, gefangen,
verkauft, getötet zu werden, sein Vaterland zu verlieren? Oder wenn der Senat für Africanus den
Triumph beschlösse, könnte er da sagen: ›weil durch
seine Tapferkeit‹ oder ›weil durch sein Glück‹ und
so weiter, wenn weder von Tapferkeit noch von
Glück bei irgend jemandem, außer bei dem Weisen,
in Wahrheit die Rede sein kann? Was ist denn also

das für eine Philosophie, die auf dem Forum nach
gemeiner Weise, in ihren Heften aber nach ihrer eigenen sich ausdrückt? Zumal da an dem, was jene mit
ihren eigentümlichen Worten bezeichnen, nichts geändert wird, wenn derselbe Inhalt bleibt bei ver-
änderter Form? 23. Denn was liegt denn daran, ob
du Reichtum, Macht, Gesundheit Güter nennst oder
Vorgezogenes, wenn der, welcher sie Güter nennt,
ihnen keinen höheren Wert beilegt als du, der du die
gleichen Dinge Vorzugsdinge nennst? Daher hat auch
Panaitios, ein besonders edler und ehrwürdiger Mann,
der jener Freundschaft mit Scipio und Laelius würdig
war, in seinem Schreiben an Quintus Tubero[5] über
das Ertragen des Schmerzes nirgends behauptet, daß
dieser kein Übel sei – was, wenn es zu beweisen
wäre, die Hauptsache hätte sein müssen –, sondern er
hat nur gezeigt, was er sei, von welcher Beschaffenheit, und wieviel Fremdartiges dabei sei, endlich auf
welche Weise man ihn ertragen müsse. Durch dieses
Mannes Ansicht – denn er war Stoiker – ist, wie mir
scheinen will, jener unmenschlichen Art, sich auszudrücken, das Verdammungsurteil gesprochen.

24. Jedoch um näher an das, mein Cato, heranzu-
kommen, was von dir geäußert worden ist, so laß uns
ein wenig eindringlicher verfahren und das, was du
bisher vorgebracht hast, mit dem vergleichen, was ich
deinen Lehren vorziehe. Was ihr also mit den Alten
gemein habt, wollen wir als zugegeben ansehen; was
noch zwischen euch strittig ist, darüber laß uns, wenn
es dir gefällt, eine Erörterung anstellen.«

»Mir«, antwortete er, »ist es allerdings recht, genauer und, wie du es nennst, eindringlicher zu verfahren. Denn was du bisher vorgebracht hast, sind
Gemeinplätze; ich aber erwarte von dir etwas Ge-
wählteres.«

»Von mir«, sagte ich, »du? – Jedoch will ich mich
bemühen, und wenn mir nicht eben genug Feines vor

die Seele tritt, so will ich jene Gemeinplätze nicht
vermeiden.

25. Aber von der Voraussetzung wollen wir ausgehen, daß wir uns selbst anempfohlen sind und daß
wir diesen Trieb von der Natur als ersten in uns haben, uns selbst zu erhalten. Darin sind wir einig. Nun
folgt, daß wir beachten, wer wir selbst sind, damit
wir uns so, wie wir sein müssen, erhalten. Wir sind
also Menschen. Aus Seele und Leib bestehen wir, und
jeder Teil ist von besonderer Beschaffenheit, und wir
müssen, wie es der erste natürliche Trieb fordert,
diese lieben und nach ihnen jenes Ziel des höchsten
und letzten Gutes bestimmen. Dieses nun müssen wir,
wenn das Erste wahr ist, so bestimmen: von dem, was
der Natur gemäß ist, werde möglichst Vieles und
möglichst Großes gewonnen. 26. Dies Ziel also haben jene festgehalten, und was ich mit mehreren
Worten ausdrückte, nannten jene kürzer das naturgemäße Leben; dies ist nach ihrer Ansicht das höchste Gut.

Wohlan, jetzt sollen jene zeigen, oder du vielmehr
– denn wer könnte es besser? –, wie ihr, von eben diesen Grundsätzen ausgehend, die Folgerung ableiten
könnt, das sittlich gute Leben – denn das ist entweder
aus der Vollkommenheit oder in Übereinstimmung
mit der Natur leben – sei das höchste Gut, und wie
oder wo ihr euch von dem Körper losgemacht habt
und von all dem, was zwar der Natur gemäß, aber
außer unserer Gewalt liegt, ja sogar von der Pflicht.
Ich frage also, wie dies alles, was seitens der Natur
so kräftig anempfohlen wurde, so plötzlich von der
Weisheit verlassen worden ist. 27. Selbst wenn wir
nicht nach dem höchsten Gut für den Menschen frag-
ten, sondern für ein anderes Wesen, das nichts als
Geist wäre – es möge uns erlaubt sein, einmal so etwas anzunehmen, um die Wahrheit um so leichter zu
finden –, so besäße doch jener Geist nicht dieses euer

höchstes Gut. Er würde nämlich Gesundheit, Schmerzlosigkeit vermissen, anstreben würde auch er seine
Erhaltung und die Bewahrung dieser Zustände und
würde es sich als Ziel setzen, seiner Natur gemäß zu
leben, das heißt, wie gesagt, das zu haben, was der
Natur gemäß ist, entweder alles oder das meiste und
wichtigste. 28. Denn wie auch immer ein Wesen,
das du dir vorstellst, beschaffen sein mag, so müssen
doch, wenn es auch unkörperlich ist, wie wir es uns
denken wollen, gewisse geistige Eigenschaften vorhanden sein, die den körperlichen ähnlich sind, so
daß also das höchste Gut auf keine Weise anders, als
ich es entwickelt habe, bestimmt werden kann. Chrysippos aber sagt an einer Stelle, wo er die Verschie-
denheiten der Wesen auseinandersetzt, daß die einen
von ihnen durch den Körper, andere durch den Geist
ausgezeichnet seien, einige in beider Beziehung; dann
stellt er die Untersuchung an, was für jede besondere
Gattung der Wesen als höchstes Gut aufgestellt werden müsse. Nachdem er aber den Menschen zu der
Gattung gezählt hatte, welcher er den Geist als das
Vorzüglichste beimißt, so bestimmte er doch als höchstes Gut nicht, daß der Mensch vorzugsweise, sondern
ausschließlich Geist sein müsse.

Nur in einem einzigen Falle könnte man in die
Tugend und Vollkommenheit allein das höchste Gut
mit Recht setzen, wenn es nämlich ein Wesen gäbe,
das ganz aus Geist bestünde, und selbst dann nur so,
daß dieser Geist nichts in sich hätte, was seiner Natur
gemäß wäre, wie z. B. die Gesundheit. 29. Aber dies
läßt sich ohne einen inneren Widerspruch nicht einmal denken.

Wenn er aber behauptet, manches werde verdunkelt und nicht sichtbar, weil es sehr geringfügig sei,
so stimmen auch wir dem bei; so sagt Epikur auch
von der Lust, daß die geringfügigste oft verdunkelt
und überdeckt würde. Aber in diese Gruppe gehören

nicht die so wesentlichen, so lange Zeit dauernden und so zahlreichen Annehmlichkeiten des Körpers. Daher geschieht es da, wo der Geringfügigkeit wegen ein Übersehen stattfindet, oft, daß wir eingestehen müssen, es sei uns nichts daran gelegen, ob sie vorhanden sind oder nicht; wie nach dem Beispiel, das du vorbrachtest, im Sonnenschein eine Laterne, im Schatze des Kroisos das Hinzulegen eines Pfennigs nichts ausmacht. 30. In Fällen aber, wo eine solche Verdunkelung nicht stattfindet, kann doch gerade das, was etwas ausmacht, nicht sonderlich wichtig sein. Wenn z. B. jemand zehn Jahre hindurch ein angenehmes Leben geführt hat, so ist der Zusatz eines Monats mit einem ebenso angenehmen Leben etwas Gutes, weil die Zugabe zum Angenehmen einige Bedeutung hat; würde aber dergleichen nicht bewilligt, so hört darum nicht sofort das glückliche Leben auf. Güter des Leibes aber sind diesem letzteren Falle ziemlich ähnlich. Sie enthalten nämlich eine Zugabe, die unserer Mühe wert ist, so daß mir die Stoiker manchmal zu scherzen scheinen, wenn sie sagen, daß, wenn man zu einem tugendhaft geführten Leben ein Salbfläschchen oder einen Rückenkratzer empfinge, der Weise ein Leben mit solcher Zugabe zwar lieber annähme, aber darum doch nicht glücklicher wäre. 31. Ist das denn ein Gleichnis? Sollte man es nicht eher mit Gelächter als mit Widerlegen abtun? Denn ob ein Salbfläschchen dabei ist oder nicht – wird der nicht mit Recht ausgelacht, der sich darum Mühe gibt? Wer dagegen einen anderen von Erschlaffung der Glieder und von Schmerzensqual befreit, der dürfte sich einen großen Dank erwerben; ja, jener Weise selbst, den des Tyrannen Befehl zur Marterbank zu gehen zwingt, dürfte nicht dieselbe Miene haben, wie wenn er sein Salbfläschchen verloren hätte, sondern würde, wie zu einem großen und schweren Kampfe gehend, da er seinen Todfeind, den Schmerz, sich

gegenüber sieht, alle Gründe zur Tapferkeit und zum
Ausharren in sich wach rufen, um unter ihrem Geleit
in jenen, wie gesagt, schweren und großen Kampf zu
gehen. Ferner ist hier auch nicht die Frage, was im
Dunkel sich verliere oder untergehe, weil es ja so gar
geringfügig sei, sondern was so beschaffen sei, daß
es die Summe voll mache. Eine Lust unter vielen verliert sich allerdings in einem so wollüstigen Leben,
aber dennoch macht sie, so klein sie ist, einen Teil des
Lebens aus, welches sich auf Wollust stützt. Ein Geld-
stück verliert sich allerdings im Reichtum des Kroisos,
und doch ist es ein Teil dieses Reichtums. Möge daher
auch das, was wir das Naturgemäße nennen, in dem
glücklichen Leben verdunkelt werden, ein Teil des
glücklichen Lebens bleibt es auf jeden Fall.

32. Nun muß man aber doch, wenn es, worüber
wir einig sein müssen, einen natürlichen Trieb gibt,
welcher nach dem Naturgemäßen zielt, ihn in Rech-
nung setzen. Erst wenn dies festgesetzt worden ist,
dann wird uns auch eine Untersuchung in Muße über
die Wichtigkeit der einzelnen Dinge freistehen, über
ihre Vortrefflichkeit und welchen Einfluß sie auf das
glückliche Leben haben, oder auch über jene Ver-
dunkelungen solcher Dinge selbst, welche wegen ihrer
Geringfügigkeit kaum oder gar nicht in die Waag-
schale fallen. Doch wozu das, wo hierüber gar keine
Meinungsverschiedenheit besteht? Denn es kann
wohl niemand anders behaupten, als daß allem Natürlichen dasjenige entsprechend ist, worauf alle
Dinge sich beziehen; jenes aber ist das Höchste und
Letzte unter dem Begehrenswerten.

Denn jedes Wesen liebt sich selbst. Welches gäbe
nämlich jemals sich oder einen Teil seiner selbst oder
das Verhalten oder die Brauchbarkeit dieses Teiles
preis oder die Bewegung oder die Ruhe irgendeines
der naturgemäßen Dinge? Welches Wesen hat seine
ursprüngliche Artung vergessen? In der Tat, es

gibt keines, das nicht seine Kraft behalten wollte vom ersten bis zum letzten Augenblicke. Wie kam es nun, daß die Menschennatur es allein sein sollte, die den Menschen aufgäbe, die ihres Leibes vergäße, die das höchste Gut nicht in dem ganzen Menschen, sondern nur in einem Teil des Menschen sähe? Und wie soll man, was die Stoiker ja doch auch zugeben und was allgemein angenommen ist, den Satz festhalten, daß jenes Letzte, worum es sich eben handelt, bei allen Naturen ein Ähnliches sei? Denn nur dann wäre dies der Fall, wenn auch bei den übrigen Naturen für eine jede dies das Letzte und Höchste wäre, was in jeder das Ausgezeichnetste wäre. Von solcher Beschaffenheit wäre in der Tat das höchste Gut der Stoiker.

34. Was trägst du also Bedenken, die Gesetze der Natur zu ändern? Denn warum sagst du, jedes Lebewesen sei von seiner Entstehung her angelegt auf Selbstliebe und mit seiner Erhaltung beschäftigt? Warum sagst du nicht lieber, jedes Geschöpf sei angelegt auf das, was in ihm das Beste ist und einzig mit dessen Erhaltung beschäftigt, und die übrigen Wesen seien nur um die Erhaltung dessen besorgt, was in jedem das Beste ist? Wie gibt es aber ein Bestes, wenn es außer ihm kein Gutes gibt? Wenn aber auch anderes erstrebenswert ist, warum folgert man dann nicht das Höchste alles Erstrebenswerten aus dem, was alle oder doch die meisten und vorzüglichsten verlangen? Phidias kann z. B. ein Standbild von vorn anfangen und dann vollenden, er kann aber auch ein von einem anderen begonnenes Werk übernehmen und ausführen; so verhält es sich auch mit der Weisheit; denn nicht sie selbst hat den Menschen hervorgebracht, sondern sie hat ihn von der Natur begonnen übernommen. Auf diese also das Auge gerichtet, muß sie das angefangene Werk, so wie jener seine Bildsäule, ausführen.

35. Wie hat nun die Natur des Menschen begon-

nen? Und welches ist die Aufgabe, welches das Werk
der Weisheit? Was ist es, was von ihr ausgeführt
und vollendet werden muß? Wenn nur eine gewisse
Bewegung des Geistes zu vollenden ist, mit anderen
Worten die Vernunft, so ist notwendigerweise ihr
Ziel, nach der Vollkommenheit das Leben zu ge-
stalten; denn die Vervollkommnung der Vernunft
ist Vollkommenheit; ist aber Vollendung nur auf den
Körper zu richten, so wird das Höchste sein: Gesund-
heit, Schmerzlosigkeit, Schönheit und dergleichen.
Jetzt können wir die Untersuchung über das höchste
Gut des Menschen beginnen.

36. Was zögern wir also zu fragen, was in seiner
ganzen Natur als Ziel gelten soll? Während nämlich
allgemein feststeht, daß die ganze Aufgabe und das
Amt der Weisheit in der Bildung des Menschen besteht, so stellen einige – glaube nicht, daß ich allein
die Stoiker meine – Ansichten auf, wonach das
höchste Gut in etwas außerhalb der Macht des Menschen verlegt wird, als ob sie von einem Ding ohne
Seele redeten; andere dagegen kümmern sich, als ob
der Mensch keinen Körper hätte, um nichts als um
die Seele, zumal doch auch die Seele selbst kein solches leeres, ich weiß nicht was für ein Etwas ist – denn
das kann ich mir nicht denken –, sondern in einer
bestimmten Weise auch der Körperlichkeit irgendwie
zugehörig ist, dergestalt, daß nicht einmal die Seele
mit der Tugend allein zufrieden ist, sondern noch die
Freiheit vom Schmerz verlangt. Beide also machen es
gerade so, wie wenn sie die linke Seite vernachlässig-
ten und nur die rechte beschützten, oder wenn sie, wie
Herillos es getan hat, sich das Erkenntnisvermögen
der Seele angelegen sein, ihr Handeln aber unbe-
rücksichtigt ließen. Denn die Lehre aller derer, die
vieles übergehen, während sie sich etwas aussuchen,
um es zum Ziel zu nehmen, ist, wenn man so sagen
darf, verstümmelt; dagegen ist die Ansicht derer

vollständig und vollendet, die. wenn es sich um des
Menschen höchstes Gut handelte, keinen Teil dessel-
ben weder seines Geistes noch seines Körpers ohne
Verteidigung gelassen haben.

37. Ihr aber, lieber Cato, pflegt, weil die Vollkommenheit nach unserer allgemeinen Überzeugung die
höchste und ausgezeichnetste Stelle im Menschen einnimmt, und weil wir die Weisen für vollkommen und
vollendet halten, die Schärfe unseres Geistes durch
den Glanz der Vollkommenheit zu blenden. Denn in
jedem Lebewesen gibt es ein Höchstes und Bestes, so
im Pferd, im Hund, und doch bedürfen sie der Freiheit vom Schmerz und wollen auch gesund sein; ebenso lobt man im Menschen jene Vervollkommnung,
besonders in dem, was sein Bestes ist, das ist in der
sittlichen Persönlichkeit, der Tugend. Daher scheint
ihr mir nicht hinreichend zu erwägen, wie der Weg
der Natur und ihre Entwicklung ist. Denn wenn sie
bei den Feldfrüchten, sobald aus dem Halm das Korn
gereift ist, diesen im Stich läßt und nicht weiter beachtet, so tut sie doch nicht das gleiche bei dem Menschen, wenn sie ihn zum vernunftgemäßen Verhalten
geleitet hat. Denn immer nimmt sie in der Weise
etwas Neues hinzu, daß sie das, was sie zuerst gegeben hat, nicht aufgibt.

38. So hat sie zu den Sinnen später die Vernunft
gefügt, und wenn auch die Vernunft entwickelt ist,
hat sie dennoch die Gefühle nicht verlassen. Wie z. B.
wenn die Pflege der Reben, deren Aufgabe es ist, zu
bewirken, daß der Weinstock mit allen seinen Teilen
in möglichst bestem Zustande sei – doch wir wollen
uns es so vorstellen, ist doch uns, wie auch ihr es zu
tun pflegt, eine Erdichtung zur Belehrung gestattet –:
wenn also jene Pflege der Reben in dem Weinstock
selbst enthalten wäre, so würde sie, glaube ich, das
andere, was zur Pflege des Weinstocks gehören wird,
so gut wie früher wollen, sich selbst aber wird sie

über alle Teile des Weinstocks stellen und geltend
machen, daß nichts in dem Weinstock vorzüglicher
sei als sie selbst. In ähnlicher Weise pflegt auch das
Gefühl, wenn es zur Natur hinzutritt, zwar jene zu
schützen, aber es schützt sich auch selbst; wenn aber
die Vernunft noch dazugekommen ist, so wird ihr
eine solche Herrschaft eingeräumt, daß alle jene ersten Triebe der Natur ihrer Obhut unterworfen werden. 39. Daher tritt sie nicht zurück von der Pflege
derjenigen, die sie als ihre Vorgesetzte das ganze
Leben regieren muß; ich kann mich daher über die
Inkonsequenz jener Philosophen nicht genug wundern. Daß nämlich ein natürlicher Trieb, den sie
Horme nennen, daß desgleichen das rechte Handeln,
ja die Vollkommenheit selbst den Schutz der Dinge
besorge, die der Natur gemäß sind, das wollen sie.
Sobald sie aber auf das höchste Gut übergehen wollen, überspringen sie alles und überlassen uns zwei
Aufgaben für eine, daß wir anderes annehmen, anderes begehren sollen, während sie vielmehr beides
in ein Ziel hätten zusammenfassen sollen.

40. Ihr behauptet aber freilich, die Vollkommenheit könne nicht fest gegründet werden, wenn das
außerhalb der Vollkommenheit Liegende auch zum
glücklichen Leben gehören solle. Allein dies ist
durchaus verkehrt. Denn die Vollkommenheit kann
man auf keine Weise einführen, wenn man nicht
alles, was sie erwählen und was sie verwerfen soll,
auf ein Höchstes bezieht. Wenn wir nämlich auf jene
Dinge überhaupt keine Rücksicht nehmen, so werden
wir in die Fehler und Irrtümer des Ariston verfallen
und werden vergessen, welche Grundsätze wir für
die Vollkommenheit aufgestellt haben; wollten wir
aber diese Dinge zwar nicht mißachten, aber sie doch
nicht auf das Ziel, das höchste Gut, beziehen, so werden wir nicht weit von des Herillos Leichtfertigkeit
entfernt bleiben. Für zwei Arten zu leben werden

wir dann doch Grundsätze fassen müssen. Führt jener
(Zenon) zwei voneinander gesonderte Güter auf,
welche hätten vereinigt werden müssen, wenn es damit seine Richtigkeit hätte; jetzt sind sie so geson-
dert, daß es getrennte Güter sind, und dies ist das
Allerverkehrteste. 41. Also ist es gerade das Gegenteil von dem, was ihr sagt; denn die Vollkommenheit kann auf keine andere Weise bestimmt werden,
als daß sie das, was die ersten Geschenke der Natur
sind, als zum Höchsten mit gehörig festhält. Sucht
man doch eine Vollkommenheit, welche die Natur
nicht im Stich läßt, sondern sie beschützt. Jene aber,
wie sie euch beliebt, beschützt nur einen gewissen
Teil und läßt das Übrige im Stich.

Und könnte die Einrichtung des menschlichen Wesens selbst sprechen, so würde sie sagen: ihre erste
Ahnung gleichsam vom Begehren sei gewesen, sich in
dem Zustande zu erhalten, in welchem sie geboren
wurde. Noch nicht genug aber war bisher entwickelt,
was eigentlich das Hauptstreben der Natur ist. Es
muß also entwickelt werden. Was also sollte man sich
anderes darunter denken, als daß kein Teil der Natur geringgeachtet werde? Und wenn in ihr nichts
als Vernunft ist, so mag die Vollkommenheit allein
das höchste Gut sein; gehört aber auch ein Leib dazu,
so sollte da wohl die Erklärung der Natur dahin
führen, daß wir das, was wir vor dieser Erklärung
festhielten, aufgeben müssen. Denn sonst hieße der
Natur gemäß leben: von der Natur abweichen. 42. So
wie einige Philosophen, als sie, von den Sinnen ausgehend, etwas Größeres und Göttlicheres erblickten,
nun die Sinne aufgaben, so haben auch jene, als sie
von dem Begehren ausgehend die Schönheit der Vollkommenheit erblickt hatten, alles, was sie noch außer
der Tugend selbst gesehen, weggeworfen und vergessen, daß die ganze Natur der zu begehrenden
Dinge so weiten Bereich habe, daß sie von den An-

fängen bis zum Ziele hin fortdauert, und sie merken
es nicht, daß sie so den Grund jener schönen und be-
wundernswürdigen Dinge untergraben.

43. Mir scheinen daher alle die geirrt zu haben,
welche sagten, das höchste Gut sei es, sittlich gut zu
leben, indes der eine mehr als der andere, Pyrrhon
freilich am meisten, welcher außer der aufgestellten
Vollkommenheit überhaupt nichts mehr läßt, was begehrt werden müsse, dann Ariston, der nichts weiter
zu lassen nicht den Mut gehabt, aber Beweggründe
geltend gemacht hat, um derentwillen der Weise
etwas begehren könne, wenn sie ihm in den Sinn
kommen oder gleichsam begegnen. Dieser ist darin
weiter als Pyrrhon, weil er noch irgendeine Art des
Begehrens zugegeben hat, er steht aber darin hinter
den anderen zurück, daß er ganz und gar von der
Natur abgewichen ist. Die Stoiker aber stehen mit
jenen darin auf gleicher Stufe, daß sie das höchste
Gut einzig in der Vollkommenheit sehen; daß sie
aber einen Ausgangspunkt für das rechte Handeln
suchen, darin sind sie weiter als Pyrrhon; und daß
sie kein solches Begegnendes sich ausdenken, darin
sind sie dem Ariston voraus; daß sie aber das, was
sie der Natur entsprechend und an sich annehmenswert erklären, nicht dem höchsten Gute zuordnen,
darin fallen sie von der Natur ab und sind sie gewissermaßen dem Ariston nicht unähnlich. Denn
jener dachte sich was weiß ich für Begegnendes aus;
diese aber nehmen zwar die ersten Geschenke der
Natur in ihr System auf, trennen sie aber von dem
Ziele und der Summe des Guten; soweit sie nun
jenes zu einem bevorzugten machen, so daß also eine
Art von Wahl eintritt, so scheinen sie der Natur zu
folgen; wenn sie aber leugnen, daß diese Dinge im
geringsten auf das glückliche Leben Beziehung haben, weichen sie wieder von der Natur ab.

44. Bis jetzt habe ich nur davon gesprochen, wieso

Zenon keinen Grund gehabt hat, von den anerkann-
ten Lehren der früheren Philosophen abzuweichen.
Jetzt wollen wir das Weitere betrachten, falls du,
Cato, nicht hierauf etwas erwidern willst oder ich
nicht schon zu lange gesprochen habe.«

»Keines von beiden«, entgegnete er. »Denn einmal
wünsche ich gar sehr, daß du deine Untersuchung zu
Ende führst, zum andern kann mir deine Rede nie zu
lang werden.«

»Schon gut!« erwiderte ich. »Denn was kann mir
erwünschter sein als mit Cato, dem Vorbild aller Tugenden, über die Tugend mich zu unterhalten? 45.
Nur beachte doch gleich anfangs, daß euer oberster
Grundsatz, an den sich die übrigen anreihen, was
sittlichgut, das sei allein ein Gut und sittlichgut leben
sei das Ziel des Guten, mit allen übereinstimmen
wird, die in der Vollkommenheit allein das Ziel des
Guten annehmen, und wenn ihr sagt, die Tugend
könne nicht gedacht werden, wenn man etwas anderes als das Sittlichgute geltend mache, so wird dies
auch von den ebengenannten Männern gesagt werden. Meines Erachtens wäre es aber angenehmer gewesen, wenn Zenon im Streit mit Polemon, von dem
er die Lehre von den ersten Naturtrieben übernommen hatte, von den gemeinschaftlichen Anfängen
ausgehend den Punkt beachtet hätte, wo er zuerst
einzuhalten habe und woher der Grund zu abweichender Ansicht stammte, statt auf die Seite derer
zu treten, die nicht einmal sagten, daß ihr höchstes
Gut von der Natur ausgehe, und dieselben Gründe
und dieselben Ansichten mit ihnen vorzubringen.

46. Am wenigsten aber kann ich billigen, daß,
während ihr lehrt, nach eurer Ansicht sei allein das
gut, was sittlich gut ist, ihr doch wieder für notwendig anerkennt, der Natur entsprechende und angemessene Anfänge aufzustellen, damit aus der Wahl
zwischen ihnen die Vollkommenheit hervorgehen

könne. Ihr hättet die Vollkommenheit nicht von einer
Wahl abhängig machen sollen, wonach das, was das
höchste Gut (für euch) war, noch etwas anderes er-
forderte. Denn alles, was zu nehmen und was zu
wählen oder zu wünschen ist, muß in der Summe des
Guten enthalten sein, so daß der, welcher es erreicht
hat, nichts weiter begehren darf. Siehst du nicht, wie
es denen, welche die Summe alles Guten in der Lust
finden, so klar ist, was sie zu tun oder nicht zu tun
haben? So daß niemand im Zweifel ist, worauf alle
ihre Pflichten sich beziehen, was sie erstreben, was sie
fliehen sollen? Ich will einmal dies als das höchste Gut
annehmen, welches ich jetzt verteidige; sogleich ist
klar, welche Pflichten, welche Handlungen es gibt. Ihr
aber, die ihr kein anderes Ziel habt als das Rechte
und Sittlichgute, werdet keinen Ausgangspunkt für
die Pflichten und Handlungen finden. 47. Alle also,
die dies suchen, sowohl die, welche sagen, sie würden
das verfolgen, was ihnen in Gedanken komme oder
ihnen begegne, als auch ihr, ihr kehret zur Natur zurück. Euch allen könnte die Natur mit Recht antworten, es sei nicht der Wahrheit gemäß, das Ziel des
glücklichen Lebens anderswoher, von ihr aber die
bestimmenden Anfänge für das Handeln herzuholen;
denn es sei eine einzige Vernunft, welche sowohl die
bestimmenden Anfänge für die Handlung als auch
das Letzte alles Guten umschließe; und so wie des
Ariston Meinung verworfen sei, der da behauptete,
daß es keinen Unterschied unter den Dingen gebe,
und daß es außer Tugenden und Lastern überhaupt
nichts gebe, wobei eines mehr wert sei als das andere, so irre auch Zenon, wenn er behaupte, in keiner
Sache, außer in der Vollkommenheit oder im Laster
sei auch nur das geringste Gewicht in Beziehung auf
das Erlangen des höchsten Gutes zu finden, und er
irre ferner, wenn er behaupte, daß, wenn auch alles
andere für das glückliche Leben keine Bedeutung

habe, so doch in diesen Dingen ein gewisser Einfluß
auf das Begehren enthalten sei; als ob sich dieses
Begehren also nicht auf die Gewinnung des höchsten
Gutes bezöge! 48. Was ist aber widersprechender als
daß sie, wie sie sagen, zur Natur zurückkehren, wenn
sie das höchste Gut erkannt haben, um aus ihr heraus
den bestimmenden Anfang des Handelns, das heißt
der Pflicht, des rechten Handelns, zu holen? Denn
nicht das Wesen der Handlung oder der Pflicht treibt
uns, das zu begehren, was der Natur gemäß ist, vielmehr wird von dem Naturgemäßen das Begehren
sowohl wie die Handlung angeregt.

Jetzt komme ich zu deinen kurzen Aussprüchen, die
du als Folgesätze bezeichnetest, und zwar zuerst zu
jenem unübertrefflich kurzen Schlusse: Alles Gute ist
löblich, alles Löbliche sittlich, also ist alles Gute sittlich. O welch bleierner Dolch! Wer wird dir denn
gleich den ersten Satz zugeben – gibt man ihn
dir zu, dann ist der zweite nicht mehr nötig; denn
wenn alles Gute löblich ist, so ist alles auch sittlich –,
49. wer also wird dir das zugeben außer Pyrrhon, Ariston und ihresgleichen, die du ja nicht gelten läßt?
Aristoteles, Xenokrates und ihr ganzer Anhang wird
es dir nicht einräumen, da sie nämlich Gesundheit,
Kraft, Reichtum, Ruhm und manches andere etwas
Gutes nennen, ohne es löblich zu heißen. Und diese
zwar setzen nicht ausschließlich in die Vollkommenheit das höchste Gut, stellen aber doch die Vollkommenheit allem anderen voran; was sollten aber nun
wohl diejenigen tun, welche die Vollkommenheit
ganz vom höchsten Gut ausgeschlossen haben, wie
Epikur, Hieronymos und selbst jene, die das höchste
Gut des Karneades in Schutz nehmen wollen? 50.
Wie werden dir selbst Kalliphon oder Diodor dies
zugeben können, die zu der sittlichen Haltung noch
etwas hinzufügen möchten, was ganz anderer
Art ist? Willst du also, Cato, aus Sätzen, die

du hier herausnimmst, ohne daß sie dir zugestanden sind, folgern, was dir gerade gefällig ist? Denn das ist ein Kettenschluß – und ihr haltet doch selbst nichts für fehlerhafter –: was gut sei, das sei auch wünschenswert, was wünschenswert, das sei zu erstreben, was zu erstreben, das sei lobenswürdig, und so fort die übrigen Glieder. Doch hier halte ich inne; denn ebenso, wie vorher, wird dir niemand zugeben, was zu erstreben sei, sei lobenswürdig. Und vollends der Satz von jenen, nicht von dir, ist auf keinen Fall folgerecht, vielmehr ausnehmend schief, nämlich: ein glückliches Leben sei des Rühmens wert, weil es ohne Sittlichkeit nicht vorkommen könne, daß jemand mit Recht sich rühme. 51. Zugeben wird das Polemon dem Zenon, wie auch sein Lehrer und jene ganze Schule und die anderen, welche zwar die Vollkommenheit allen anderen Dingen weit vorziehen, ihr aber doch bei der Bestimmung des höchsten Gutes etwas an die Seite setzen. Denn wenn die Vollkommenheit des Rühmens würdig ist, wie sie es ist, und so viel vor den anderen Dingen voraus hat, daß man es kaum sagen kann, so wird einerseits jemand auch mit der Vollkommenheit allein und ohne sonst etwas glücklich sein können, andererseits wird man es aber dir doch nicht zugeben, daß außer der Vollkommenheit gar nichts unter die Güter zu zählen sei. Jene aber, für die es ein höchstes Gut ohne Vollkommenheit gibt, werden es vielleicht nicht einmal zugeben, daß das glückliche Leben etwas enthalte, dessen man sich mit Recht rühmen könne, wiewohl sie sogar die Lüste manchmal als etwas Preiswürdiges hinstellen.

52. Du siehst also, daß du entweder Sätze benutzest, die man dir nicht zugesteht, oder daß Sätze, die man dir zugesteht, dir nichts nützen.

Ich für mein Teil würde bei allen diesen Schlußfolgerungen, besonders wo es sich um das höchste

Gut handelt, es unserer Würde und der Philosophie
angemessen finden, unser Leben, unsere Entschlüsse,
unseren Willen, nicht die Worte zu bessern. Denn
wer kann, wenn er jene kurzen und spitzen Sätze
gehört hat, woran du dich nach deiner Aussage so
sehr ergötzest, wer kann da von seiner eigenen Ansicht abgehen? Wenn man nämlich erwartungsvoll und
begierig ist zu hören, warum der Schmerz kein Übel
sei, so sagen jene, Schmerzen zu haben sei hart,
lästig, verhaßt, gegen die Natur, schwer zu ertragen;
weil aber bei dem Schmerz kein Betrug, keine Unredlichkeit, keine Bosheit, keine Schuld, nichts Un-
sittliches sei, so sei er kein Übel. Wer dergleichen
hört, wird, falls er nicht darauf aus ist zu lachen,
doch nicht mit größerer Standhaftigkeit im Ertragen
des Schmerzes weggehen, als er gekommen war. 53.
Du aber behauptetest, niemand könne tapfer sein,
der den Schmerz für ein Übel halte. Warum soll er
aber tapferer sein, wenn er ihn für so hart und kaum
zu ertragen hält, wie du selbst zugibst? Denn aus
der Sache entsteht die Feigheit, nicht aus dem Worte.

Weiter sagst du, wenn ein Buchstabe verändert
würde, so müßte das ganze System über den Haufen
stürzen. Scheine ich dir denn einen Buchstaben oder
ganze Seiten umzuwerfen? Denn gesetzt, bei jenen
Stoikern wäre, wie du es lobtest, die Reihenfolge der
Dinge beobachtet und alles unter sich, wie du dich
ausdrücktest, wohlgefügt und verbunden, so dürfen
wir doch diesen Sätzen nicht folgen, wenn sie, von
falschen Obersätzen hergeleitet, mit sich selbst übereinstimmen und sich nicht von ihrem Weg zum Ziel
entfernen. 54. So ist dein Zenon schon bei seinem
ersten Grundsatze von der Natur abgewichen, und
da er sein höchstes Gut auf die Vortrefflichkeit des
Geistes gegründet hatte, die wir Vollkommenheit
nennen, und behauptet hatte, daß es kein anderes
Gut gebe außer dem Sittlichguten und daß Vollkom-

menheit gar nicht bestehen könne, wenn unter den
übrigen Dingen irgend etwas besser oder schlechter
sei als etwas anderes, so hat er sich an diese Vordersätze ganz konsequent gehalten. Da hast du recht;
das kann ich nicht leugnen. Aber so falsch ist das, was
sich daraus ergibt, daß das, woraus es sich ergibt,
nicht wahr sein kann. 55. Es lehren uns nämlich die
Dialektiker, daß, wenn der Folgesatz falsch ist, auch
der Satz falsch sein muß, aus dem er folgt. So entsteht jener Schluß, der nicht nur wahr, sondern auch
so klar an sich ist, daß die Dialektiker nicht einmal
für nötig halten, dafür eine Rechtfertigung anzu-
geben: Wenn jenes ist, so ist dieses; nun ist dieses
aber nicht, also ist auch jenes nicht. So werden denn,
wenn eure Folgerungen aufgehoben werden, auch
die Vordersätze aufgehoben. Was sind nun eure
Folgerungen? Alle, die nicht weise sind, sind gleich
elend; alle Weisen sind im höchsten Grade glücklich; alle rechten Handlungen stehen sich gleich; jede
Sünde ist so schlimm wie die andere. Dies klang anfangs großartig, als man es aber genauer betrachtete,
konnte man es nicht mehr gutheißen. Denn der
natürliche Sinn eines jeden und die Natur der Dinge
und die Wahrheit selbst riefen gleichsam laut, daß es
unmöglich dahin kommen könne, daß zwischen den
Dingen, welche Zenon unter sich gleich macht, gar
kein Unterschied sein solle.

56. Später hat dein feiner Punier – denn du weißt
ja, daß die Einwohner von Citium[6], deine Klienten,
aus Phönikien stammen –, ein scharfsinniger Kopf,
da er merkte, daß er mit seiner Sache nicht durch-
komme, wenn er die Natur gegen sich habe, angefangen, an den Worten zu drehen, und hat zunächst zugegeben, daß man die Dinge, die wir für Güter halten, für beachtenswert und der Natur angemessen
halten dürfe, er hat angefangen einzugestehen, daß
es auch für den Weisen, das ist für den in höchstem

Maße Glücklichen, bequemer sei, wenn er auch das,
was er Güter zu nennen nicht wagt, besitze; er gibt
zu, sie seien uns gleichsam von der Natur genehmigt,
und er stellt in Abrede, daß Platon, wenn er nicht als
Weiser gelten könne, in demselben Zustand wie der
Tyrann Dionysios sich befunden hätte; diesem war
Sterben das Beste, weil er keine Hoffnung haben
konnte, weise zu werden; jenem aber, im Besitze dieser Hoffnung, war Leben das Beste. Die Fehler aber
seien teils erträgliche, teils durchaus nicht erträgliche,
weil die einen mehr, die anderen weniger Forderungen der Pflicht außer acht ließen. Ja von den Toren
seien die einen von der Art, daß sie auf keine Weise
zur Weisheit gelangen könnten, andere hingegen
seien imstande, wenn sie sich danach bemühten, die
Weisheit zu erlangen. 57. Hier drückte er sich anders aus als alle übrigen, meinte aber das nämliche
wie die übrigen. Und wirklich hielt er die Dinge, die
nach ihm selbst kein Gut sein sollten, nicht für geringer als jene, die diese Dinge für Güter erklärten.
Was hat er denn also damit gewollt, wenn er jene
Veränderungen machte? Wenigstens hätte er von
dem Gewichte etwas abziehen und es ein wenig nied-
riger einschätzen sollen als die Peripatetiker, um doch
den Anschein zu bewahren, daß die Abweichung nicht
allein in den Worten, sondern wirklich in den Gedanken bestehe.

Ferner, was sagt ihr von dem glücklichen Leben
selbst, auf das sich alles bezieht? Ihr behauptet, es sei
nicht dasjenige, welches mit allen Dingen, die die
Natur verlangt, erfüllt ist, und ihr setzt es ganz in
die Vollkommenheit; und da jeder Streit entweder
über die Sache oder über den Ausdruck geführt zu
werden pflegt, so entstehen beide Arten, wenn man
entweder die Sache nicht kennt oder sich im Ausdruck irrt. Ist aber keines von beiden der Fall, so muß
man sich bemühen, möglichst übliche und passende

Worte zu gebrauchen, das heißt solche, die die Sache
genau bezeichnen. 58. Kann es nun zweifelhaft sein,
daß die Früheren, wenn in den Sachen selbst keine
Fehler gemacht sind, die Ausdrücke viel passender
gebrauchen? Laß uns also ihre Ansichten untersuchen, dann wollen wir zu den Ausdrücken zurückkommen.

Das Begehren in der Seele, sagen die Peripatetiker,
wird angeregt, wenn ihr etwas als naturgemäß erscheint, und alles Naturgemäße habe in gewisser
Hinsicht einen Wert, und man müsse es nach seiner
jeweiligen Bedeutung schätzen; und unter den naturgemäßen Dingen haben die einen nichts für jenen oft
genannten Trieb in sich, und sie gelten weder als sittlichgut noch als lobenswert, die anderen bringen bei
jedem lebenden Wesen eine Lust mit sich, bei dem
Menschen aber auch eine Tätigkeit der Vernunft.
Diese letzteren Dinge, abhängig von der Vernunft,
werden sittlichgut, schön, löblich genannt; jene zuvor
genannten Dinge dagegen heißen natürliche; und
diese in Verbindung mit dem Sittlichguten bewirken
und vollenden das glückliche Leben. 59. Unter allen
jenen Vorteilen aber, denen die, welche sie Güter
nennen, keinen größeren Wert beimessen als Zenon,
der ihnen dies abspricht, habe das Sittlichgute und
Lobenswerte bei weitem den größten Vorzug. Wenn
aber ein zwiefaches Sittlichgutes vorliege, das eine
mit Gesundheit, das andere mit Krankheit verbunden, so sei kein Zweifel, zu welchem von beiden die
Natur selbst uns hinführen werde. Und doch sei die
Macht der Sittlichkeit so groß, und sie übertreffe alle
anderen Dinge so sehr und rage aus ihnen hervor,
daß sie weder durch irgendeine Marter noch durch
eine Belohnung von dem, was sie für recht erklärt
habe, abgebracht werden könne, und alles, was hart,
schwierig, widerwärtig erscheine, könne durch die
Tugenden, mit denen wir von der Natur ausgestattet

seien, zuschanden gemacht werden; zwar seien jene
naturgemäßen Dinge nichts Leichtes, noch für gering
anzusehen – denn wie könnte sonst die Vollkommenheit so etwas Großes sein? –, aber zu dem Urteil müßten wir kommen, daß es auf diese Dinge nicht in der
Hauptsache ankommt, um glücklich oder anders zu
leben. 60. Kurz, diejenigen Dinge, die Zenon schätzenswert und annehmbar und der Natur gemäß genannt hat, heißen bei ihnen Güter, die Glückseligkeit
des Lebens aber beruht nach ihnen auf der Menge
oder der Wichtigkeit der genannten Dinge. Zenon
dagegen nennt nur das ein Gut, was wegen seiner
eigentümlichen Schönheit zu erstreben sei, und nur
das ein glückliches Leben, das mit Vollkommenheit
gelebt werde.

Sollen wir über die Sache streiten, so kann zwischen mir und dir, lieber Cato, keine Meinungsverschiedenheit bestehen. Denn in jeder Hinsicht stimmen deine Anschauungen mit den meinigen überein,
sobald wir nur die Worte vertauschen und die Dinge
selbst vergleichen. Auch Zenon hat dies wohl gewußt,
aber er fand Gefallen an großartigen und hochklin-
genden Worten. Denn wenn er das, was er spricht, so
meinte, wie die Worte es andeuten, was wäre da zwischen ihm und einem Pyrrhon oder einem Ariston für
ein Unterschied? Wenn er aber denen nicht beistimmte, was mochte ihn wohl bewegen, von denen,
mit welchen er sachlich übereinstimmte, in den Worten abzuweichen? 61. Wie? Wenn wiederauflebten
jene Schüler Platons und ihre der Reihe nach folgenden Zuhörer und so mit dir sprächen: ›Wir, mein
Cato, als wir dich, den eifrigsten Freund der Philosophie, den gerechtesten Mann, den besten Richter,
den gewissenhaftesten Zeugen, sprechen hörten, wun-
derten wir uns, aus welchem Grunde du uns die Stoiker vorzögest, welche hinsichtlich des Guten und Bösen dieselben Ansichten haben, die Zenon von unse-

rem Polemon hier gelernt hatte, die aber Ausdrücke
gebrauchen, die zwar beim ersten Hören Bewunderung erwecken, bei weiterer Erklärung aber nur Lachen auslösen. Warum behieltest du aber nun, wenn
du jene Ansichten billigtest, sie nicht mit ihren eigentlichen Ausdrücken bei? Wenn aber das Ansehen der
Person bei dir galt, zogst du dann uns allen und selbst
dem Platon einen, ich weiß nicht, wie ich ihn nennen
soll, vor? Zumal da du im Staate einer der ersten sein
wolltest und am meisten von uns ausgerüstet und an-
geleitet werden könntest, zur höchsten Ehre für dich
selbst dich für diesen Staat einzusetzen. Denn wir haben dies untersucht, wir haben es beschrieben, verzeichnet, gelehrt, und von allen Staaten haben wir
die Regierungsarten, die Zustände, die Veränderungen, auch die Gesetze und Einrichtungen und die Sitten in den Bürgerschaften beschrieben. Auch für die
Beredsamkeit, die jedem Staatsmanne so sehr zur
Zierde gereicht und die nach dem Gerücht ein besonderer Vorzug von dir ist, wie vieles hättest du
aus den Denkmälern unseres Geistes dir noch aneignen können!‹ Wenn jene Männer so zu dir gesprochen hätten, was würdest du dann ihnen wohl antworten?«

62. »Ich würde dich bitten«, sagte er, »daß du, der
du jenen diese Anklage in den Mund gelegt hast,
auch für mich antwortetest, oder lieber mir etwas Zeit
ließest, ihnen zu antworten, wenn ich nicht vorzöge,
jetzt nur dich zu hören und doch ihnen zu einer anderen Zeit zu antworten, nämlich dann, wenn auch dir.«

»Nun, mein Cato, wenn du in deiner Antwort die
Wahrheit sagen wolltest, so müßtest du erwidern,
daß sie dir keineswegs mißfielen, Männer von so hohem Geist und so großem Ansehen, aber du habest
bemerkt, daß gewisse Dinge, die jene in ihrer früheren Zeit noch nicht recht deutlich beachtet hätten, von
den Stoikern besser durchschaut worden seien, und

über eben diese Dinge hätten sie dann sowohl scharf-
sinnigere Untersuchungen angestellt als auch besonders die Ideen mit mehr Ernst und Eindringlichkeit
aufgefaßt; denn sie hätten zuerst es ausgesprochen,
daß die Gesundheit kein Gegenstand des Begehrens,
sondern nur des Erwählens sein dürfe, nicht, weil die
Gesundheit ein Gut, sondern weil sie in gewissem
Grade schätzenswert sei – jedoch sei sie nicht höher
zu schätzen, als diejenigen für recht hielten, die kein
Bedenken tragen, sie ein Gut zu nennen –; das aber
habest du nicht ertragen können, daß jene alten
Graubärte, wie wir wohl von unseren Vorfahren zu
sagen pflegen, geglaubt hätten, das Leben eines sittlich gut Lebenden sei, wenn er zugleich gesund wäre,
in gutem Rufe stünde und Mittel besäße, wünschenswerter und besser und mehr zu erstreben als das eines
anderen, der ein ebenso trefflicher Mann wäre ›auf
mannigfache Weise‹, gleich dem Alkmäon bei Ennius[7]:

›Umringt von Krankheit, Mangel, Heimatlosigkeit.‹

63. Jene Alten also halten nicht eben sehr scharfsinnig jenes Leben für wünschenswerter, vorzüglicher, glücklicher, die Stoiker aber räumen ihm nur bei
der Auswahl einen Vorzug ein, nicht als ob dieses Leben glücklicher wäre, sondern weil es der Natur an-
gemessener wäre.

Auch seien alle Menschen, die nicht weise seien,
gleich elend, die Stoiker haben dies eingesehen, jenen
Früheren aber war es entgangen, daß ein mit Verbrechen und Vatermord beladener Mensch um nichts
elender zu halten sei als andere, die zwar züchtig und
vorwurfsfrei gelebt, aber noch nicht jene vollendete
Weisheit erreicht hätten. 64. Und bei dieser Gelegenheit brachtest du jene so unpassenden Vergleichungen an, welcher sich die Stoiker zu bedienen pflegen. Denn wer weiß das nicht, daß, wenn mehrere

aus der Tiefe des Wassers auftauchen wollen, diejenigen zwar dem Atmen näher sind, die sich schon der Oberfläche des Wassers nähern, aber doch noch um nichts besser atmen können als diejenigen, welche noch auf dem Grunde sind? Nichts also hilft es, fortzuschreiten und weiterzukommen in der Vollkommenheit, man ist so lange der Unglückseligste, als man nicht bis zu ihr gelangt ist, weil es ja im Wasser nichts nützt und weil die jungen Hunde, wenn bei ihnen auch schon das Licht durchdringen will, ebenso blind sind wie die eben geborenen, und muß auch Platon weil er noch nicht die Weisheit gesehen hat, ebenso blinden Geistes gewesen sein wie Phalaris[8]?

65. Das sind keine vergleichbaren Dinge, mein Cato, wo, wenn man auch noch so weit vorwärtskommen mag, dennoch die Lage dieselbe bleibt, der man entrinnen will, solange man sich nicht völlig losgemacht hat; denn jener im Wasser atmet nicht eher, als bis er aufgetaucht ist, und junge Hunde sind, bis das Licht durchbricht, ebenso blind, als ob sie es immer bleiben würden. Vergleichbar ist dagegen folgendes: Jemandem ist die Sehkraft der Augen stumpf, ein anderer leidet an Kraftlosigkeit des Körpers; diese bessern sich durch Anwendung einer Kur von Tag zu Tag: der eine wird täglich kräftiger, der andere lernt täglich besser sehen. Diesen ähnlich sind alle die, welche nach Vollkommenheit streben; sie werden freier von Fehlern, freier von Irrtümern; du müßtest denn etwa annehmen, daß der Vater Tiberius Gracchus nicht glücklicher gewesen sei als der Sohn, da jener den Staat zu festigen, dieser ihn umzustürzen bemüht war. Doch auch jener war kein Weiser – denn wer ist einer, oder wann oder wo oder woher ist man einer? –; aber weil er dem Lobe und der Ehrenhaftigkeit nachstrebte, hatte er bedeutende Fortschritte in der Bewährung gemacht. 66. Laß uns deinen Großvater Drusus mit Gaius Gracchus[9] ver-

gleichen, der beinahe sein Zeitgenosse war. Die
Wunden, welche letzterer dem Staate schlug, heilte
jener. Wenn es nichts gibt, was so elend macht wie
Gottlosigkeit und Verbrechen, so kann man zwar zugeben, daß alle Unwissenden elend seien, wie sie es
gewiß sind, doch ist derjenige, der für das Wohl des
Vaterlandes sorgt, nicht in gleichem Grade elend wie
derjenige, der es zu vernichten trachtet. Eine bedeutende Verminderung der Fehler tritt ein bei denen,
die einige Fortschritte zur Vollkommenheit machen.
67. Eure Stoiker gestehen ein Fortschreiten zur Vollkommenheit zu, bestreiten aber eine Verminderung
der Fehler. Aber auf welchen Beweis sich so scharfsinnige Leute stützen, um dies zu erhärten, das ist der
Mühe wert zu untersuchen. Zenon sagt, daß in Wissenschaften und Künsten, wo ein Wachstum zum
Höchsten noch stattfinden könne, auch das entgegengesetzte Höchste noch zunehmen könne; aber zum
Höchsten der Vollkommenheit kann nichts hinzukommen; daher werden auch die Laster, die das Gegenteil der Vollkommenheit sind, nicht mehr wachsen
können. Wird denn nun wirklich Zweifelhaftes durch
Gewißheiten aufgeklärt, oder werden Gewißheiten
durch Zweifelhaftes aufgehoben? Nun aber ist das
doch klar, daß manche Laster bei den einen größer
sind als bei den anderen, das aber ist zweifelhaft, ob
bei dem, was ihr das höchste Gut nennt, noch irgendeine Steigerung eintreten kann. Ihr aber, statt daß
ihr mit Unbestreitbarem Zweifelhaftes aufhellen soll-
tet, versucht es, mit Zweifelhaftem das Unbestreit-
bare aufzuheben. 68. Daher werdet ihr wieder in
derselben Art des Beweises, dessen ich mich vorhin
bedient habe, hängen bleiben. Wenn nämlich deswegen die einen Laster nicht größer sind als die anderen, weil ja auch das höchste Gut, das ihr aufstellt,
keine Steigerung erfahren kann, so müßt ihr, weil es
ja doch unbestritten ist, daß nicht die Laster aller

einander gleich sind, euer Ziel des Guten ändern. Denn das müssen wir festhalten, daß, wenn ein Folgesatz sich als falsch ergibt, der Satz, aus welchem er gefolgert wird, nicht wahr sein kann.

Was ist nun die Ursache von all diesen Verlegenheiten? Nur eine ruhmsüchtige Prahlerei, ein höchstes Gut zu erfinden. Wenn man nämlich versichert, nur was sittlichgut sei, sei ein Gut, so hebt man die Sorge für die Gesundheit, die Pflege des Hauswesens, die Teilnahme an den Staatsgeschäften, die Ordnung in der Führung der Geschäfte und sämtliche Pflichten im Leben auf; ja, jenes sittlich Gute selbst, welches einzig nach euerer Ansicht alles in sich begreifen soll, muß aufgegeben werden. Chrysipp hat dies am sorgfältigsten gegen Ariston dargelegt. In dieser Verlegenheit kam man nun auf jene ›irreführenden Bosheiten‹, wie Accius[10] sagt. 69. Weil nämlich die Weisheit keinen Boden hatte, auf dem sie festen Fuß fassen konnte, da alles rechte Handeln aufgehoben war, – die Pflichten wurden aber aufgehoben, wenn alle Auswahl und aller Unterschied beseitigt wurden, denn sie konnten nicht mehr sein, wenn alle Dinge so gleichgemacht waren, daß unter ihnen keine Verschiedenheit blieb –, so gingen aus diesen Verlegenheiten jene Spitzfindigkeiten hervor, die schlimmer waren als die des Ariston. Denn dessen Reden sind noch einfach, die eurigen aber voller Winkelzüge. Wenn du nämlich den Ariston fragst, ob er zu den Gütern Dinge rechne wie Schmerzlosigkeit, Reichtum, Gesundheit, so wird er nein sagen. Und auf die Frage, ob die Gegenteile davon nicht Übel seien, ebenfalls. Frage nun den Zenon; seine Antwort wird wohl Wort für Wort die gleiche sein. Fragen wir dann beide erstaunt, wie wir leben können, wenn wir es für gleichgültig halten, ob wir gesund oder krank seien, ob wir von Schmerzen frei oder davon gepeinigt werden, ob wir uns gegen Kälte und Hunger schützen können oder nicht. Du wirst großartig und herrlich leben, sagt Ariston; was dir nur immer belieben wird, wirst du betreiben, nie wirst du dich ängstigen, nie begehren, nie dich fürchten. 70. Und Zenon? Blendwerk sei das, und auf solche Weise könne man durchaus nicht leben; er behaupte, zwischen dem Sittlichguten und dem Unsittlichen sei ein ungeheurer, ich weiß nicht wie großer Unterschied, aber unter den übrigen Dingen bestehe kein Unterschied. 71. So weit sagt er dasselbe; aber nun höre und lache nicht, wenn du kannst: Jene Mitteldinge, zwischen denen kein Unterschied besteht, sind aber doch so beschaffen, daß man einige von ihnen wählen, andere verwerfen, andere wieder ganz vernachlässigen muß; das heißt, von der Art, daß man die einen will, andere nicht will, wieder um andere sich nicht kümmern muß. – Aber eben hattest du ja gesagt, es sei unter ihnen kein Unterschied. – Noch jetzt behaupte ich das, wird er sagen, aber nur in Beziehung auf Tugenden und Laster.

72. Ich frage, wer hat dies nicht gewußt? Doch wir wollen zuhören. Jene Dinge, die du genannt hast, sagt er, gesund sein, reich sein, von Schmerz frei sein, nenne ich nicht Güter, sondern griechisch Proegmena, lateinisch aber Vorgezogenes – doch möchte ich sie Vorangestelltes oder Vorzügliches nennen, so ist es erträglicher und bequemer –; dagegen jene Dinge, wie Krankheit, Armut, Schmerz, nenne ich nicht Übel, sondern, wenn du willst, Zurückgestoßenes. Deshalb sage ich nicht, daß ich jene Dinge begehre, sondern nur wähle; ich wünsche sie mir nicht, sondern nehme sie nur, ihre Gegenteile fliehe ich nicht, vielmehr sondere ich sie nur gleichsam ab. Was sagt aber Aristoteles und die anderen Schüler des Platon? Sie nennen, sagen sie, alles Naturgemäße Güter, ihre Gegenteile aber Übel.

Siehst du nun, wie dein Zenon mit Ariston in den

Worten zusammentrifft, in der Sache aber von ihm
abweicht, mit Aristoteles aber und den anderen in
der Sache übereinstimmt und nur in den Worten abweicht? Warum also wollen wir, wenn in der Sache
Übereinstimmung ist, nicht lieber auch so, wie es gebräuchlich ist, sprechen? Oder er beweise mir, daß ich
bereitwilliger sei, das Geld zu verachten, wenn ich es
unter die vorgezogenen Dinge, als wenn ich es unter
die Güter zähle, und tapferer, Schmerz zu erdulden,
wenn ich sage, dieser Schmerz sei hart und schwer zu
ertragen und wider die Natur, als wenn ich ihn ein
Übel nenne.   73. Mit feinem Witze pflegte unser
Freund Marcus Piso[11] neben vielem anderen auch
über diese Behauptungen der Stoiker zu spotten.
›Wie‹, sagte er, ›du leugnest, daß Reichtum ein Gut
sei und nennst ihn ein Vorgezogenes? Was förderst
du damit? Minderst du die Habgier? Wie sollte dies
kommen? Hält man sich an das Wort, so ist erstens
das Vorgezogene ein engeres Wort als das Wort
Gut‹. – Das tut nichts zur Sache! – ›Wenn auch nicht,
so ist es jedenfalls bedeutsamer. Denn woher der Name Gut kommt, weiß ich nicht; aber das Vorgezogene
kommt wohl daher, daß etwas anderem vorgezogen
wird. Das scheint mir etwas Großes zu sein.‹ Daher
sagte er, Zenon lege dadurch, daß er den Reichtum
zu den vorgezogenen Dingen rechne, diesem einen
höheren Wert bei als Aristoteles, welcher bekenne,
der Reichtum sei ein Gut, aber nicht sowohl ein großes, als vielmehr eines, das man im Vergleich mit
dem Rechten und Sittlichguten verachten und gering-
schätzen müsse. Und auch kein sehr erstrebenswertes
Gut, und überhaupt sprach er über all diese anderen
Dinge, bei denen Zenon den Namen verändert hatte;
diese Dinge, die nach Zenon keine Güter und keine
Übel sein sollten, würden von ihm das eine mit heite-
reren Worten benannt werden, das andere mit trüb-
seligeren. So äußerte sich Piso, der treffliche Mann,

der dir, wie du weißt, ganz ergeben war. Ich will dazu noch einige Bemerkungen machen und dann enden; denn es wäre zu weitläufiig, auf alles zu antworten, was du gesagt hast.

74. Denn aus denselben Blendwerken mit Worten sind auch Königreiche erwachsen und Machtstellen und Reichtümer, und zwar in solchem Maße, daß ihr sagen könnt, alles in der Welt gehöre dem Weisen. Er allein soll überdies schön, er allein frei, er allein Bürger sein; die Toren sollen von alledem das Gegenteil sein, und ihr erklärt sie sogar für wahnsinnig. Das würden die Griechen paradox, wir wollen es Wunderdinge nennen. Was ist denn aber Wunderliches daran, wenn man näher hinzutritt? Ich will mit dir erwägen, welches Ding du unter jedem dieser Worte begreifst; es wird dann kein Streit sein. Ihr sagt, alle Fehler seien gleich groß. Ich will jetzt nicht mit dir so Spaß treiben, wie ich über denselben Gegenstand mich ausließ, da ich den Lucius Murena gegen deine Anklage verteidigte[12]. Zu Ungelehrten wurde das damals gesprochen, etwas mußte auch den Zuhörern zum besten gegeben werden; jetzt muß ich gründlicher verfahren. 75. Die Fehler sollen gleich sein. – Aber in welcher Weise? – weil weder etwas sittlich besser als sittlich gut noch schändlicher als schändlich sein kann. – Fahre weiter fort; denn hierüber herrscht große Meinungsverschiedenheit. Laß uns jene besonderen Gründe ansehen, warum alle Fehler gleich groß sein sollen. – Wenn, sagt er, unter mehreren Saiteninstrumenten keines von ihnen so in den Saiten gestimmt ist, daß es mit den anderen harmonieren kann, so sind sie alle gleich verstimmt; ebenso sind die Vergehungen, weil sie mißtönend sind, gleich mißtönend; folglich sind sie sich gleich. – Hier werden wir mit einer Zweideutigkeit geäfft. Denn allerdings tritt bei allen diesen Instrumenten auf gleiche Weise der Fall ein, daß sie verstimmt

sind; aber daraus folgt noch nicht, daß sie auf gleiche Weise verstimmt sind. Deine Zusammenstellung nützt dir also nichts. Denn sagen wir auch, daß alle Arten der Habgier, die eine so gut wie die andere, Habgier sei, so wird daraus nicht folgen, daß wir sie auch gleich nennen. – 76. Noch ein anderes ungleiches Gleichnis! Er sagt nämlich: Wie ein Steuermann ebenso sich vergeht, wenn er ein Schiff mit Spreu umwirft, als wenn es mit Gold beladen wäre, so vergeht sich auch derjenige, der seinen Vater schlägt, nicht anders als jemand, der seinen Sklaven ungerechterweise schlägt. – Das nicht zu sehen, daß es die Kunst des Steuermanns gar nichts angeht, was für eine Ladung ein Schiff mit sich führt! Daß also, ob es Gold oder Spreu führt, für das gute oder schlechte Steuern gar keinen Unterschied macht! Aber was für ein Unterschied zwischen einem Vater und einem geringen Sklaven ist, das kann und soll man begreifen. Folglich kommt bei der Leitung eines Schiffes auf den Gegenstand, an dem man sich vergeht, nichts an, im Bereich des rechten Handelns aber sehr viel. Und wenn selbst beim Steuern das Schiff durch Nachlässigkeit gestrandet ist, so ist der Fehler schlimmer, wenn es sich um Gold, als wenn es sich um Spreu handelt. Denn wir verlangen, daß mit jeder Kunstfertigkeit auch diejenige Klugheit verbunden ist, die man die allgemeine nennt, welche alle, die ein solches Geschäft betreiben, haben müssen. So sind nicht einmal in dieser Hinsicht alle Verfehlungen gleich.

77. Dennoch bleiben sie beharrlich und wollen nicht nachgeben. Weil, sagen sie, jedes Vergehen ein Beweis von Schwäche und Unbeständigkeit ist, diese Fehler aber bei allen Toren gleich groß sind, so müssen auch ihre Vergehungen gleich groß sein. Als ob man auch schon zugäbe, daß die Fehler bei allen Toren gleich groß seien, und daß Lucius Tubulus von derselben Schwäche und Unbeständigkeit gewesen

sei wie jener Publius Scaevola, auf dessen Antrag er
verurteilt wurde, und als ob nicht auch unter den Gegenständen selbst, worin man sich verfehlt, ein Unterschied wäre, dergestalt, daß, je wichtiger oder un-
bedeutender die Gegenstände sind, die Vergehungen
an ihnen um so viel größer oder geringer wären!

78. Und so – denn jetzt soll die Rede sich schließen – scheinen mir denn deine Stoiker besonders an
dem einen Fehler zu kranken, daß sie zwei entgegengesetzte Ansichten behaupten zu können vermeinen.
Denn was ist so widersprechend als zu sagen, nur was
sittlich gut sei, das sei ein Gut, und zugleich zu behaupten, der Trieb nach den zum Leben gehörigen
Dingen gehe von der Natur aus? So fallen sie, indem
sie behaupten wollen, was dem ersten Grundsatz entspricht, in das System des Ariston; indem sie aber
davon abgehen, so verteidigen sie der Sache nach
dasselbe wie die Peripatetiker, die Worte halten sie
wie mit den Zähnen fest. Und indem sie diese wiederum sich nicht der Reihe nach entreißen lassen wollen, so werden sie abschreckender, rauher, härter in
Worten wie auch im Benehmen. 79. Dieses Finstere und
Rohe an ihnen suchte Panaitios zu vermeiden, daher
billigte er weder das Herbe in ihren Aussprüchen
noch die Stacheln in ihren Erörterungen, und er war
auf der einen Seite milder, auf der anderen klarer
und führte, wie seine Schriften beweisen, immer Platon, Aristoteles, Xenokrates, Theophrast und Dikaiarch[13] im Munde. Und mit diesen solltest du dich nach
meiner tiefsten Überzeugung mit Eifer und Fleiß beschäftigen.

Doch – weil es jetzt Abend wird und ich auf mein
Landgut zurückkehren muß, so sei es für heute genug;
80. doch wollen wir diese Unterhaltungen wieder-
holen.«

»Gewiß«, erwiderte Cato; »denn was können wir
Besseres tun? Und ich werde mir zuerst von dir aus-

bitten, dir die Mühe zu nehmen, meine Entgegnung auf das zu hören, was du gesagt hast. Doch bleibe dessen eingedenk, daß du alle unsere Behauptungen billigst, außer daß wir die Worte anders gebrauchen, ich aber von euren Ansichten gar nichts billige.«

»Eine Nuß auf den Weg«, erwiderte ich; »doch wir werden sehen.«

Nach diesen Worten gingen wir auseinander.

FÜNFTES BUCH

1. Als ich damals, lieber Brutus, den Antiochos, wie gewöhnlich, zugleich mit Marcus Piso[1] in dem Ptolomäischen Gymnasium[2] gehört hatte – mit uns waren mein Bruder Quintus[3] und Titus Pomponius[4] und mein Vetter Lucius Cicero[5], den ich wie einen Bruder liebte –, verabredeten wir, einen nachmittäglichen Spaziergang in der Akademie[6] zu machen, besonders weil der Ort zu dieser Tageszeit nicht von der Menschenmenge besucht zu sein pflegte. So versammelten wir uns zur besprochenen Zeit alle bei Piso. Dann machten wir unter mancherlei Gespräch die sechs Stadien vom Dipylon[7] bis hinaus. Als wir aber in den nicht ohne Grund berühmt gewordenen Räumen der Akademie ankamen, fanden wir die gewünschte Einsamkeit.

2. Da begann Piso: »Soll ich es ein Geschenk der Natur an uns nennen oder eine Art Täuschung, daß wir bei dem Anblick solcher Stätten, an welchen denkwürdige Männer sich oftmals aufgehalten haben sollen, mehr ergriffen werden als selbst dann, wenn wir ihre Taten erzählen hören oder eine Schrift von ihnen lesen? So ergreift es mich jetzt hier. Denn es tritt mir Platon vor die Seele, der, wie uns erzählt wurde, hier zuerst zu lehren pflegte; seine dort angrenzenden Gärtchen erinnern mich nicht nur an ihn, sondern stellen mir gleichsam seine Gestalt selbst vor Augen. Hier weilte Speusippos, hier Xenokrates, hier sein Schüler Polemon, wir sehen hier den Sessel[8], auf dem

er saß. Mir ging es ebenso beim Anblick unserer Hostilischen Kurie[9]; nicht der neuen, die mir weniger groß zu sein scheint, seitdem sie vergrößert worden ist –, da gedachte ich des Scipio, des Cato, des Laelius und vor allen unseres Großvaters; eine solch gewaltige Kraft der Erinnerung liegt in den Stätten, so daß nicht ohne Grund von ihnen die Gedächtniskunst abgeleitet ist.«

3. Hierauf sagte Quintus: »Es ist ganz so, mein Piso, wie du sagst. Denn mich selbst, wie ich eben jetzt ankomme, zog jener Ort Kolonos[10] an sich, und Sophokles, der ihn bewohnte, schwebte mir vor Augen; du weißt ja, wie sehr ich ihn bewundere und wie ich mich an ihm erfreue. Mich erschütterte die Gestalt des Oidipus aus älterer Zeit, wie er hierher kommt und in jenem Gedichte voll zarter Empfindung fragt, was für eine Gegend dies sei, freilich ein Traumbild, aber doch fühlte ich mich hingezogen.«

Dann sprach Pomponius: »Aber ich, auf den ihr als auf einen ergebenen Anhänger Epikurs loszuziehen pflegt, bin allerdings meines Teils viel bei Phaidros, den ich, wie ihr wißt, vor allen liebe, in Epikurs Gärten, an denen wir eben vorübergingen[11]; aber wenn ich nun nach einem alten Sprichwort mich der Lebenden erinnere, so würde ich doch auch des Epikur nicht vergessen, selbst wenn ich wollte; denn sein Bild haben unsere Freunde nicht nur auf Gemälden, sondern auch auf Bechern und Ringen.«

4. Darauf erwiderte ich: »Unser Pomponius scheint zu scherzen, und vielleicht für seine Person mit Recht. Hat er sich doch in Athen so heimisch gemacht, daß er fast ein Attiker ist, und es scheint, er werde dereinst auch noch diesen Beinamen erhalten. Ich aber stimme dir bei, Piso: wirklich pflegt es zu geschehen, daß wir viel lebhafter und gesammelter an berühmte Männer denken, wenn eine Stätte uns erinnert. Du weißt ja, wie ich einmal mit dir nach Metapont[12] kam

und nicht eher beim Gastfreund einkehrte, als bis ich jenen Ort, wo Pythagoras gestorben war und wo er wohnte, gesehen hatte. Jetzt aber, obschon überall in Athen sich an den Stätten selbst viele Erinnerungszeichen an große Männer finden, rührt mich doch jene Steinbank[13] am meisten. Denn noch vor kurzem saß Karneades darauf, und ich glaube ihn zu sehen – denn sein Bild ist bekannt –, und beinahe scheint es mir, als wenn dieser Sessel, nachdem dieser große Geist ihn verwaist gelassen hat, sich nach dem Klang seiner Stimme zurücksehne.«

5. Hierauf sagte Piso: »Weil doch alle etwas vorzubringen haben, was hat denn unser Lucius? Hat er etwa gerne nach jenem Ort gesehen, wo Demosthenes und Aischines[14] miteinander zu wetteifern pflegten? Denn jeder wird hierbei am meisten durch sein eigenes Sondergebiet bestimmt.«

Aber jener errötete und sagte: »Frage mich nicht, denn ich bin sogar an den Hafen Phaleron[15] hinabgegangen, wo Demosthenes, wie man sagt, neben der Brandung zu deklamieren pflegte, um sich daran zu gewöhnen, das Getöse der Wellen mit seiner Stimme zu überbieten. Auch bin ich ein wenig vom Wege nach rechts abgebogen, um des Perikles Grabmal zu besuchen. Allein wir finden hierin in dieser Stadt gar kein Ende; denn wohin wir nur treten, immer setzen wir unseren Fuß auf ein Stück Geschichte[16].«

6. Darauf sagte Piso: »Allerdings, mein Cicero, verrät diese Neigung, wenn sie die Nachahmung großer Männer zum Ziele hat, einen geistvollen Menschen; wenn sie aber nur darauf ausgeht, Spuren alter Erinnerung zu erforschen, so ist es nichts als Neugierde. Dich aber ermahnen wir alle, der du offensichtlich, schon den Anlauf genommen hast, daß du denjenigen, die du kennenlernen willst, auch nacheifern wollest.«

Hier fiel ich ein: »Zwar tut er, wie du siehst, mein

Piso, dasselbe, was du ihm anrätst, aber doch ist mir deine Ermahnung erwünscht.« Sehr herzlich, wie er es zu tun pflegte, erwiderte Piso: »Wir alle wollen Fürsorge für diesen Jüngling tragen, besonders auch, daß er einen Teil seiner Studien der Philosophie zuwende, um entweder dir nachzuahmen, den er liebt, oder um das, worauf er sein Studium wendet, mit um so größerer geistiger Ausrüstung betreiben zu können. Ist es nötig, lieber Lucius«, sprach er, »dich da zuerst zu ermahnen, oder bist du schon von selbst dazu geneigt? Auf die Vorträge des Antiochos wenigstens sehe ich dich schönen Eifer verwenden.«

Darauf entgegnete jener schüchtern, oder vielmehr ehrerbietig: »Ich tue es, aber hast du nicht soeben von Karneades gehört? Zu diesem reißt es mich hin, aber Antiochos ruft mich zurück, und sonst ist keiner da, den wir hören könnten.«

7. Hierauf erwiderte Piso: »Zwar wird dies sich nicht so leicht machen lassen, da dieser hier ist – er meinte mich –, doch ich will versuchen, dich von dieser neuen Akademie weg zu jener alten zu führen, zu welcher, wie du von Antiochos gehört haben wirst, nicht nur die sogenannten Akademiker wie Speusippos, Xenokrates, Polemon, Krantor[17] und andere gehören, sondern auch die alten Peripatetiker, an deren Spitze Aristoteles steht, den ich, von Platon abgesehen, den Größten unter den Philosophen nennen könnte. Zu diesen wende dich also, ich bitte dich. Aus ihren Schriften und Anleitungen nämlich kann man einerseits alle höheren Wissenschaften, die ganze Geschichte, allen Glanz im Vortrag sich aneignen, namentlich aber findet man hier eine solche Mannigfaltigkeit methodischer Kunst, daß niemand ohne dieses Hilfsmittel irgendeine bedeutende Leistung hinreichend ausgerüstet in Angriff nehmen kann. Aus ihnen sind die Redner, aus ihnen die Feldherrn und die Staatsmänner von erstem Range hervorgegan-

gen. Und um zu Geringerem zu kommen, Mathematiker, Dichter, Musiker, selbst Ärzte haben aus dieser,
ich möchte sagen, Werkstätte aller Künste ihren Weg
begonnen.«

8. Da antwortete ich ihm: »Du weißt, Piso, daß ich
derselben Ansicht bin, indes hast du es zur rechten
Zeit erwähnt. Mein Vetter Cicero möchte nämlich
gern hören, welche Ansicht jene alte Akademie, die
du erwähnst, und die Peripatetiker über das höchste
Gut gehabt haben. Wir glauben aber, daß du uns dies
am leichtesten entwickeln kannst, weil du einmal den
Neapolitaner Staseas[18] viele Jahre lang bei dir gehabt hast, andererseits schon mehrere Monate in
Athen eben diesen Gegenstand bei Antiochos, wie wir
sehen, zu erforschen suchest.« »Schön, schön«, sagte
jener lächelnd – »denn gar fein hast du es eingeleitet,
daß unsere Unterredung bei mir anfangen solle – so
wollen wir es unserem jungen Freunde, soweit wir
imstande sind, auseinandersetzen. Denn unsere Einsamkeit hier vergönnt es uns; ja, hätte mir das ein
Gott verkünden wollen, ich hätte es nimmer geglaubt,
daß ich einmal in der Akademie gleich einem Philosophen vortragen würde. Aber daß ich nur nicht, indem ich diesem Folge leiste, euch lästig bin!«

»Mir«, sagte ich, »der ich dich eben darum gebeten
habe?« Als darauf Quintus und Pomponius betont
hatten, daß sie es gleichfalls wünschten, begann Piso.
Und du, mein Brutus, beachte bitte, ob er in seinem
Vortrag die Ansicht des Antiochos richtig darstellt;
denn du hast dessen Bruder Aristos[19] oft gehört und
wirst deshalb dieser Lehre am meisten zugetan
sein.

9. Piso also sprach folgendermaßen: »Welch großes Rüstzeug für die Wissenschaften in der Lehre der
Peripatetiker enthalten ist, habe ich vorhin hinreichend und so kurz wie möglich dargelegt. Der Grund-
riß dieses Lehrgebäudes hat drei Teile, wie beinahe

überall: der eine behandelt die Natur, der zweite die Darlegung der Gedanken, der dritte die Gestaltung des Lebens. Die Natur haben sie so vollständig untersucht, daß kein Teil am Himmel, im Meere und auf der Erde, um mich dichterisch auszudrücken, übersehen worden ist, ja, sie haben sogar bei Erörterung über die Anfänge der Dinge und bei dem Weltall überhaupt nicht nur vieles mit wahrscheinlichen Schlüssen dargelegt, sondern auch nach Art der Mathematiker aus notwendigen Schlußfolgerungen abgeleitet, und so haben sie aus den an sich erforschten Dingen reichen Stoff zur Erkenntnis verborgener Dinge beigebracht. 10. Aristoteles hat die Geburt, Lebensweise, Gestalt aller lebenden Geschöpfe erforscht, Theophrast die Natur der Pflanzen und fast von allen Dingen, die die Erde erzeugt, die Ursachen und Verhältnisse behandelt; und damit ist die Erforschung der verborgensten Dinge sehr erleichtert worden. Für die Darlegung der Gedanken, nicht nur für die dialektische, sondern auch für die rhetorische, sind von ihnen die Regeln aufgestellt worden; und Aristoteles hat zuerst die Methode eingeführt, über einzelne Gegenstände für und wider zu sprechen, nicht in der Weise, daß er immer gegen alles, wie Arkesilaos, sprach, aber doch so, daß er in allen Fällen herausbrachte, was man für und wider eine Sache sagen könne. 11. Der dritte Teil, der die Vorschriften zu einem guten Leben untersucht, ist gleichfalls von ihm selbst nicht nur für das Privatleben, sondern auch für die Verwaltung der Staaten durchgearbeitet worden. Fast von sämtlichen Staaten, nicht allein Griechenlands, sondern auch des Barbarenlandes haben wir durch Aristoteles die Sitten, Einrichtungen und Vorschriften, durch Theophrast auch die Gesetze kennengelernt. Beide haben gelehrt, welche Eigenschaften der jeweilige erste Mann im Staate haben sollte, und außerdem in mehreren Schriften den besten Zustand

des Staates geschildert; und Theophrast schrieb noch
ausführlicher über die im Staate vorkommenden Veränderungen und einflußreichen Zeitumstände, die
man so zu leiten suchen müsse, wie es die jeweiligen
Umstände forderten. Für die Führung des Lebens
aber gefiel ihnen besonders eine ruhige, auf Betrachtung und Erkenntnis der Dinge gewandte Weise;
denn da diese dem Leben der Götter am ähnlichsten
war, erschien sie am würdigsten für den Weisen. Und
ihre Darstellung bei allen diesen Gegenständen ist
glänzend und lichtvoll.

12. Über das höchste Gut gibt es zwei Arten von
Schriften; die ersten sind für das Volk geschrieben
und heißen exoterische, die anderen sind die gefeil-
teren, wie sie in Kommentaren von ihnen hinterlassen sind; daher kommt es, daß sie nicht immer das
Gleiche zu sagen scheinen; jedoch ist wenigstens bei
keinem der Genannten in der Hauptsache je ein
Schwanken, noch zwischen ihnen je eine wesentliche
Meinungsverschiedenheit. Wenn aber nach dem
glücklichen Leben gefragt wird, dem einzigen Gegenstand, welchen die Philosophie im Auge haben und
verfolgen soll, so scheinen darüber, ob dieses glückliche Leben ganz in der Gewalt des Weisen sei oder
ob es durch Unglück ihm wankend gemacht oder entrissen werden könne, bisweilen verschiedene Ansichten und Zweifel vorhanden zu sein. Dies rührt besonders von Theophrasts Schrift ›Über das glückliche
Leben‹ her, worin dem Glück und Zufall viel Einfluß zuerkannt wird. Wäre dies richtig, so könnte die
Weisheit uns das glückliche Leben nicht gewähren.
Diese Theorie scheint mir zu verzärtelt, und ich möchte
sagen zu verweichlicht, als daß es so die Gewalt und
der Ernst der Vollkommenheit fordert. Deshalb wollen wir uns an Aristoteles und seinen Sohn Nikoma-
chos halten; des letzteren sorgfältige Schriften über
die Sittlichkeit werden zwar dem Aristoteles zuge-

schrieben, doch ich sehe nicht ein, weshalb der Sohn nicht dem Vater hätte ähnlich sein können. Doch benutzen wir meistenteils den Theophrast, nur halten wir bei der Vollkommenheit mehr als er auf Festigkeit und Stärke. 13. Mit diesen nun wollen wir zufrieden sein. Denn ihre Nachfolger sind zwar nach meiner Meinung immer noch besser als die Philosophen der übrigen Schulen, aber sie sind doch so entartet, daß es scheint, als hätten sie ihre Lehre aus sich selbst entnommen. So wollte zuerst Theophrasts Schüler Straton[20] als Naturforscher gelten; und wenn er darin auch bedeutend ist, so ist doch das meiste neu und über Sittlichkeit sehr wenig bei ihm zu finden. Lykon, dessen Schüler, hat einen reichen Vortrag, ist aber dem Inhalt nach etwas mager. Gedrängt und geschmackvoll ist dann dessen Schüler Ariston[21]; aber was von einem großen Philosophen gefordert wird, die Gründlichkeit, ging ihm ab; seine Schriften sind allerdings zahlreich und haben auch ihren Glanz, aber – ich weiß nicht, wie es kommt – seine Rede hat keine Wucht.

Ich übergehe viele, unter ihnen den gelehrten und anziehenden Hieronymos, bei dem ich nur keinen Grund sehe, ihn einen Peripatetiker zu nennen, denn er hat als höchstes Gut die Schmerzlosigkeit aufgestellt; wer aber in der Lehre vom höchsten Gut abweicht, der weicht in der ganzen Weise des Philosophierens ab. Kritolaos[22] wollte die Alten nachahmen, und wirklich kommt er ihnen an Gründlichkeit ganz nahe, und seine Rede hat Fülle, und doch blieb auch er nicht innerhalb der alten Grundsätze. Diodoros, sein Schüler, verbindet mit der Sittlichkeit die Schmerzlosigkeit. Auch dieser geht seinen eigenen Weg, und da er in der Lehre vom höchsten Gut abweichender Meinung ist, so kann er nicht eigentlich Peripatetiker genannt werden. Der Meinung der Alten aber scheint mir unser Antiochos am sorgfältigsten nachzugehen, und er weist nach, daß dies auch die Ansicht des Aristoteles und des Polemon gewesen ist.

15. Unser Lucius handelt also ganz klug, wenn er vor allem die Lehre vom höchsten Gut zu hören wünscht; denn wenn dieses festgestellt ist, so ist alles in der Philosophie festgestellt. Denn mag in übrigen Gegenständen etwas übergangen, mag etwas unbekannt geblieben sein, so ist der Schaden nicht größer als der Wert der einzelnen Dinge, bei denen die Nachlässigkeit vorgekommen ist. Wenn aber das höchste Gut unbekannt bleibt, so muß notwendigerweise der ganze Lebensweg unbekannt bleiben; daraus ergibt sich aber ein solcher Irrweg, daß man nicht wissen kann, in welchen Hafen man sich retten soll. Hat man aber das Höchste in den Dingen erkannt, sieht man ein, was das Letzte und Äußerste in Gütern und Übeln ist, so ist der Weg des Lebens und die Gestaltung allen rechten Handelns gefunden, wenn die Frage auftaucht, worauf sich alles bezieht; 16. hieraus kann dann, was alle erstreben, die Kunst, glücklich zu leben, entdeckt und erworben werden. Weil nun aber darüber, worin diese Kunst bestehe, große Meinungsverschiedenheit herrscht, so haben wir die Einteilung des Karneades anzuwenden, die unser Antiochos mit Vorliebe zu gebrauchen pflegt. Der nämlich hat erkannt, nicht nur wie viele Ansichten über das höchste Gut es bisher unter den Philosophen gegeben hat, sondern wie viele es überhaupt geben kann. So sagte er denn, es gebe keine Kunst, welche von sich selbst ausginge; denn immer ist das, was von der Kunst erreicht wird, außerhalb derselben. Ich brauche dies nicht durch Beispiele des weiteren auseinanderzusetzen. Es ist nämlich ersichtlich, daß keine Kunst sich nur in sich selbst bewegt, sondern daß etwas anderes die Kunst selbst ist, etwas anderes das Ziel, das sie sich vorgesetzt hat. Wie nun für die Gesundheit die Arzneikunde, für die Schiff-

fahrt die Steuermannskunst, so ist die Klugheit die Kunst zu leben; folglich muß auch diese durch irgend etwas anderes als Grundlage bedingt und von ihm ausgegangen sein. 17. Es gilt aber so ziemlich bei allen für ausgemacht, daß das, womit die Klugheit zu tun hat und was sie erreichen will, der Natur angepaßt und entsprechend sein müsse, so daß es unmittelbar an sich den Trieb der Seele, den die Griechen Horme nennen, erweckt und an sich lockt. Was nun aber das ist, was so treibt und so von der Natur von Anfang an verlangt wird, darüber ist man nicht einig, und deshalb herrscht unter den Philosophen große Meinungsverschiedenheit bei der Untersuchung über das höchste Gut. Denn für jene ganze Untersuchung, welche über das höchste Gut und größte Übel angestellt wird, wenn gefragt wird, was in ihnen das Höchste, das Letzte ist, muß der Ursprung gefunden werden, in dem die ersten Anreize der Natur enthalten sind; ist dieser gefunden, so leitet sich von da aus wie von einer Quelle die ganze Auseinandersetzung über das höchste Gut und das größte Übel ab.

Die einen halten die Lust für den ersten Gegenstand des Begehrens – und für das Erste, was wir abwehren, den Schmerz. Andere halten dafür, das erste Verlangen sei es, nicht Schmerz zu leiden und vom Schmerze sich abzuwenden. 18. Wieder andere gehen von den Dingen aus, die sie erste Naturgemäßheiten nennen, dazu zählen sie die Unversehrtheit und Erhaltung aller Körperteile, die Gesundheit, gesunde Sinne, Schmerzlosigkeit, Kräfte, Schönheit und anderes der Art; und ihnen entsprechend gibt es ursprüngliche Eigenschaften in der Seele, gleichsam die glimmenden Funken und Samenkörner der Tugenden. Da unter diesen dreien (der Lust, der Schmerzlosigkeit, dem Naturgemäßen) ein erstes ist, wodurch die Natur zum Begehren oder Abweisen veranlaßt wird, und überhaupt kein anderes außer diesen dreien

es sein kann, so muß die Pflicht, etwas zu fliehen oder
zu suchen, sich auf eines dieser Dinge beziehen, so
daß jene Klugheit, die wir als die Kunst des Lebens
bezeichnet haben, eines dieser drei Dinge zum Gegenstand haben muß, um von ihm aus die Gestaltung
des ganzen Lebens zu ordnen. 19. Aus dem nun,
was diese Klugheit als das festgesetzt hat, wodurch
die Natur zuerst getrieben werde, wird die Lehre
über das Rechte und Sittlichgute hervorgehen, welche
mit einem von diesen dreien so übereinstimmen muß,
daß sittlich gut ist, entweder alles der Lust wegen zu
tun, auch wenn man sie nicht erreicht, oder der
Schmerzlosigkeit wegen, auch wenn man es nicht dahin bringen kann, oder um das zu erlangen, was der
Natur gemäß ist, wenn man es auch nicht erlangt.
Daher kommt es, daß ebenso groß, wie die Verschiedenheit der natürlichen Grundtriebe ist, auch die Un-
ähnlichkeit unter den Auffassungen über das höchste
Gut und das größte Übel ist. Andere wieder werden
von denselben Grundlagen aus alle Pflicht entweder
auf die Erreichung der Lust oder auf die Erreichung
der Schmerzlosigkeit oder auf das Behaupten jener
ersten Naturgemäßheiten beziehen.

20. Haben wir nun sechs Ansichten über das höchste Gut auseinandergesetzt, so sind die vornehmsten
Verteidiger für die drei letztgenannten folgende:
für die Lust Aristippos, für die Schmerzlosigkeit Hieronymos, für den Genuß der Dinge, die wir als erste
Naturgemäßheiten bezeichnet haben, Karneades,
nicht eigentlich als Begründer, sondern als Verfechter
dieser Ansicht, um sie zu erörtern. Die ersteren drei
Ansichten waren von Karneades nur als mögliche
aufgestellt worden, und nur eine davon ist verteidigt
worden, und zwar mit Entschiedenheit. Denn daß man
alles der Lust wegen tue und daß, auch wenn wir nichts
erreichen, doch der reine Entschluß, so zu handeln, an
sich erstrebenswert und sittlichgut und das einzige Gut

sei, hat niemand behauptet. Ja, selbst das Vermeiden
des Schmerzes hat noch niemand als etwas an sich Erstrebenswertes betrachtet, auch nicht, wenn er wirklich vermieden werden könnte. Dagegen alles zu tun,
um das zu erreichen, was der Natur gemäß ist, auch
wenn wir dies nicht erlangen, das sei sittlichgut und
einzig begehrenswert und das einzige Gut – das behaupten die Stoiker.

21. Dies sind also die sechs einfachen Aussprüche
über das Höchste des Guten und Üblen, zwei von ihnen haben keinen Schutzherrn, aber vier sind verteidigt. Verbundene aber und doppelte Erklärungen des
höchsten Gutes hat es im ganzen drei gegeben, und es
hat deren auch nicht mehr geben können, wenn man
auf die Natur der Sache genau eingeht. Denn entweder läßt sich Lust und Sittlichkeit verbinden, wie dies
die Meinung des Kalliphon und Dinomachos[23] war,
oder Schmerzlosigkeit, wie Diodoros annahm, oder
die Grundforderungen der Natur, wie wir es bei den
Alten finden, unter denen wir zusammen die Akademiker und die Peripatetiker verstanden haben. Da
sich indes nicht alles auf einmal sagen läßt, so wird
das für jetzt als bekannt vorausgesetzt werden müssen, daß wir von der Lust abzusehen haben, weil wir
zu etwas Höherem, wie sich bald zeigen wird, geboren sind. Über die Schmerzlosigkeit pflegt man fast
das gleiche zu sagen. (Weil also einmal über die
Lust mit Torquatus, dann über die Sittlichkeit mit
Cato schon verhandelt ist, daß in ihr allein alles Gut
zu finden sei, so gilt das früher zunächst über die
Lust Gesagte beinahe vollständig auch von der
Schmerzlosigkeit.) 22. Auch haben wir uns nicht erst
nach anderen Beweisen gegen jene Lehre des Karneades umzusehen. Denn wie man auch immer das höchste Gut erklären mag: wenn die Sittlichkeit darin
nicht enthalten ist, so können in einer solchen Lehre
weder rechtes Handeln noch Tugenden noch Freund-

schaft bestehen. Die Verbindung aber der Lust wie
der Schmerzlosigkeit mit der Sittlichkeit macht eben
das Sittlichgute, das man festhalten will, zu etwas
Sittlichschlechtem. Denn wenn man seine Handlungen entweder mit auf die Schmerzlosigkeit – als das
höchste Gut – oder auf den leichtesten Teil der Natur
bezieht[24], so heißt das allen Glanz der Sittlichkeit
verdunkeln, um nicht zu sagen beschmutzen. Übrig
bleiben die Stoiker, die, da sie alles von den Peripatetikern und Akademikern entlehnt haben, unter anderen Namen dieselben Dinge vorgebracht haben.

Doch ist es besser, Männer dieser Schule einzeln zu
widerlegen. Jetzt zu unserer Frage zurück; über jene,
wenn wir einmal Lust haben.

23. Des Demokritos Sicherheit, die man Euthymia nennt und worunter man etwa Ruhe der Seele
versteht, mußte deshalb von unserer Untersuchung
ausgesondert werden, weil diese Ruhe der Seele das
glückliche Leben selbst ist; wir fragen aber nicht, welcher Art dieses ist, sondern woraus es hervorgeht. Die
schon verrufenen und verworfenen Meinungen des
Pyrrhon, des Ariston und des Herillos konnten, weil
sie in diesen Kreis, dessen Linien wir zogen, gar nicht
fallen können, auf keinen Fall beigezogen werden.
Denn da unsere ganze Untersuchung über die Grenzen und gleichsam über das Endziel der Güter und
der Übel von dem ausgeht, was wir als der Natur angemessen und entsprechend erklärt haben und was
selbst an und für sich als das Erste begehrt wird, so
heben das einerseits diejenigen auf, welche behaupten, daß in den Dingen, in denen nichts, was sittlich
gut oder schimpflich wäre, vorhanden ist, gar kein
Grund enthalten sein könne, warum eines dem anderen vorzuziehen sei, und meinen, daß unter diesen
Dingen überhaupt kein Unterschied sei; andererseits
hat Herillos, wenn er die Meinung aufstellt, nichts sei
ein Gut außer der Wissenschaft, damit allen Grund

zum Fassen eines Entschlusses und alle Feststellung
des rechten Handeln aufgehoben. So muß denn, nach
Ausschluß der Ansichten der anderen, da es außerdem keine andere Meinung geben kann, die der Alten ihre Geltung behalten. Somit wollen wir uns nach
dem Verfahren der Alten richten, welchem auch die
Stoiker folgen, und von hier aus den Anfang machen.

24. Jedes lebende Wesen liebt sich selbst und bietet, sobald es ins Leben getreten ist, alles auf, sich zu
erhalten – denn dieser Trieb, sein ganzes Leben zu
schützen, wird ihm als erster von der Natur gegeben,
daß es sich selber erhalte – und in einer Verfassung
zu sein, wie sie der Natur am besten entspricht. Diesen Zug hat es am Anfang verworren und unsicher,
so daß es sich nur so zu erhalten sucht, wie es beschaffen ist; aber weder was es ist, noch was es vermag,
noch wie seine eigene Natur beschaffen ist, begreift
es. Ist es jedoch ein wenig vorgeschritten und hat es
zu durchschauen begonnen, inwiefern ein jedes Ding
mit ihm in Berührung und Beziehung steht, da beginnt es allmählich sich weiterzuentwickeln und sich
selbst zu erkennen und einzusehen, warum es jenen
Trieb der Seele, wie wir ihn genannt, habe; und es
beginnt nun, das, was es als der Natur angemessen
empfindet, zu begehren und das Gegenteil abzuwehren. Also ist für jedes lebende Wesen, das, was es begehrt, in dem begründet, was der Natur angemessen
ist. Somit besteht das höchste Gut darin, der Natur
gemäß zu leben in einem Zustande, der der bestmögliche und der Natur angemessenste ist. 25. Da nun
jedes lebende Wesen seine eigentümliche Natur hat,
so muß auch als das Ziel aller dies gelten, daß dieser
Natur Genüge geleistet werde – denn nichts steht im
Wege, daß einiges sowohl den übrigen Geschöpfen
untereinander als auch dem Menschen mit den Tieren
gemeinsam sein sollte, weil die Natur überhaupt allen gemeinsam ist –, daß aber jenes Äußerste und

Höchste, was wir suchen, unter den Gattungen der Lebewesen verschieden und verteilt ist und jede Gattung etwas Eigenes, zu dem Passendes hat, was ihre Natur verlangt.

26. Wenn wir daher sagen, für alle Lebewesen sei es das Höchste, der Natur gemäß zu leben, so ist das nicht so zu nehmen, als wenn wir sagten, daß ein und dasselbe für alle als Höchstes gelte; sondern wie man mit Recht sagen kann, daß es das für alle Künste Gemeinsame sei, daß sie sich in irgendeinem Können bewegen, daß aber jede einzelne Kunst ihre besondere Wissenschaft verlange, ebenso – sagt man – ist es das Gemeinsame aller Lebewesen, der Natur gemäß zu leben, aber ihre Naturen sind verschieden, so daß eben das von Natur etwas anderes für das Pferd, etwas anderes für den Ochsen, etwas anderes für den Menschen ist. Und doch ist in allen das eine Höchste gemeinsam, und zwar nicht nur in den Lebewesen, sondern auch in allen den Dingen, welche die Natur nährt, mehrt, schützt; unter ihnen sehen wir diejenigen Dinge. die aus der Erde hervorkeimen, vieles gewissermaßen unmittelbar durch sich selbst hervorbringen, was auf ihr Leben und Wachstum einwirkt, damit sie in ihrer Gattung ihr letztes Ziel erreichen; und so kann man jetzt in den einen Gedanken zusammenfassen und ohne Bedenken sagen, daß jegliche Natur die Erhalterin ihrer selbst ist und gleichsam als Ziel und Höchstes die Aufgabe hat, sich in dem für ihre Gattung besten Zustand zu erhalten; mithin müssen alle Dinge, die von der Natur her ihre Kraft haben, ein ähnliches Ziel, aber nicht dasselbe, haben. Hieraus muß man erkennen, daß für den Menschen dies unter den Gütern das höchste ist, der Natur gemäß zu leben, was wir so auslegen können: leben nach der allseitig voll entwickelten und nichts mehr vermissenden Menschennatur[25].

27. Das also haben wir noch zu erläutern; wenn es

aber ein wenig umständlich geschieht, werdet ihr ver-
zeihen. Wir müssen ja auf das Alter unseres jungen
Freundes, der dies vielleicht zum ersten Male zu hören bekommt, Rücksicht nehmen.«

»Ganz recht so«, sagte ich, »wiewohl das wenigstens, was du bisher gesprochen hast, auf jene Weise
für jedes Alter richtig dargelegt sein dürfte.«

»Nachdem nun«, sprach er, »die Abgrenzung der
erstrebenswerten Dinge dargestellt worden ist, muß
zunächst gezeigt werden, weshalb die Sache sich
so verhält, wie ich gesagt habe. Deshalb wollen wir
von dem ausgehen, was ich zuerst festgestelllt habe
und was auch der Sache nach das Erste ist, daß wir
nämlich einsehen, daß jedes Lebewesen sich selbst
liebe. Obgleich nun dies keinem Zweifel unterliegt –
denn es ist der Natur unmittelbar eingeprägt und
wird von jedem durch seine eigenen Sinne wahrgenommen, so daß, wenn jemand dagegen sprechen
wollte, man ihm kein Gehör schenken dürfte –, so
glaube ich doch, damit ich ja nichts unterlasse, auch
die Gründe, warum dies so ist, anführen zu müssen.
28. Und doch, wie kann es begreiflich oder denkbar
sein, daß es ein Lebewesen gebe, das sich selbst haßte? Widersprechende Dinge träfen da zusammen.
Denn wenn jener Trieb der Seele etwas absichtlich
an sich heranzuziehen anfinge, das ihm schadete, weil
er feindlich gegen sich selbst wäre, so würde er, da er
das doch um seinetwillen tut, sich ja zugleich hassen
und lieben, was doch unmöglich ist. Denn wenn einer
sich selbst feind ist, so muß er das, was ein Gut ist,
für ein Übel halten, und dagegen für gut, was übel
ist, und was zu begehren ist, muß er fliehen, und was
zu fliehen ist, begehren; und unzweifelhaft wäre das
eine Zerstörung des Lebens. Denn keineswegs darf
man, wenn sich einzelne finden, welche durch den
Strick oder sonst ihren Tod suchen, oder wie jener bei
Terentius, welcher, wie er selbst sagt, »der Meinung

war, so lange tue er seinem Sohne weniger Unrecht, solange er selber elend lebe[26]‹, von solchen annehmen, daß sie sich selber feind seien. 29. Die einen werden vielmehr vom Schmerz getrieben, die anderen von der Begierde, viele lassen sich auch vom Jähzorn hinreißen, und während sie sich wissend in Übel stürzen, meinen sie, damit doch am besten für sich zu sorgen. Daher sagen sie unbedenklich:

›So ist's mein Brauch, und du tu's, wie dir nötig scheint.‹

Hätten sie sich selbst den Krieg erklärt, so würden sie wünschen, Tag und Nacht gemartert zu werden, würden sich aber selbst keineswegs deshalb anklagen und zugestehen, daß sie schlecht für sich gesorgt haben. Das ist nämlich die Klage solcher Leute, die sich teuer sind und sich selbst lieben. Darum, sooft man von einem sagen wird, er mache sich schlecht um sich verdient und sei sein eigener Feind und Gegner, ja er sei sogar das Leben satt, so mag man erkennen, daß irgendein derartiger Grund dahinterstecke, so daß man gerade daraus ersehen kann, daß ein jeder sich selbst teuer ist. 30. Nicht genug aber, daß es keinen gibt, der sich selbst haßte – auch das ist zu erkennen, daß es keinen gibt, der es für gleichgültig hielte, in welchem Zustand er sich befinde. Denn der Trieb der Seele müßte aufgehoben werden, wenn wir, so wie wir uns in gleichgültigen Dingen nach keiner Seite mehr als nach der anderen hinneigen, ebenso in Bezug auf uns selbst glaubten, es könne uns gleichgültig sein, in welchem Zustand wir uns befinden.

Und auch das dürfte, falls es jemand behaupten wollte, widersinnig sein, es liebe ein jeder sich selbst in der Weise, daß diese Kraft seiner Liebe sich auf irgendeinen anderen Gegenstand beziehe, nicht auf die Person selbst, die sich liebt. Wenn man dergleichen sagt, wo von Freundschaften, wo vom rechten Handeln, wo von Tugenden die Rede ist, so läßt sich,

wie es auch immer ausgedrückt sein mag, doch verstehen, was gemeint sei; in Beziehung auf uns selbst
aber kann es nicht einmal verstanden werden, daß
wir um irgendeines anderen Gegenstandes, z. B. um
der Lust willen, uns lieben sollten; denn um unseret-
willen lieben wir ja sie, nicht um ihretwillen uns.

31. Jedoch was kann durchsichtiger sein, als daß
ein jeder sich nicht allein lieb, sondern in hohem
Grade lieb ist? Denn wo gibt es einen oder unter wie
vielen einen, dem, wenn der Tod herannaht,

> ›nicht das Blut vor Furcht zurückweicht
> und ihn vor Angst erblassen läßt[27]?‹

Es mag ein Fehler sein, wenn man seine eigene Auflösung so heftig fürchtet – und derselbe Tadel gilt
beim Schmerze –, aber weil doch fast bei allen diese
Empfindung auftritt, so ist das ein hinreichender Beweis, daß die Natur vor dem Untergang zurückschau-
dere; und je mehr einige dies in dem Grade tun, daß
sie sogar Tadel verdienen, um so mehr kann man erkennen, daß eben dieses Übermaß bei einigen sich
nicht eingestellt hätte, wenn nicht eine gewisse mäßige Empfindung hier natürlich wäre. Ich meine aber
nicht die Todesfurcht derer, die, weil sie der Güter
des Lebens beraubt zu werden glauben, oder weil sie
sich sehr fürchten vor gewissen Schrecknissen nach
dem Tode, oder wenn sie fürchten, unter Schmerzen
sterben zu müssen, deswegen den Tod fliehen; auch
bei kleinen Kindern, die noch an nichts Derartiges
denken, finden wir oft, daß sie sich fürchten, wenn wir
wohl einmal im Spiel ihnen drohen, sie irgendwo hin-
abzustürzen. Ja sogar die wilden Tiere, ›denen‹,
wie Pacuvius sagt, ›die Schlauheit fehlt, um sich
vorzusehen‹, schaudern zusammen, wenn der Schrek-
ken des Todes ihnen eingejagt wird. 32. Ja, selbst
bei einem Weisen, wer glaubt, daß es da anders
ist? Wird doch dieser, auch wenn er erkannt hat,

sterben zu müssen, doch durch das Scheiden von den
Seinigen, ja durch das Scheiden von dem Licht der
Sonne erschüttert. Besonders aber ist in solchen Fällen die Macht der Natur ersichtlich, wo viele ein Bett-
lerleben ertragen, nur um zu leben, und wo Menschen, die vom Alter entkräftet sind, Beklemmungen
erleiden beim Nahen des Todes und das aushalten,
was wir Philoktet in der Dichtung mitmachen sehen.
Denn der fristete trotz der Peinigung durch fast un-
erträgliche Schmerzen dennoch sein Leben durch Vo-
gelfang; ›mit seiner Pfeile Schuß erlegte ein Lang-
samer die Schnellen, stehend die Fliegenden‹, wie es
bei Accius heißt, und ›aus dem Gewebe der Federn
machte er eine Bedeckung für seinen Leib[28]‹. 33. Spreche
ich von der Menschen Geschlecht oder allgemein von
dem der lebenden Wesen, während doch die Natur
der Bäume und Sträucher beinahe die gleiche ist?
Denn mag, wie es sehr gelehrte Männer annahmen,
eine höhere und göttlichere Ursache ihnen diese Kraft
eingepflanzt haben, oder mag dies aus Zufall sich so
vollziehen, jedenfalls sehen wir, daß das, was die
Erde hervorbringt, durch Rinden und Wurzeln stark
ist und sich erhält, wie die Lebewesen durch die Ver-
teilung ihrer Sinne und durch eine bestimmte Zusam-
menfügung der Glieder ihr Ziel erreichen. Obgleich
ich in dieser Sache der Meinung derjenigen beipflich-
te, die annehmen, alles dies werde von der Natur geleitet, weil, wenn die Natur sich nicht um diese Dinge
kümmerte, auch diese Dinge nicht sein könnten, so
will ich doch gestatten, daß diejenigen, die hierüber
anderer Meinung sind, glauben mögen, was sie wollen; nur das mögen sie einsehen, daß, wenn ich zuweilen von der Natur des Menschen spreche, ich den
Menschen meine; denn da ist kein Unterschied. Denn
eher dürfte jemand sich von sich selber trennen, als
den Trieb nach den Dingen, die ihm zuträglich sind,
verlieren. Mit Recht haben deshalb die bedeutend-

sten Philosophen den Anfang des höchsten Gutes bei
der Natur gesucht und geglaubt, daß jener Trieb nach
den der Natur angemessenen Dingen allen angeboren sei, weil diese Dinge in jener Empfehlung der
Natur mit enthalten sind, vermöge deren sie sich
selbst lieben.

34. Nächstdem haben wir, da nun klar genug gemacht ist, daß ein jeder sich von Natur lieb ist, zu
untersuchen, worin die menschliche Natur bestehe[29].
Denn das ist es doch, worum es sich handelt. Nun ist
es aber klar, daß der Mensch aus Leib und Seele besteht, wobei der Seele der erste Rang, dem Leib der
zweite gebührt. Sodann sehen wir auch, der Leib ist
so gestaltet, daß er die anderen Geschöpfe übertrifft,
und die Seele hat einen solchen Aufbau, daß sie mit
Sinnen ausgerüstet ist und zugleich den Vorzug des
Geistes hat, welchem die ganze Natur des Menschen
gehorchen soll und in welchem eine wunderbare Kraft
der Vernunft und der Erkenntnis und der Wissenschaft sowie aller Tugenden lebt. Denn was dem Körper angehört, hat einerseits nicht die Gewichtigkeit,
die mit den Teilen der Seele verglichen werden kann,
andererseits ist seine Erkenntnis leichter. Deswegen
wollen wir mit dem anfangen.

35. Unseres Körpers Teile also, seine ganze Gestalt und Form und sein Bau – wie ganz der Natur
angepaßt sie sind, das ist klar, und es besteht kein
Zweifel, daß man an Stirn, Augen, Ohren und den
übrigen Teilen erkennt, wie diese ganz dem Menschen eigentümlich sind. Das ferner ist gewiß notwendig, daß sie gesund und kräftig sind und ihre natürlichen Bewegungen und Verrichtungen haben, so
daß weder irgendein Teil an ihnen fehle, noch krank
oder schwach sei; denn so verlangt es die Natur. Der
Körper hat auch eine bestimmte Tätigkeit, welche die
Bewegungen und Stellungen mit der Natur übereinstimmend erhält; und wenn man hierin sich vergeht

durch irgendeine Verrenkung oder Verkümmerung
oder durch häßliche Bewegung oder Stellung, z. B.
wenn jemand auf den Händen oder nicht vorwärts,
sondern rückwärts gehen wollte, so würde es gewiß
den Anschein haben, als ob ein solcher sich selbst
fliehe, sich allen Menschentums entäußere und die
Schöpfung anfeinde. Daher sind auch gewisse Arten
zu sitzen und manche Biegungen und Verdrehungen,
wie sie frechen und verweichlichten Menschen eigen
zu sein pflegen, widernatürlich, so daß, wenn auch
hierbei der Grund in einem Fehler der Seele liegt,
doch die Natur des Menschen am Körper eine Änderung zu erfahren scheint. 36. Und ebenso erscheinen
umgekehrt gemäßigte und im Gleichgewicht blei-
bende Handlungen und derlei Zustände und Bewegungen des Körpers als der Natur angemessen.

Ferner muß auch die Seele nicht nur da sein, sondern in einem bestimmten Zustande da sein, dergestalt, daß sie einmal ihre sämtlichen Teile wohlbehalten habe, sodann daß ihr von den Tugenden, den
Werten, keiner fehle. Nun hat aber unter den Sinnen
jeder seine eigentümliche Tugend oder Leistung, damit ja nichts hindern kann, daß ein jeglicher Sinn
seine Aufgabe verrichte in rascher und ungehinderter
Wahrnehmung der Dinge, die den Gegenstand der
Sinne bilden.

Die Seele aber und der Teil der Seele, der der vornehmste ist und den wir Geist nennen, hat mehrere
Vorzüge, aber deren zwei Hauptarten, die eine aus
den Vorzügen, welche ihrer eigenen Natur nach angeboren sind und unfreiwillige genannt werden, die
andere Art aber aus denen, welche, im Willen begründet, im eigentlichen Sinne des Wortes Vorzüge,
Tugenden genannt zu werden pflegen, und ihre Be-
deutsamkeit unter allem, was an der Seele lobwürdig
ist, ist beispiellos. Zur ersten Art gehören die Geleh-
rigkeit, das Gedächtnis; das alles wird etwa mit dem

einen Namen Talent bezeichnet, und wer diese Vorzüge hat, wird talentvoll genannt. Die zweite Hauptart aber enthält viele und die wahren Vorzüge, die wir die willensmäßigen nennen, wie Klugheit, Mäßigung, Tapferkeit, Gerechtigkeit und die anderen der Art.

Dies mußte ich im allgemeinen über Körper und Seele sagen, womit gleichsam umrissen ist, was die Natur des Menschen fordert.

37. Hieraus leuchtet nun ein, daß, weil wir uns ja selbst lieben und wünschen, daß alles an Seele und Leib vollkommen sei, alle diese Bestandteile uns um ihrer selbst willen lieb sind und daß in ihnen die wichtigsten, ausschlaggebenden Kräfte für das glückliche Leben enthalten sind. Denn wem die Erhaltung seiner selbst Aufgabe ist, dem müssen auch die Teile seiner selbst lieb sein und um so lieber, je vollkommener und in ihrer Art lobenswerter sie sind. Denn ein Leben wird angestrebt, das ganz angefüllt sein soll mit Vorzügen der Seele und des Leibes: und darein muß man das höchste Gut setzen, weil es ja von der Beschaffenheit sein muß, daß es das höchste der zu erstrebenden Dinge ist. Haben wir dies eingesehen, so kann nicht bezweifelt werden, daß, da die Menschen sich selbst um ihrer selbst willen und aus eigenem Antrieb lieb sind, auch alle Teile des Körpers wie der Seele und aller Dinge, die zu der Bewegung und der Ruhe beider gehören, in ihrer Selbstliebe mit erfaßt und an und für sich begehrt werden sollen. 38. Aus dieser Auseinandersetzung ergibt sich nun leicht der Schluß, daß das unter unseren Gütern, was am meisten Wert hat, auch am meisten zu begehren ist, so daß also von dem jedesmal besten Teil, der an und für sich erstrebt wird, wieder am meisten sein Vorzug, seine Tugend zu erstreben ist. So wird es kommen, daß der Vorzug der Seele über den Vorzug des Körpers zu stellen ist und daß die

nicht willensmäßigen Vorzüge der Seele von den
willensmäßigen übertroffen werden, und auch letztere verdienen eigentlich nur den Namen Tugend
und haben bei weitem den Vorzug deswegen, weil sie
aus der Vernunft hervorgehen, der nichts anderes im
Menschen an Göttlichkeit gleichkommt. Denn bei all
den Dingen, welche aus der Natur hervorgehen und
unter ihrer Obhut stehen, welche entweder ohne
Seele oder nicht viel besser als ohne Seele sind, beruht das höchste Gut auf dem Körper, und deshalb
ist es eine nicht ungeschickte Bemerkung über das
Schwein, eine Seele sei diesem Tier nur statt des Sal-
zes gegeben, damit es nicht verfaule.

Es gibt aber auch einige Tiere, die etwas von Tugend an sich haben, z. B. die Löwen, die Hunde, die
Pferde; an ihnen bemerken wir nicht nur körperliche
Regungen, wie bei den Schweinen, sondern auch in
gewisser Beziehung eine Art von Regungen der Seele.
Beim Menschen aber besteht die Vollendung in der
Seele, und die höchste Stelle in der Seele ist die Vernunft; daraus geht die Tugend (Vollkommenheit)
hervor, deren Begriff bestimmt wird als Vollendung
der Vernunft; und diese glaubt man immer wieder
erklären zu müssen.

39. Auch bei den Dingen, die die Erde hervorbringt, findet eine Art von Erziehung und Vervoll-
kommnung statt, nicht unähnlich der der lebenden Wesen. Daher sagen wir auch, daß die Rebe lebt und
stirbt, reden von einem jungen und alten Baum, von
seiner Kraftfülle und von seiner Hinfälligkeit. Infol-
gedessen ist es nicht abgelegen, wie für die Tiere, so
auch für diese etwas ihrer Natur Angemessenes und
Widerstreitendes anzunehmen, zu sagen, daß es für
ihr Gedeihen und ihre Ernährung eine Art von Pfle-
gerin gebe, nämlich die Wissenschaft und Kunst des
Landmannes, welche beschneidet, kappt, aufrichtet,
hochzieht, stützt, damit sie, wozu die Natur sie be-

stimmt, dahin auch kommen können, so daß die Reben selbst, wenn sie sprechen könnten, erklären würden, so müßten sie behandelt und beschützt sein. Und nun kommt – um eben von der Rebe zu sprechen – das, was dieses Gewächs schützt, von außen her; in ihr selbst ist die Kraft zu schwach, daß sie sich in möglichst gutem Zustande befinden könnte, falls keine Pflege angewandt würde. 40. Wenn aber der Weinstock auch Sinne bekäme, so daß er ein gewisses Begehrungsvermögen hätte und selbständige Bewegung, was, glaubst du, würde er tun? Würde er nicht das, was er vorher durch den Winzer erreichte, nun selbst sich besorgen? Aber siehst du, daß auch für ihn die Sorge hinzukäme, auch seine Sinne und deren ganzes Begehren und die Glieder, die ihm etwa noch zugeteilt wären, zu erhalten? So wird er zu dem, was er immer gehabt hat, noch das hinzufügen, was später hinzugekommen; er wird aber nicht dasselbe Ziel haben, das sein Gärtner hatte, sondern er wird derjenigen Natur gemäß, die ihm nachher zuteil wurde, leben wollen. Sein höchstes Gut wird jetzt zwar dem früheren ähnlich, aber doch nicht genau dasselbe sein; denn er wird nicht mehr nur das Gut einer Pflanze, sondern das eines belebten Wesens anstreben. Und wie, wenn ihm nicht allein Empfindung verliehen wäre, sondern auch eine Menschenseele? Bleibt da nicht einerseits notwendigerweise jenes Frühere immerhin, um erhalten zu werden, ist aber nicht andererseits das Hinzugekommene ihm um vieles lieber, und muß er nicht die besten Teile der Seele am meisten lieben, und muß nicht in dieser Erfüllung seiner Natur ihm das Ziel des höchsten Gutes bestehen, während dabei allerdings Geist und Vernunft bei weitem den Vorzug hätten? So ist das Äußerste von allem Erstrebenswerten, hergeleitet von den ursprünglichen Naturgütern, in einer langen Stufenfolge hinangestiegen, um zum Höchsten zu gelangen, was sich aus der Vollkom-

menheit des Leibes und aus der vollendeten Vernunft
der Seele zusammen zu einem Gipfel bildet.

41. Wenn also die Natur in dieser Weise beschaffen ist, wie ich sie dargestellt, so würde, wenn, wie
ich zu Anfang gesagt, gleich bei der Geburt ein jeder
sich selbst erkennte und beurteilen könnte, welches
die Kraft der ganzen Natur sowie auch ihrer einzelnen Teile sei, er sofort erkennen, was dieses Äußerste
und Letzte von allen Dingen sei, die wir erstreben,
und er würde bei keiner Sache fehlgreifen können. In
Wirklichkeit aber ist uns am Anfang unsere Natur
wunderbar verborgen und kann weder durchschaut
noch erkannt werden. Mit fortschreitendem Alter
aber lernen wir allmählich oder vielmehr ganz lang-
sam gleichsam uns selbst kennen. Daher ist jene erste
Empfehlung, welche die Natur uns an uns selbst mit-
gibt, unsicher und dunkel, und jener erste Trieb
der Seele geht nur darauf aus, daß wir es uns
möglich machen, gesund und unverletzt zu sein.
Wenn wir aber beginnen zu durchschauen und inne
zu werden, was wir eigentlich sind und wie wir uns
von den übrigen Lebewesen unterscheiden, dann beginnen wir auch dem nachzugehen, wozu wir geboren
sind. 42. Etwas Ähnliches sehen wir bei den Tieren; zuerst bewegen sie sich von dem Platze, auf dem
sie geboren sind, nicht fort, dann aber regt sich ein
jedes, wie es von seinem Triebe geleitet wird. Wir
sehen die jungen Schlangen kriechen, die Entchen
schwimmen, die Amseln auffliegen, das Rind seine
Hörner gebrauchen, die Skorpione ihre Stacheln,
kurz: wir sehen, daß jedes eine eigene Natur als
Führerin zum Leben hat. Etwas Ähnliches ist nun
auch bei dem Menschengeschlechte sichtbar. Denn die
Kinder liegen in der ersten Zeit nach der Geburt da,
als ob sie ganz und gar keine Seele hätten; haben sie
aber erst ein wenig Kraft gewonnen, so bedienen sie
sich ihrer Seele wie ihrer Sinne und strengen sich an,

um sich aufzurichten, und sie gebrauchen die Händchen und erkennen die, von denen sie aufgezogen werden. Dann haben sie ihre Freude an Altersgenossen und gesellen sich gerne zu diesen und geben sich dem Spiele hin und fühlen sich durch das Anhören kleiner Geschichten angezogen und wollen von dem, was sie übrig haben, gern anderen eine Freude machen und achten auf das, was in ihrem Hause vorgeht, recht neugierig und fangen an, sich etwas auszudenken und zu lernen; und sie wollen die Namen der Leute, die sie sehen, wissen, und wenn sie in etwas mit ihren Altersgenossen streiten, so freuen sie sich höchlich, wenn sie gesiegt haben, besiegt aber fühlen sie sich beschämt und lassen den Mut sinken. Und alles dies geschieht wohl nicht ohne Ursache. 43. Denn das Wesen des Menschen ist von Natur so angelegt, daß es zur Aneignung alles Vortrefflichen geschaffen zu sein scheint, und hierin liegt der Grund, warum die Kinder durch Vorbilder von Tugenden, deren Keime sie in sich tragen, auch ohne allen Unterricht ergriffen werden; es sind das nämlich die ersten Urstoffe der Natur, durch deren Steigerung gleichsam das Keimen der Vollkommenheit zustande gebracht wird. Denn da wir so geboren und geschaffen sind, daß wir die Grundlagen in uns tragen, etwas zu tun, jemanden zu lieben, freigebig und dankbar zu sein, und da unsere Seele zur Wissenschaft, Klugheit, Tapferkeit geeignet und dem Entgegengesetzten abgeneigt ist, so sehen wir, daß nicht ohne Grund jene Fünkchen von Tugenden, wie ich sie genannt habe, in den Kindern schon sind, an denen ja die Vernunft des Philosophen sich entzünden muß, damit er ihr, gleich einem Gotte, nachfolgend zu dem Höchsten der Natur gelange. Denn, wie ich schon mehrmals gesagt habe, im hilflosen Alter und in dem noch schwachen Geiste sieht man die Kraft der Natur gleichsam durch eine Finsternis hindurch; wenn aber im Fortschreiten die Seele erstarkt, so erkennt sie zwar das Wesen der Natur, aber so, daß sie weiter fortschreiten kann, daß sie an sich jedoch nur ein Anfang ist.

44. So muß man denn eindringen in die Natur der Dinge und im tiefsten durchschauen, was ihre Forderung ist; denn anders können wir uns selbst nicht kennenlernen, ein Gebot, das, weil es zu wichtig war, als daß es von einem Menschen herzustammen schien, einer Gottheit in den Mund gelegt worden ist. So befiehlt uns denn der Pythische Apollon, uns selbst kennenzulernen. Diese Erkenntnis unserer selbst besteht einzig und allein darin, daß wir das Wesen unseres Leibes und unserer Seele kennenlernen und einem Leben nachtrachten, das diese Dinge unmittelbar genießt. Weil aber dies von Anfang an das Streben der Seele war, daß wir das Genannte möglichst vollkommen kraft der Natur besitzen, so muß man gestehen, daß, wenn wir das erreicht haben, worauf unser Begehren ausgegangen, darin die Natur wie in ihrem Letzten haltmacht, und daß hierin das höchste Gut besteht; dies muß offenbar auch als Ganzes von sich aus und um seiner selbst willen erstrebt werden, da vorher erwiesen worden ist, daß auch seine einzelnen Teile um ihrer selbst willen begehrenswert sind.

45. Wenn aber einer glauben sollte, bei Aufzählung der Vorzüge des Körpers sei von uns die Lust übergangen worden, so mag diese Streitfrage auf eine andere Zeit verschoben werden. Ob nämlich die Lust zu den Dingen gehöre, die wir die ersten Naturgemäßheiten genannt haben, oder ob nicht, das ist für das, worauf es uns ankommt, einerlei. Denn wenn, wie mir wenigstens scheint, die Lust die Güter der Natur nicht vervollständigt, so war ihre Auslassung gerecht; wenn aber das in ihr ist, was einige annehmen, so ist es doch unserem Begriff vom höchsten Gut keineswegs nachteilig. Denn sollte zu dem, was als erste Naturgemäßheiten bestimmt ist, die Lust hinzu-

kommen, so dürfte sie sich nur als einzelner Vorteil
für den Leib zu ihnen gesellen und könnte damit in
unserer aufgestellten Bestimmung des höchsten Gutes keine Änderung hervorbringen.

46. Bisher ist nun unser Untersuchungsweg so gegangen, daß er ganz von der ersten Empfehlung der
Natur sich herleitete. Nunmehr wollen wir aber eine
andere Art der Beweisführung verfolgen, nämlich
die, daß wir nicht allein, weil wir uns selbst lieben,
sondern weil ein jeder Teil der Natur, sowohl am
Leib als an der Seele, ein ihm eigentümliches Wesen
hat, deshalb uns hierbei hauptsächlich aus eigenem
Antrieb bewegen. Um also mit dem Körper anzufan-
gen, siehst du nicht, wie die Menschen es verbergen,
wenn an ihren Gliedern etwas Verkehrtes oder Ge-
schwächtes oder Verkürztes ist? Wie sie auch sich an-
strengen und darauf hinarbeiten, wenn es möglich
sein sollte, daß entweder das körperliche Gebrechen
gar nicht oder so wenig wie möglich zum Vorschein
komme? Ja, wie sie auch viele Schmerzen der Heilung
wegen ertragen, nur damit, selbst wenn ihr Gliederge-
brauch nicht nur nicht größer, sondern sogar noch geringer werden sollte, doch das äußere Erscheinungs-
bild zur Naturform zurückkehre? Denn wenn sich
alle als natürliches Ganzes für begehrenswert halten
und dies nicht um einer anderen Sache, sondern um
ihrer selbst willen, so ist es unumgänglich, daß auch
nach den Teilen um ihrer selbst willen gestrebt werde, weil man nach dem Ganzen um seiner selbst willen strebt.   47. Wie? In der Bewegung und in der
Stellung des Körpers – liegt da nichts, worauf zu achten die Natur selbst eine Anleitung gibt? Wie einer
gehen, sitzen soll, wie ein jeder den Mund bewegen,
welchen Ausdruck sein Gesicht haben soll? Liegt denn
nichts darin, was wir eines freien Mannes würdig
oder unwürdig erachten sollen? Halten wir nicht
viele für verabscheuenswert, welche durch eine be-

stimmte Bewegung oder Stellung Gesetz und Ordnung der Natur verkannt zu haben scheinen? Und da
man dies von der Natur des Körpers ableitet, warum
dürften wir nicht mit Recht auch die Schönheit selbst
um ihrer selbst willen für erstrebenswert halten?
Denn wenn wir jede Verkrümmung und Verkrüppelung des Körpers an und für sich fliehen zu müssen
glauben, warum sollten wir da nicht auch – und vielleicht noch mehr – der Würde der äußeren Erscheinung um ihrer selbst willen nachtrachten? Und wenn
wir das Häßliche fliehen an Haltung und Bewegung
des Körpers, warum sollen wir dem Schönen nicht
nachgehen? Und auch nach Gesundheit, Kraft, Schmerzlosigkeit werden wir nicht nur des Nutzens wegen,
sondern auch unmittelbar um ihrer selbst willen streben. Denn weil die Natur die Vollendung aller ihrer
Teile verlangt, begehrt sie jenen Zustand des Körpers um seiner selbst willen, welcher der Natur am
meisten entspricht; diese wird ja ganz gestört, wenn
der Körper krank ist oder an Schmerzen leidet oder
der Kräfte ermangelt.

48. Betrachten wir auch die Teile der Seele, ihr
Anblick ist zur Verdeutlichung geeigneter; je erhabener sie sind, um so lichtvollere Kennzeichen von
der Natur bieten sie dar. Eine so große Liebe also
zur Erkenntnis und zur Wissenschaft ist uns angeboren, daß niemand zweifeln kann, es werde die Natur
des Menschen nicht erst durch äußere Vorteile dazu
hingerissen. Sehen wir nicht, wie Kinder sich nicht
einmal durch Schläge von dem Betrachten und Durch-
forschen von Dingen ablenken lassen? Wie sie, fort-
gejagt, wieder zurückkommen? Wie sie sich freuen,
daß sie etwas wissen? Wie sie heftig danach verlangen, anderen etwas zu erzählen? Wie sie sich durch
Festzüge, Spiele und ähnliche Augenweiden fesseln
lassen und darüber sogar Hunger und Durst vergessen? Und dann gar Männer, die sich an den freien

Wissenschaften und Künsten ergötzen, sehen wir
nicht, daß sie weder auf Gesundheit noch auf Vermögen Rücksicht nehmen und daß sie alles erdulden,
von der Erkenntnis und der Wissenschaft unmittelbar
gepackt, und mit den größten Sorgen und Mühen das
Vergnügen erkaufen, das sie aus dem Lernen schöp-
fen?

49. Mir scheint in der Tat Homer etwas Ähnliches
geahnt zu haben in seiner Dichtung vom Gesang der
Sirenen. Denn nicht durch die Lieblichkeit ihrer Stimmen oder durch irgendeine Neuheit und Mannigfaltigkeit ihres Gesangs, dünkt mich, pflegten sie die
Vorüberfahrenden an sich zu ziehen, sondern weil
sie vorgaben, vieles zu wissen, so daß die Menschen
infolge ihrer Wißbegierde an deren Felsen immer
wieder haften blieben. Denn auf folgende Weise la-
den sie den Odysseus ein — ich habe nämlich, wie anderes aus Homer, so gerade auch diese Stelle[30] übersetzt —:

>Zier der Argiver, Ulyss', warum nicht wendest das
           Schiff du,
Daß du in deinem Ohr mögst unsre Gesänge ver-
           nehmen?
Keiner ja hat auch je des Meeres Bläue befahren,
Ohne zuvor zu stehn, von der Stimmen Süße
           berauschet,
Dann das lechzende Herz mit mancherlei Liedern
           gesättigt,
Gleitend kehrt' er, nun reicher belehrt, zu den Küsten
           der Heimat.
Uns ist bekannt der gewaltige Krieg und das Unheil
           des Wettstreits,
Wie es auf göttlichen Rat gen Troja brachten die
           Griechen,
Auch aus der weiten Welt des Geschehens reichliche
           Spuren.<

Homer hat eingesehen, daß seine Dichtung keine
Billigung finden könne, wenn ein solcher Held durch
bloßes Singen sich in Netze verstricken lassen sollte;
Erkenntnis versprechen sie ihm, und es war kein
Wunder, daß diese dem nach Weisheit hungernden
Manne teurer als das Vaterland war.

Freilich, alles wissen zu wollen, von welcher Art
es auch immer sei, verrät nichts als bloße Neugier;
aber durch die Betrachtung gewichtigerer Gegenstände zum Verlangen nach Wissenschaft geführt zu
werden, das ist als ein Zeichen wahrhaft großer Männer anzusehen.

50. Welch glühender Wissenseifer, meint ihr
wohl, muß doch in Archimedes[31] gewesen sein, der ja
über der gar zu aufmerksamen Zeichnung seiner Figuren im Sande nicht einmal merkte, daß seine Vaterstadt eingenommen sei? Welches Talent sehen wir
bei Aristoxenos[32] auf die Musik verwandt? Mit welchem Eifer hat wohl Aristophanes[33] sein Leben in den
Wissenschaften hingebracht? Was soll ich über Pythagoras, was über Platon oder Demokritos sagen?
Durchreisten diese doch, wie wir wissen, aus Lern-
begierde die fernsten Länder. Wer dies nicht einsieht, hat nie etwas Großes und der Erkenntnis Würdiges geliebt.

Und wer hier meint, nur der geistigen Lust wegen
würden derartige Studien betrieben, wie ich sie eben
genannt habe, der faßt es nicht, daß diese deswegen
um ihrer selbst willen zu erstreben sind, weil, ohne
daß sich ein Nutzen darböte, der Geist sich in ihnen
entzückt und an der reinen Wissenschaft, selbst wenn
sie Unbequemlichkeiten verursachen sollte, seine
Freude hat.

51. Doch was ist es von Belang, über eine so klare
Sache noch weitere Untersuchungen anzustellen? Fragen wir uns doch selbst, welchen Eindruck die Bewegungen der Sterne und die Betrachtungen der himm-

lischen Dinge sowie die Erkenntnis alles dessen, was
die Natur in Dunkelheit verbirgt, auf uns machen
und wie uns die Geschichte ergötzt, die wir bis zu den
äußersten Grenzen zu verfolgen pflegen, indem wir
Übergangenes nachholen, Begonnenes weiterverfol-
gen. Nun weiß ich freilich wohl, daß die Geschichte
Nutzen in sich birgt, nicht nur Vergnügen gewährt.
52. Wie aber, wenn wir erdichtete Geschichten, denen kein Nutzen entlockt werden kann, mit Vergnügen lesen? Wie, wenn wir von Männern, die etwas
Großes geleistet haben, die Namen wissen wollen,
ihre Eltern, ihr Vaterland und anderes, was gar nicht
notwendig ist? Was soll man dazu sagen, daß die
ärmsten Leute, ohne Aussicht, an den Staatsgeschäften je Anteil zu nehmen, ja Handwerksleute sich an
der Geschichte erfreuen? Und besonders können wir
sehen, daß solche Leute geschichtliche Dinge hören
und lesen wollen, die, bereits vom Alter angeschla-
gen, von der Hoffnung, ins Geschehen einzugreifen,
ganz entfernt sind. Deshalb muß man einsehen, daß
in den Gegenständen selbst, die man lernt und erkennt, der Reiz liegt, der uns zu ihrer Erlernung und
Erkenntnis lockt. 53. So schildern uns die alten Philosophen das künftige Leben der Weisen auf den Inseln der Seligen, daß sie, frei von allen Sorgen, nichts
vermissen, was zur äußeren Lebensweise oder deren
Zurüstung gehört, mit nichts anderem beschäftigt, als
ihre ganze Zeit nur noch auf Forschen und Lernen im
Bereich der Erkenntnis der Natur zu verwenden. Wir
aber sehen, daß das nicht nur eine Ergötzung drüben
im glückseligen Leben ist, sondern auch eine Ent-
spannung hier in Zeiten des Elends. So haben viele,
wenn sie in die Gewalt von Feinden oder Tyrannen
geraten waren, viele im Gefängnis, viele in Verbannung ihren Schmerz sich mit wissenschaftlichen Studien erleichtert. 54. So begab sich Demetrios von
Phaleron[34], der Erste in seinem Staate, als er zu Un-

recht aus seinem Vaterlande vertrieben war, zum König Ptolemaios nach Alexandrien. Und da er in der Philospohie, zu welcher wir dich ermahnen, ausgezeichnet und ein Schüler des Theophrast war, verfaßte er viele vortreffliche Schriften während dieser unglücklichen Muße, nicht um daraus für sich einen Vorteil zu ziehen, denn dieser Möglichkeit war er ja beraubt, sondern jene Pflege des Geistes war ihm gleichsam eine Nahrung des Menschen im Menschen. Ebenso habe ich den ehemaligen Prätor Gnaeus Aufidius[35], der ein hochgebildeter Mann, aber seines Augenlichts beraubt war, oft sagen hören, daß er ein größeres Verlangen nach dem Lichte als nach irgendeinem Vorteil in sich verspüre, den es ihm bringen könnte. Auch würden wir den Schlaf für eine unnatürliche Einrichtung halten, wenn er unserem Körper keine Erholung und nicht gleichsam ein Heilmittel für des Tages Arbeit brächte; denn er hebt alle Sinneswahrnehmung und Tätigkeit auf. Mithin, wenn die Natur entweder nicht auszuruhen verlangte oder auf eine andere Weise diese Erholung erreichen könnte, so würden wir es uns leicht gefallen lassen, da wir ja jetzt schon, um etwas zu tun oder zu lernen, förmlich gegen die Natur Nächte zu durchwachen pflegen.

55. Es finden sich aber auch deutlichere, ja ganz durchsichtige und keineswegs zu bezweifelnde Anzeichen der Natur, besonders freilich beim Menschen, aber auch in jedem Lebewesen, daß der Geist immer nach Tätigkeit verlangt und unter keiner Bedingung eine immerwährende Ruhe aushalten kann. Leicht ist das an den Kindern in ihrer frühesten Zeit zu erkennen. Zwar fürchte ich, als zu weitläufig in diesem Punkte zu erscheinen, doch treten alle alten Philosophen, besonders die von unserer Schule, an die Wiege, weil sie glauben, am Kindesalter die Absichten der Natur am leichtesten erkennen zu können. So sehen wir also, wie nicht einmal die kleinsten Kin-

der ruhig zu bleiben vermögen. Wenn sie aber etwas weiter fortgeschritten sind, haben sie an Spielen, selbst an beschwerlichen, ihr Ergötzen, so daß man sie nicht einmal durch Schläge davon abschrecken kann, und dieser Tätigkeitsdrang wächst zugleich mit den Jahren. Daher könnten wir, selbst wenn wir die süßesten Träume zu haben erwarten dürften, nicht wollen, daß uns der Schlaf des Endymion[36] verliehen würde, und wenn es geschähe, so dürften wir ihn dem Tode gleich achten. 56. Ja, sogar die trägsten Menschen, und wären sie auch mit noch so einzigartiger Schlaffheit begabt, sehen wir doch stets in Tätigkeit an Leib und Seele und sehen sie, wenn nichts Dringendes sie abhält, entweder nach dem Spielbrett verlangen oder irgendein anderes Spiel oder eine Unterhaltung suchen, und da sie nicht das edle, aus wissenschaftlicher Beschäftigung fließende Ergötzen kennen, sich nach Zirkeln und Unterhaltungskränzchen umsehen. Selbst die Tiere, die wir zu unserem Vergnügen in Käfigen halten, ergeben sich, wenn sie auch reichlicher gefüttert werden, als wenn sie ungehindert umherlaufen, nicht leicht diesem Eingesperrtsein und suchen sich freie und ungebundene Bewegungen zu verschaffen, die ihnen von Natur verliehen sind.

57. So dürften wohl alle Menschen, die von Natur und Erziehung aufs beste ausgestatte sind, auf keinen Fall ein Leben annehmen, in dem sie auch noch so ausgesuchte Vergnügungen genießen könnten, wenn sie von jeder ernsteren Tätigkeit ausgeschlossen sein sollten. Denn entweder ziehen sie vor, ihre besonderen Geschäfte zu betreiben, oder, falls sie höheren Geistes sind, bewerben sie sich um Ehrenposten und Befehlsstellen in der Staatsverwaltung, andere wieder widmen sich ganz den Studien und der Gelehrsamkeit. Und bei einer solchen Lebensweise, weit entfernt, nur Lustgenüssen nachzujagen, nehmen sie Sorgen, Kümmernisse, schlaflose Nächte auf sich;

und den besten Teil des Menschen, der als der göttliche in uns gelten muß, nämlich den Scharfblick des Talents und des Geistes, genießen sie, ohne nach Vergnügen zu suchen oder Mühen zu scheuen. Keineswegs auch unterlassen sie die Bewunderung der von den Alten bereits entdeckten oder die Erforschung neuer Dinge. Und weil sie in solchem Streben nimmer sich sättigen können, so vergessen sie alles Übrige und richten so ihre Gedanken nimmer auf Verwerfliches, nimmer auf Niedriges; ja, die Macht, die solche Beschäftigungen ausüben, ist so gewaltig, daß wir auch die, die sich ein höchstes Gut anderer Art aufgestellt haben und sich von Nutzen oder Lust bestimmen lassen, dennoch in Erforschung der Dinge und Erklärung von deren Wesen ihr Leben hinbringen sehen.

58. Soviel also ist einleuchtend, daß wir zur Tätigkeit geboren sind. Von Tätigkeiten aber gibt es mehrere Arten, so daß minder wichtige von wichtigeren verdunkelt werden; die wichtigsten aber sind erstens, wie mir wenigstens scheint und denen, in deren System wir uns jetzt bewegen, die Betrachtung und Erkenntnis der himmlischen Dinge und derjenigen, die, von der Natur verborgen und somit versteckt, durch die Vernunft aufgedeckt werden können; dann die Staatsgeschäfte und die Wissenschaft davon, dann das kluge, gemäßigte, tapfere und gerechte Verhalten samt den übrigen Tugenden und den Tugenden entsprechenden Handlungen, was alles wir mit einem Wort umfassend das Sittlichgute nennen; zu dessen Erkenntnis sowohl wie Übung werden wir, bereits erstarkt, unter dem Vorgang der Natur selbst hingeleitet. Denn aller Dinge Anfänge sind klein, aber mit ihrer eigenen Entwicklung wachsen sie, und nicht ohne Ursache; denn beim ersten Entstehen ist alles noch zart und weich, so daß man das Beste weder sehen noch tun kann. Das Licht der Vollkommen-

heit und des glücklichen Lebens nämlich, die beide
das Höchste unter dem Erstrebenswerten sind, leuchtet erst später auf, und noch viel später ist es, daß
man vollständig einsieht, was es für eine Bewandtnis
mit ihnen hat. Vortrefflich sagt doch Platon: ›Glücklich, wem es, wenn auch erst im hohen Alter, gelingt,
zur Weisheit und zu wahren Überzeugungen zu gelangen[37]!‹

Jetzt wollen wir, nachdem ich über die ersten natürlichen Vorteile hinreichend gesprochen habe, Größeres und daraus sich Ergebendes betrachten.

59. Die Natur hat also den menschlichen Körper so
geschaffen und gebildet, daß sie einiges schon bei seiner Geburt vollendete, anderes mit fortschreitendem
Alter gestaltete, ohne dabei viel von äußeren und zu-
fälligen Hilfsmitteln Gebrauch zu machen. Die Seele
aber hat sie zwar in allen übrigen Beziehungen ähnlich wie den Körper gestaltet; mit den passenden
Sinnen hat sie sie nämlich ausgerüstet zur Wahrnehmung der Dinge, so daß sie keiner oder nur einer geringen Hilfe zu ihrer Kräftigung bedurfte; was aber
am Menschen das Vorzüglichste und Beste ist, dabei
hat die Natur ihn im Stich gelassen. Freilich hat sie
ihm einen Geist gegeben, der jede Tugend anzunehmen fähig ist, zwar pflanzte sie ihm ohne Unterricht
kleine Vorbegriffe von den wichtigsten Dingen ein
und hat so gleichsam den Anfang mit seiner Belehrung gemacht und hat ihn in diejenigen Anfangs-
gründe der Tugend eingeführt, die in ihm selbst liegen. Aber mit der Tugend selbst hat sie nur den Anfang gemacht, nichts weiter. 60. Daher ist es nun
unsere Sache – was ich unsere Sache nenne, ist Sache
der Wissenschaft –, zu den Anfängen, die wir von der
Natur empfangen haben, die Entwicklung hinzuzufin-
den, bis das, was wir wollen, verwirklicht ist. Dies
Ziel übrigens muß einen bedeutend hohen Wert haben und ist mehr um seiner selbst willen zu erstreben

als die Sinne oder die genannten Vorzüge des Körpers, die ja die herrliche Vollendung des Geistes so
weit übertrifft, daß man sich kaum ausdenken kann,
wie groß der Unterschied ist. So wird denn alle Ehre,
alle Bewunderung, alles Streben auf den sittlichen
Wert (die Tugend) und auf diejenigen Handlungen,
die mit dem sittlichen Wert in Einklang stehen, bezogen, und alles das, was entweder schon als solches
in der Seele sich befindet oder als solches sich in
Handlungen auswirkt, heißt mit einem Namen das
Sittlichgute. Was nun von all diesem die Begriffsbe-
stimmungen sind, was mit den verschiedenen Ausdrücken bezeichnet wird, worin ihr Wesen und ihre
Natur besteht, werden wir bald sehen.

61. Hier aber wollen wir nur soviel auseinandersetzen, daß dieses sogenannte Sittlichgute auch unabhängig davon, daß wir uns selbst lieben, außerdem
auch seiner eigenen Natur nach um seiner selbst willen zu erstreben ist. Den Beweis liefern die Knaben,
an denen sich die Natur wie im Spiegel erkennen
läßt. Welcher Wetteifer herrscht unter ihnen! Wie
groß sind diese Kämpfe selbst! Wie sind sie außer
sich vor Freude, wenn sie gesiegt haben! Wie schämen sich die Besiegten! Wie wollen sie um keinen
Preis Vorwürfe dulden! Wie sind sie begierig nach
Lob! Welche Anstrengungen nehmen sie nicht auf
sich, um unter ihren Altersgenossen hervorzuragen!
Wie unvergeßlich sind ihnen die, welche sich verdient
um sie gemacht haben, welche Begierde, ihren Dank
zu bezeigen! Und alles dies zeigt sich um so deutlicher gerade bei den besten Naturanlagen, in denen
das, was wir unter dem Sittlichguten verstehen, von
der Natur gleichsam im Umriß entworfen erscheint.
62. So also bei den Knaben; deutlicher ausgeprägt
ist alles in den Lebensaltern, wo der Mensch schon
fester geworden ist. Wer ist da einem Menschen so
unähnlich, daß er sich nicht sowohl von der Schänd-

lichkeit verletzt fühlte wie auch die Sittlichkeit billigte? Wer haßt nicht eine schwelgerische, freche Jugend? Wer dagegen liebte nicht an jenem Alter Sittsamkeit und Charakterfestigkeit, auch wenn es ihn
persönlich nichts angeht? Wer haßt nicht den Pullus
Numitorius aus Fregellae[38], den Verräter, obgleich er
unserem Gemeinwesen genützt hat? Wer lobt nicht
höchlich Kodros[39], den Retter seiner Vaterstadt, wer
nicht die Töchter des Erechtheus[40]? Wem ist nicht der
Name des Tubulus verhaßt? Wer liebt nicht den Aristeides, der doch längst tot ist? Oder vergessen wir,
welchen Eindruck es auf uns beim Hören und Lesen
macht, wenn wir von einer frommen oder von einer
aus wahrer Freundschaft oder aus hochherzigem Sinn
herstammenden Tat erfahren? 63. Was soll ich von
uns Römern sprechen, die wir zu allem Rühmlichen
und sittlich Ehrenvollen geboren, aufgezogen, unterwiesen sind? Welch ein Beifallsruf der Menge und
der Ungebildeten bricht im Theater los, wenn es
heißt:

> *›Ich bin Orestes!‹*

und dagegen der andere erwidert:

> *›Nein, ich bin es, bin Orestes!‹*

und wenn dann von jedem dem bestürzten und ver-
wirrten Könige Aufschluß gegeben wird, wenn beide
also bitten, gemeinsam getötet zu werden, wie oft wird
das aufgeführt, und wann je ohne die lauteste Bewunderung? Es gibt also niemanden, der nicht diese
Gesinnung billigte und lobte, durch welche doch nicht
nur kein Vorteil bezweckt, sondern sogar gegen den
eigenen Nutzen die Treue bewahrt wird. 64. Mit
solchen Beispielen sind nicht nur die Dichtungen, sondern auch die Geschichten der Völker, und zwar
hauptsächlich die des unseren angefüllt. Denn wir haben zum Empfang der Heiligtümer vom Berg Ida den

besten Mann auserwählt[41], wir haben Königen Vor-
münder bestellt, unsere Feldherren haben für das
Heil des Vaterlandes ihre Häupter geweiht, unsere
Konsuln haben jenen König, der als unser gefährlich-
ster Feind schon den Stadtmauern sich näherte, vor
dem Gifte gewarnt[42], in unserem Gemeinwesen hat
sich eine Frau gefunden, die ihre gewaltsame Entehrung mit freiwilligem Tode büßte, und ein Vater,
der seine Tochter umbrachte, um sie von Entehrung
zu schützen[43].

Wer sieht nicht, daß bei allen diesen und unzähligen anderen Taten die, welche sie vollbracht, von
dem Glanze der inneren Ehre geleitet worden sind
und an ihren Nutzen dabei nicht gedacht haben und
daß wir, wenn wir das loben, von nichts anderem als
der Sittlichkeit geleitet werden?

Aus dieser gedrängten Darstellung – denn ich habe
nicht den reichen Stoff, dessen ich mich hätte bedienen können, verfolgt, da hier in keiner Hinsicht
Zweifel war –, hiernach also ergibt sich unstreitig, daß
sowohl jeglicher sittliche Wert als auch jenes Sittlichgute, welches aus ihm entsteht und mit ihm zutiefst
verknüpft ist, um seiner selbst willen zu erstreben ist.
65. Unter allem aber, was sittlichgut ist, wovon wir
sprechen, ist nichts so hervorleuchtend und erstreckt
sich so weit wie die Verbindung der Menschen untereinander und gleichsam ein gewisser Bund und eine
Vereinbarung zu gegenseitiger Förderung sowie eine
Liebe unter dem Menschengeschlecht an und für sich.
Sie beginnt mit dem ersten Anfang des Lebens, da
von den Erzeugern die Geborenen geliebt werden
und das ganze Haus in der Ehe und der Nachkom-
menschaft verbunden wird, sie verbreitet sich allmählich über das Haus hinaus, zuerst durch Blutsver-
wandtschaft, dann durch Verschwägerungen, dann
durch Freundschaften, später durch Nachbarschaften,
dann durch Mitbürger und solche, die im öffentlichen

Leben unsere Bundesgenossen und Freunde sind,
endlich umfaßt sie das ganze Menschengeschlecht.
Diese Gesinnung, die jedem das Seine gibt und diesen Bund, wie ich es nannte, der die menschliche Gesellschaft großartig und gleichmäßig schützt, nennen
wir Gerechtigkeit, zu der dann auch die Ehrfurcht,
die Herzensgüte, die Freigebigkeit, das Wohlwollen,
die Höflichkeit gehören und was der Art sonst ist.
Und diese Eigenschaften sind der Gerechtigkeit ebenso einwohnend, wie sie auch den übrigen Tugenden
gemeinsam sind. 66. Denn da die Natur des Menschen so angelegt ist, daß ihr ein gewisser Bürger-
und Volkssinn geradezu angeboren ist – die Griechen
nennen es Politikon –, so wird auch keinerlei Äußerung irgendeines sittlichen Wertes von dieser Gemeinsamkeit und dieser Liebe und menschlichen Gesellschaft, wie ich sie dargelegt habe, abweichen; und
so wie die Gerechtigkeit selbst in die anderen sittlichen Werte überfließt, so wird sie auch wiederum
diese in sich aufnehmen. Denn bewahrt kann die Gerechtigkeit nur von einem mutigen Manne, nur von
einem Weisen werden. Von gleicher Beschaffenheit,
wie dieser ganze erwähnte Einklang und die Übereinstimmung der sittlichen Werte (Tugenden) ist
auch jenes Sittlichgute selbst, weil ja das Sittlichgute
entweder die Vollkommenheit selbst ist oder die Tat,
die aus der Vollkommenheit fließt; ein Leben, das damit übereinstimmt und den sittlichen Werten entspricht, kann als ein rechtes und sittlich gutes und
konsequentes und der Natur gemäßes angesehen
werden.

67. Aber bei dieser Vereinigung und diesem In-
einanderfließen der sittlichen Werte werden doch von
den Philosophen in gewisser Hinsicht Unterschiede
gemacht. Denn wiewohl alle sittlichen Werte miteinander verbunden und verknüpft sind, daß jeder einzelne an allen anderen Anteil hat und keiner von dem

anderen getrennt werden kann, so hat doch ein jeder
sittliche Wert seine eigene Aufgabe, so tritt der Mut
in Anstrengungen und Gefahren hervor, die Mäßigung in der Mißachtung der Lust, die Klugheit in der
Auswahl unter den Gütern und Übeln, die Gerechtigkeit darin, daß man jedem das Seine gibt. Weil
also in jeder Tugend eine Rücksicht enthalten ist, die
nach außen ihre Blicke richtet, nach anderen verlangt
und sie mit einbegreift, so kommt es, daß die Freunde,
die Brüder, die Verwandten, die Verschwägerten, die
Mitbürger, ja daß alle Menschen – weil wir wollen,
daß alle Menschen eine einzige Gemeinschaft bilden –
um ihrer selbst willen zu erstreben sind. Aber in diesen Dingen ist doch nichts enthalten, was zu dem Ziel
und höchsten Gut gerechnet werden kann. 68. So
ergibt sich denn, daß sich zwei Arten an sich erstrebenswerter Dinge finden; die eine Art umfaßt alles,
wodurch jenes Äußerste vollständig wird, und betrifft sowohl die Zustände der Seele wie des Körpers;
die andere Art umfaßt etwas außer uns Liegendes,
was weder zu unserer Seele noch zu unserem Leibe
gehört, wie Freunde, Eltern, Kinder, Verwandte, ja
das Vaterland; alles dies ist um seiner selbst willen
uns teuer, aber es gehört nicht zu jener ersten Art.
Aber das höchste Gut könnte in der Tat nie jemand
erreichen, wenn alles außerhalb Liegende, und sollte
es auch erstrebenswert sein, mit in dem höchsten Gut
enthalten sein müßte.

69. Wie denn, wirst du fragen, wird es wahr sein
können, daß alles auf das höchste Gut hinausläuft,
wenn die Freundschaften, wenn die Verwandtschaf-
ten, wenn alle übrigen äußeren Güter in dem höchsten Gut nicht begriffen sind? Das kann es, meine ich,
auf folgende Weise: daß wir alles Äußere durch jene
Pflichten schützen, welche aus den einzelnen ihnen
entsprechenden sittlichen Werten hervorgehen. Denn
die Sorge für den Freund wie für den Vater ist dem,

der diese Pflicht erfüllt, schon darum etwas Nützliches, weil diese Pflichterfüllung zu den rechten Handlungen gehört, welche aus den sittlichen Werten entsprungen sind. Und dem eben folgen die Weisen und sehen in der Natur ihre Führerin.

Die unvollkommenen Menschen aber, die jedoch mit ausgezeichneten Talenten begabt sind, lassen sich oft vom Ruhme antreiben; denn dieser hat die äußere Gestalt der Sittlichkeit und ähnelt ihr. Wenn aber diese Menschen die Sittlichkeit selbst, nach allen Seiten vollendet und durchgebildet, dieses unter allem allein Herrlichste und Preiswürdigste, ganz durchschauten, von welcher Freude würden sie erfüllt werden, da sie schon an seinem in Umrissen sichtbaren Bilde sich so ergötzen? 70. Welcher Mensch, der den Lüsten ergeben ist, der, von den heftigsten Begierden entbrannt, auch das, wonach er sich so heiß sehnte, erreicht hat, sollte wohl von solcher Freude durchströmt werden, wie sie etwa der ältere Africanus empfand, als er den Hannibal besiegt hatte, oder der jüngere, als er Karthago zerstört hatte? Wen hat die jährliche Festfahrt die Tiber hinab[44] mit solcher Freude erfüllt, wie sie Lucius Paullus empfand, als er den König Perseus gefangen mitbrachte und so stromaufwärts fuhr?

71. Auf denn, mein Lucius, errichte im Geiste den hohen und erhabenen Bau der sittlichen Werte: und du wirst nicht mehr zweifeln, daß Menschen, die über sie verfügen und mit hohem und emporgerichtetem Geist leben, immer glücklich sind, da sie erkennen, daß alle Schwankungen des Glücks und aller Wechsel der Dinge und Zeiten wertlos und kraftlos sein werden, falls sie sich mit der Vollkommenheit messen wollten. Jene von uns aufgezählten körperlichen Güter nämlich vollenden zwar das glückseligste Leben, aber nur so, daß das glückselige Leben auch ohne sie bestehen kann. Denn so klein und geringfügig ist sol-

cher Zuwachs an Gütern, daß er, wie die Sterne vor den Strahlen der Sonne, so vor dem Glanze der sittlichen Werte nicht einmal gesehen wird.

72. So wie es nun richtig ist, daß jene Einflüsse der körperlichen Vorteile auf ein glückliches Leben unbedeutend sind, so wäre es auf der anderen Seite doch eine Übertreibung zu sagen, sie seien gar nichts; denn die dies behaupten, scheinen mir vergessen zu haben, was sie selbst als die ersten natürlichen Grundlagen aufgestellt haben. Man mag ihnen also immerhin eine Bedeutung zugestehen, nur muß man das Maß dieser Bedeutung im Auge behalten. Einem Philosophen nämlich, der nicht sowohl nach dem Glänzenden als vielmehr nach dem Wahren strebt, ziemt es, einerseits das nicht für nichts zu achten, was jene Bewunderungssüchtigen selbst als naturgemäß anerkennen mußten, und anderereits zu sehen, daß die Kraft der Vollkommenheit und sozusagen die Geltung der Sittlichkeit so groß ist, daß alles Übrige zwar nicht gerade nichts, aber doch so gering ist, daß es nichts zu sein scheint. Dies ist die Sprache dessen, der zwar nicht alles außer der Vollkommenheit verachtet, aber doch die Vollkommenheit selbst mit dem ihr gebührenden Lob verherrlicht. Dies also ist die nach allen Seiten hin vollständige und abgeschlossene Darstellung des höchsten Gutes. Hiervon versuchten die übrigen Philosophen Teilchen abzureißen, und jeder wollte den Anschein erwecken, als bringe er seine eigene Ansicht vor.

73. Oft ist von Aristoteles, von Theophrast das Wissen von den Dingen um seiner selbst willen außerordentlich gepriesen worden; davon ergriffen, hat Herillos behauptet, die Wissenschaft allein sei das höchste Gut und sonst sei weiter nichts um seiner selbst willen erstrebenwert. Viel haben die Alten über die Verachtung und Geringschätzung der menschlichen Dinge gesagt; dieses Eine hat Ariston

festgehalten und bestritten, daß neben dem Laster und dem sittlichen Wert noch irgend etwas fliehenswert oder erstrebenswert sei. Unsere Schule hat die Schmerzlosigkeit unter die naturgemäßen Dinge gezählt; diese hat Hieronymos für das höchste Gut erklärt. Kalliphon dagegen und nach ihm Diodoros haben, da der eine sich in die Lust, der andere sich in die Schmerzlosigkeit verliebt hatte, beide nicht der Sittlichkeit entbehren können, die ja von unserer Schule am höchsten gepriesen wird. 74. Ja selbst die Sachwalter der Lust suchen Seitenwege und haben den ganzen Tag die sittlichen Werte im Munde und behaupten, die Lust werde lediglich anfangs erstrebt, später aber bilde sich aus der Gewohnheit gleichsam eine andere Natur, auf deren Antrieb man vieles tue, ohne Lust zu suchen. So bleiben nur noch die Stoiker. Diese haben allerdings nicht nur eines oder das andere, sondern unsere ganze Philosophie sich zugeeignet; und wie nun die Diebe die Kennzeichen an den Dingen, die sie gestohlen haben, ändern, so haben auch die Stoiker, um unsere Lehren für ihre eigenen auszugeben, deren Namen, als die Merkzeichen der Dinge, geändert. So bleibt denn allein unser System übrig, würdig derer, die edle Künste betreiben, würdig berühmter Männer, würdig der Ersten im Staate, würdig der Könige.«

75. Hier hielt Piso ein wenig inne und fuhr fort: »Wie nun? Meint ihr, ich habe genügend mein Recht benutzt und vor euren Ohren meine Entwürfe gemacht?«

Ich erwiderte: »Nein, Piso, du hast heute, wie schon öfters anderwärts, wieder eine solche Kenntnis dieser Dinge gezeigt, daß wir, glaube ich, würde uns öfter die Gelegenheit geboten, dich zu hören, die Griechen nicht oft anzugehen brauchten. Und es gefällt mir um so mehr, weil ich mich erinnere, daß dein Lehrer, der Neapolitaner Staseas, obgleich ein namhafter Peri-

patetiker, diese Lehren ganz anders vorzutragen
pflegte, indem er denen beistimmte, welche viel Gewicht auf Glück oder Unglück, viel auf körperliche
Güter oder Übel legten.«

»Es ist, wie du sagst«, meinte er; »aber unser
Freund Antiochos setzt diese Sache bei weitem besser
und kräftiger auseinander, als es Staseas tat. Indes
frage ich nicht nach deinem Beifall, sondern nach dem
unseres Cicero hier, den ich dir als Schüler abspenstig machen möchte.«

76. Darauf sagte Lucius: »Dein Vortrag hat vollkommen meinen Beifall und, wie ich denke, auch den
meines Vetters.«

Da sagte Piso zu mir: »Was willst du weiter? Ver-
zeihst du dem Jüngling? Oder willst du lieber, daß
er das lerne, wobei er, auch wenn er es noch so gut
gelernt hat, doch nichts weiß?«

»Ich für mein Teil«, antwortete ich, »stelle es ihm
ganz anheim. Aber bedenkst du denn nicht, daß auch
ich das billigen könnte, was du gesagt hast? Denn
wer kann dem, was er für wahrscheinlich erkannt,
nicht seinen Beifall schenken?«

»Aber«, sagte Piso, »kann jemand seine Billigung
über etwas aussprechen, was er nicht wahrgenommen,
begriffen, erkannt hat?«

»Wir haben da«, entgegnete ich, »Piso, gar nicht
so große Verschiedenheit der Auffassungen. Denn
der einzige Grund, warum ich die Erkenntnis für unmöglich halte, liegt in der stoischen Definition vom
Erkennen, welche in Abrede stellt, es könne etwas
anderes wahrgenommen werden als etwas in der
Weise Wahres, daß es unmöglich falsch sein könne.
Daher weiche ich wohl von den Stoikern, nicht aber
von den Peripatetikern ab. Doch wollen wir dies beiseite lassen; denn das gibt eine recht lange und
unfriedliche Diskussion. 77. Dein Ausspruch scheint
mir etwas voreilig zu sein, daß nämlich die Weisen

alle stets glücklich seien; da ist dein Vortrag – ich weiß selbst nicht wie – geradezu drüber hinweggeflogen. Wenn das nicht bewiesen wird, so fürchte ich, daß Theophrast recht hat, wenn er vom Glück, vom Schmerz, von körperlichen Plagen sagt, daß ein glückliches Leben mit ihnen sich unmöglich vereinbaren lasse. Denn das wäre doch ein starker Widerspruch, daß ein und derselbe Mensch glücklich und zugleich von vielen Übeln bedrängt sein sollte. Wie sich dies vereinigen ließe, sehe ich nicht recht ein.«

»Scheint es dir denn also«, sagte Piso, »nicht richtig, daß der sittliche Wert so viel Kraft habe, um sich selber zum glücklichen Leben genug zu sein? Oder, wenn du damit einverstanden bist, hältst du es da für unmöglich, daß, wer der Tugend ergeben ist, wenn er auch mit einigen Übeln behaftet ist, dennoch glücklich ist?«

»Nein«, entgegnete ich, »ich räume ja dem sittlichen Wert eine möglichst große Kraft ein, aber über das Maß dieser Kraft ein andermal; jetzt fragt es sich nur, ob sie so groß sein kann, wenn außer dem sittlichen Wert noch etwas anderes zu den Gütern gerechnet wird.«

78. »Nun aber«, antwortete Piso, »wenn du den Stoikern einräumst, daß das Dasein der Vollkommenheit allein das Leben glücklich macht, so gibst du es doch auch den Peripatetikern zu. Denn was jene nicht Übel zu nennen wagen, aber doch als widerwärtig und lästig und verwerflich und naturwidrig anerkennen, das nennen wir Übel, aber nur geringe und sozusagen allerkleinste Übel. Wenn daher der glücklich sein kann, der unter widrigen und verwerflichen Umständen lebt, so kann es auch der, der sich nur in kleinen Übeln befindet.«

Darauf sagte ich: »Mein Piso, wenn es jemanden gibt, der bei Untersuchungen scharfsinnig herauszufinden pflegt, worauf es ankommt, so bist wahrhaftig

du es. Deshalb merke bitte einmal auf. Denn bisher
siehst du, vielleicht durch meine Schuld, noch nicht,
was ich fragen will.«

»Hier bin ich«, sagte Piso, »und erwarte, was du
auf meine Fragen antworten wirst.«

79. »Ich werde antworten«, sagte ich, »daß ich
jetzt nicht nach dem frage, was die Vollkommenheit
bewirken kann, sondern was folgerecht gesagt werden kann oder was mit sich in Widerspruch steht.«

»In welcher Weise wäre das der Fall?« fragte Piso.

»Wenn Zenon«, antwortete ich, »großartig den
Satz wie ein Orakel verkündet: ›Die Vollkommenheit ist zum glücklichen Leben sich selbst genug.‹
Wenn man fragt: ›Weshalb?‹, so antwortet er:
›Weil außer dem, was sittlich gut ist, es kein anderes
Gut gibt.‹ Ich frage jetzt nicht nach der Wahrheit
dieser Sätze; ich sage nur, daß das, was er sagt, in
ausgezeichnetem Zusammenhang steht. 80. Auch
Epikur mag sagen, immer glücklich sei der Weise –
und er pflegt wirklich bisweilen das herauszuspru-
deln –, ja, der Weise, sagt er, werde, wenn er von
den höchsten Schmerzen heimgesucht sei, ausrufen:
›Wie süß ist das! Wie wenig kümmert mich das!‹
Ich will mit dem Mann nicht streiten, warum er ein
so großes Gut in der Natur findet; nur darauf will
ich bestehen, daß er nicht weiß, was er sagen soll, sobald er einmal den Schmerz für das größte Übel erklärt hat. Dieselbe Rede führe ich jetzt gegen dich.
Auch du nennst alles das gut und übel, was jene so
nennen, die, wie man zu sagen pflegt, nie einen Philosophen gemalt gesehen haben: die Gesundheit, die
Kräfte, den Körperbau, die Gestalt, Vollständigkeit
der Glieder bis zu allen Nägelchen gelten dir als
Güter, und die Häßlichkeit, die Krankheit, die Ge-
brechlichkeit als Übel. 81. Freilich von den äußeren
Dingen sprichst du ganz sparsam; da aber das obige
doch körperliche Güter sind, so wirst du gewiß auch

das, was sie bewirken können, unter die Güter rechnen, nämlich die Freunde, die Kinder, die Anver-
wandten, den Reichtum, die Ehrenstellen, die Macht.
Dagegen – nimm es zur Kenntnis – wende ich nichts
ein, nur das habe ich zu sagen: wenn es auch hier
Übel gibt, in die der Weise geraten kann, so ist es
nicht hinreichend zum glücklichen Leben, ein Weiser
zu sein.«

»Nein«, sagte er, »zum höchsten Glück des Lebens
ist es zu wenig, zum Glück aber genug.«

»Ich habe wohl bemerkt«, sagte ich, »daß du kurz
zuvor dich so ausgedrückt hast, und ich weiß, daß
auch unser Antiochos so zu sprechen pflegt; aber was
ist weniger zu billigen, als daß einer glücklich ist,
ohne ganz glücklich zu sein? Was aber genug ist, bei
dem ist alles, was noch dazukommt, zuviel; und niemand ist doch zu glücklich, niemand somit glücklicher
als glücklich.«

82. »Also«, entgegnete Piso, »hältst du den Quintus Metellus, der drei seiner Söhne als Konsuln, einen
von ihnen auch als Zensor und im Triumph, einen
vierten als Prätor sah und der bei seinem Tode sie
alle gesund und außerdem drei Töchter verheiratet
zurückließ, während er selbst Konsul, Zensor und
Augur gewesen war und einen Triumph gefeiert
hatte, hältst du diesen, angenommen daß er ein
Weiser gewesen, nicht für glücklicher als den Regulus, ebenfalls angenommen daß dieser ein Weiser
gewesen, der in der Gewalt der Feinde durch Schlaf-
sosigkeit und Hunger getötet wurde?«

83. »Was fragst du mich danach?« sagte ich;
»frage die Stoiker! Nun, was glaubst du, daß sie antworten würden?«

»Daß Metellus um nichts glücklicher gewesen als
Regulus.«

»Also«, sagte er, »müssen wir bei diesem Punkte
beginnen.«

»Doch«, sagte ich, »wir kommen von unserem Thema ab. Denn ich frage nicht, was wahr ist, sondern was ein jeder sagen müsse. Möchten sie doch nur sagen, einer sei glücklicher als der andere! Da könntest du ihr ganzes Gebäude zusammenstürzen sehen! Denn da in der Vollkommenheit allein und im Sittlichguten an sich das Gute liegt, und da weder die Vollkommenheit, nach ihrer Ansicht, noch das Sittlichgute wachsen kann, und da nur das für ein Gut gelten soll, durch dessen Besitz einer notwendigerweise glücklich sein muß, und da dies nicht vermehrt werden kann, in dem allein das Glücklichsein enthalten ist, wie kann da einer glücklicher sein als der andere? Siehst du, wie das zusammenstimmt? Und wahrhaftig – denn ich muß heraussagen, was ich denke –, bewunderungswürdig ist bei jenen der innere Zusammenhang der Dinge. Es stimmt das Ende zum Anfang, das Mittlere zu beidem, alles zu allem. Was konsequent ist, was sich widerspricht – sie wissen es. Wie bei der Geometrie ist es bei ihnen: hat man die ersten Grundsätze zugegeben, so muß man alles zugeben. Gib zu, daß nichts gut sei, außer was sittlich gut ist: so mußt du anerkennen, daß auf dem sittlichen Wert das glückliche Leben beruht. Blicke wieder rückwärts: hast du das anerkannt, so wirst du auch jenen Satz zugeben müssen. 84. Bei den Eurigen ist es nicht ebenso. ›Es gibt drei Arten von Gütern‹, so rollt die Rede ab wie mit Gefäll. Sie kommt zum Ende; aber da bleibt sie an einer holperigen Stelle hängen. Sie möchte nämlich geltend machen, nichts könne zum glücklichen Leben dem Weisen fehlen. Ein rühmlicher Satz, wie wir ihn von Sokrates, auch von Platon hören.«

»Ja auch ich wage dies zu behaupten«, sagte Piso.

»Das kannst du nicht, wenn du nicht dein Tuch von neuem weben willst. Denn wenn es wahr ist (wie du gesagt hast), daß die Armut ein Übel ist, so kann

kein Bettler glücklich sein, wenn er auch ein Weiser
ist[45]. Aber Zenon hat es gewagt, ihn nicht nur glücklich, sondern auch reich zu nennen. Schmerz empfinden ist ein Übel: wen man zum Kreuz schleppt, der
kann nicht glücklich sein. Kinder sind ein Gut: seine
Kinder zu verlieren, ist ein Unglück. Ein Gut ist das
Vaterland: ein Unglück die Verbannung. Ein Gut ist
die Gesundheit: ein Elend das Kranksein. Ein Gut
ist die Unversehrtheit des Körpers: ein Unglück die
Verkrüppelung. Ein Gut ist ungeschwächte Seh-
schärfe: ein Elend die Blindheit. Wenn man auch
derartiges im einzelnen durch Tröstungen zu lindern
vermag, wie soll man, wenn alles zusammentrifft,
es ertragen? Gesetzt, es wäre ein und derselbe
Mensch blind, gebrechlich, schwer krank, verbannt,
kinderlos, arm und noch dazu auf die Folter gespannt: wie wirst du diesen nennen, Zenon? – Einen
Glücklichen, sagt er. – Aber auch einen höchst Glücklichen? – Gewiß, wird er sagen, ich habe ja gelehrt,
daß diese Sache genau so wenig Gradunterschiede
hat wie die Vollkommenheit, in der ja schon das
Glück selbst enthalten ist.   85. Dir scheint dies unglaublich, weil du die höchste Glückseligkeit meinst.
Wie? Ist dein Ausspruch glaublich? Denn wenn du
mich an das Volk verweisest, so wirst du diesem niemals glaublich machen können, daß ein Mensch in
solchem Zustand glücklich sei; rufst du mich aber vor
die Einsichtigen, so werden sie einesteils vielleicht bezweifeln, ob im sittlichen Wert soviel Kraft enthalten sei, daß die damit Begabten auch im Stier des
Phalaris[46] glücklich sein können, andernteils werden
sie nicht bezweifeln, daß die Stoiker in sich konsequente Dinge sagen und ihr Dinge, die einander wi-
dersprechen.«

»Also«, fragte Piso, »gefällt dir des Theophrast
Schrift über das glückliche Leben?«

»Wir irren nur von unserem Thema ab«, sagte ich;

»aber, um es kurz zu machen, Piso, wenn man jene Zustände als Übel ansieht, so gefällt sie mir allerdings.«

86. »Hältst du selbst diese Dinge für kein Übel?« sagte Piso.

»Danach fragst du?« sagte ich. »Mag ich da antworten, wie ich will, so mußt du dich hierhin und dorthin wenden.«

»Wieso denn nur?« fragte er.

»Weil, falls es Übel sind, derjenige, der sich darin befindet, nicht glücklich sein wird; und wenn es keine Übel sind, so ist das ganze Lehrgebäude der Peripatetiker zusammengestürzt.«

Darauf sagte Piso lächelnd: »Ich sehe wohl, was du vorhast; du fürchtest, ich möchte dir deinen Schüler entführen.«

»Nimm ihn nur mit dir«, sagte ich, »wenn er folgen will; denn er wird mit mir sein, wenn er mit dir ist.«

»Höre also, mein Lucius«, sagte Piso; »denn an dich habe ich ja meine Rede zu richten. Aller Wert der Philosophie besteht, wie Theophrast sagt, darin, daß sie uns zum glücklichen Leben verhilft; denn die Begierde, glücklich zu leben, glüht in uns allen.

87. Hierüber bin ich mit deinem Vetter einig. Wir haben also nur zu untersuchen, ob uns dies die Lehre der Philosophen zu gewähren vermag. Das Versprechen gibt sie uns wenigstens. Denn wenn sie das nicht vermöchte, warum ist da Platon durch Ägypten gewandert, um von fremden Priestern die Lehre von den Zahlen und den Himmelskörpern anzunehmen? Warum ist er später nach Tarent zu Archytas gereist? Warum zu den übrigen Pythagoreern, zu Echekrates[47], Timaios, Arion nach Lokroi, um nach Darlegung des sokratischen Systems auch die Lehre der Pythagoreer damit zu verbinden und das noch hinzuzulernen, was Sokrates verschmähte? Warum hat sogar Pythagoras

Ägypten durchwandert und die persischen Magier aufgesucht? Warum hat er zu Lande so viele Gegenden der Barbaren durchwandert, so viele Meere befahren? Warum tat genau das Gleiche Demokritos? Er, der – ob es wahr ist oder nicht, wäre noch zu untersuchen – sich sogar des Augenlichts beraubt haben soll; jendenfalls vernachlässigte er, um möglichst wenig von seinen Untersuchungen abgelenkt zu werden, sein Erbteil, ließ seine Felder unbestellt liegen – und nach was sonst forschte er dabei als nach dem glücklichen Leben? Und wenn er dieses auch in der Erkenntnis der Dinge sah, so wollte er doch aus jener Erforschung der Natur heraus es erreichen, guten Mutes zu sein. Denn so nennt er sein höchstes Gut Euthymia und oft Athambia, das heißt ein von Furcht freies Gemüt. 88. Aber obgleich dies ganz schön gesagt ist, so ist es doch noch nicht ins letzte durchgebildet. Denn weniges nur, und auch dies nicht einmal klar, hat er über die Vollkommenheit gelehrt. Erst später hat zuerst Sokrates in dieser Stadt über diesen Gegenstand näher zu forschen begonnen, und dann wurden solche Untersuchungen an diesen Ort hier verlegt, und man hat nicht gezweifelt, daß in die Vollkommenheit alle Hoffnung auf ein gutes wie auf ein glückliches Leben gesetzt werden müsse. Zenon, der in unserer Schule gelernt hat, sprach, wie die Formel bei Prozessen es vorzuschreiben pflegt, ›über denselben Gegenstand auf andere Weise.‹ Und das billigst du jetzt an ihm. Durch seine Wortveränderungen nämlich ist er dem Vorwurf der Inkonsequenz entgangen, dem wir nicht entgehen können! Jener leugnet, daß des Metellus Leben glücklicher sei als das des Regulus, aber vorzuziehen sei es doch; und es sei nicht mehr zu erstreben, aber eher anzunehmen und, wenn die Wahl freistehe, sei das des Metellus zu wählen, das des Regulus zu verwerfen; ich aber nenne das Leben, von dem Zenon sagt, es sei vorzu-

ziehen und eher zu wählen, glücklicher, und dabei lege
ich ihm nicht im geringsten einen höheren Wert bei
als die Stoiker. 89. Was ist da für ein Unterschied,
als daß ich bekannte Dinge mit bekannten Worten
bezeichne, jene dagegen neue Benennungen suchen,
um mit ihnen das Gleiche auszudrücken? So wie im
Senat stets einer ist, den man nicht ohne Dolmetscher
verstehen kann, so müssen auch wir die Stoiker mit
Hilfe eines Deuters hören. Ein Gut nenne ich all das,
was der Natur gemäß ist, alles Entgegengesetzte ein
Übel, aber nicht ich allein, sondern auch du, Chrysippos, tust es auf dem Markt und zu Hause; nur in der
Schule tust du es nicht. Warum meinst du denn, anders müßten die Menschen, anders die Philosophen
sprechen? Über den Wert der Dinge mögen die Gelehrten anders denken als die Ungelehrten, aber
wenn die Gelehrten darüber einig geworden sind,
welchen Wert ein jedes Ding haben müsse – wären
sie Menschen, so würden sie sich in der gebräuchlichen
Weise ausdrücken –, dann mögen sie die Worte nach
ihrem Belieben erfinden, nur die Dinge müssen bleiben.

90. Ich komme nun zu dem Vorwurf der Inkonsequenz, damit du nicht zu oft sagst, daß ich abschweife;
du setzest diesen Widerspruch in die Worte; ich
glaubte, er läge in der Sache. Wenn das hinlänglich
erfaßt ist – und dabei stehen uns die besten Stoiker
zur Seite –, daß die Kraft der Tugend so groß ist, daß
alles, was ihr von der anderen Seite entgegengestellt
wird, nicht einmal zum Vorschein kommt; wenn ich
alles, was jene wenigstens für Vorteile erklären und
für annehmlich und wählenswert und vorzüglich –
was sie so erklären, daß es sehr hoch zu schätzen sei –,
wenn ich also dies, was von den Stoikern mit so vielen Namen benannt wird, zum Teil mit neuen und
eigens ausgedachten, wie jenes ›Vorgezogene‹ und
›Abgewiesene‹, zum Teil mit gleichbedeutenden –

denn was ist der Unterschied, ob man erstrebt oder erwählt; mir wenigstens scheint das noch feiner zu sein, was man erwählt und wozu also eine Auswahl angewandt wird –, wenn ich also das alles Güter nenne, so kommt es nur darauf an, wie große Güter ich sie nenne, und wenn zu erstrebende, wie sehr zu erstrebende. Wenn ich nun aber diese für nicht in höherem Grade erstrebenswert halte, als du sie für erwählenswert hältst und ich das, was ich Güter nenne, für nicht schätzenswerter erkläre als du, der du sie vorgezogene Dinge nennst, so muß alles dies verdunkelt werden, gar nicht zum Vorschein kommen und sich in den Strahlen der Vollkommenheit wie in Sonnenstrahlen verlieren. 91. Aber, es kann ja ein Leben, in dem irgendein Übel ist, nicht glücklich sein. Dann darf nicht einmal ein Saatfeld voll und dicht bestanden mit Garben genannt werden, wenn man irgendwo noch wilden Hafer findet, noch ein Warenaustausch einträglich, wenn er neben dem reichsten Gewinn irgendeinen kleinen Verlust nach sich gezogen hat. Oder gilt dies zwar überall, nur nicht im Leben? Und willst du hier nicht nach seinem größten Teil das Ganze beurteilen? Oder ist es noch zweifelhaft, daß die Vollkommenheit dadurch den höchsten Rang unter den menschlichen Dingen behauptet, daß sie alle übrigen ganz verdunkelt? So will ich also wagen, das, was der Natur gemäß ist, Güter zu nennen; ich will es nicht um seinen alten Namen betrügen, um statt dessen jetzt lieber etwas Neues zu erfinden, dagegen will ich die Herrlichkeit der Vollkommenheit gleichsam in die andere Schale der Waage legen. 92. Diese Schale wird, glaube mir's, die Erde und die Meere aufwiegen. Denn immer erhält das Ganze nach dem, was die bedeutendsten Teile umschließt und am weitesten sich erstreckt, seinen Namen. Wir sagen von einem Menschen, er lebe vergnügt; ist da, wenn er ein einziges Mal ein wenig betrübt war, das ver-

gnügte Leben verloren? Wenigstens bei jenem Marcus Crassus, von dem Lucilius sagt, er habe nur einmal in seinem Leben gelacht, ist dies nicht geschehen,
daß er deshalb weniger der ›Nie-Lachende‹ genannt
wurde, wie derselbe Lucilius sagt. Den Polykrates
aus Samos nannte man den Glücklichen. Nichts Un-
erwünschtes war ihm widerfahren, außer daß er seinen Ring, an dem er sich erfreute, ins Meer geworfen
hatte. War er also unglücklich durch diese eine Ver-
stimmung, dagegen wieder glücklich, als eben jener
Ring in den Eingeweiden des Fisches wiedergefun-
den war? War aber jener kein Weiser – und das
trifft zu, weil er ein Tyrann war–, so war er niemals
glücklich; und war er ein Weiser, so war er auch dann
nicht unglücklich, als er von Oroites, dem Feldherrn
des Dareios, ans Kreuz geschlagen wurde. Aber er war
doch von vielen Übeln getroffen. Wer leugnet das?
Aber diese Übel wurden durch die Größe seiner
männlichen Bewährung erdrückt.

93. Oder räumst du den Peripatetikern nicht einmal das ein, daß sie sagen dürfen, das Leben aller
trefflichen Männer, das heißt der weisen und mit allen sittlichen Werten geschmückten Menschen, habe
in all seinen Teilen stets mehr des Guten als des
Üblen? Wer sagt dies? Doch wohl die Stoiker. Keineswegs, sondern gerade die, welche alles nach der
Lust und dem Schmerz bemessen, verkünden die nicht
laut, daß der Weise stets mehr von dem habe, was er
wolle, als von dem, was er nicht wolle? Wenn also
schon diejenigen der Vollkommenheit einen so hohen
Wert beimessen, welche offen bekennen, sie würden
um der Vollkommenheit willen, wenn diese keine
Lust gewähre, nicht einmal eine Hand rühren, was
müssen wir dann tun, die wir behaupten, jeder klein-
ste Vorzug der Seele gehe allen Gütern des Leibes so
voran, daß diese nicht einmal sichtbar bleiben? Denn
wer möchte zu behaupten wagen, es könne beim

Weisen vorkommen, daß er, wenn es möglich wäre, die Vollkommenheit für immer von sich würfe, um von allem Schmerz sich zu befreien? Wer von uns, die wir uns nicht schämen, das Übel zu heißen, was die Stoiker Beschwernisse nennen, wer von uns hat wohl gesagt, daß es besser sei, auf unsittliche Weise etwas unter Lust zu tun, als auf sittliche mit Schmerz?

94. Uns Peripatetikern scheint, daß jener Dionysios von Herakleia[48] in schmählicher Weise von den Stoikern wegen seiner Augenschmerzen abgefallen ist. Als ob er das von Zenon gelernt hätte, keinen Schmerz zu empfinden, wenn er welchen empfand! Jenes hatte er gehört, aber nur nicht gelernt, daß das kein Übel sei, weil es nichts sittlich Schlechtes sei, und daß ein Mann es ertragen müsse. Wäre dieser ein Peripatetiker gewesen, so wäre er, glaube ich, bei seinen Grundsätzen geblieben, weil diese ja erklären, der Schmerz sei ein Übel; daß man ihn aber, so hart er auch sei, tapfer ertragen müsse, lehren sie ebenso wie die Stoiker. Und dein Arkesilaos, wenn er auch im Streiten etwas hartnäckig war, gehörte doch zu uns; er war ja ein Schüler des Polemon. Als er von heftigen Fußgichtschmerzen gequält wurde und Charmides, ein vertrauter Freund des Epikur, ihn besucht hatte und traurig hinausging, da sagte er: ›Bleib doch, bitte, lieber Charmides; nichts kommt von dort bis hierher‹, und dabei zeigte er auf Füße und Brust. Und doch wäre es auch diesem lieber gewesen, keinen Schmerz zu leiden.

Dies also ist unser System, das dir so inkonsequent zu sein scheint; denn wenn auch nach ihm wegen der himmlischen und gleichsam göttlichen Vortrefflichkeit der Vollkommenheit Elend und Bekümmernis da nicht sein kann, wo die Vollkommenheit besteht und große und im höchsten Grade preiswürdige, kraft der Vollkommenheit ausgeführte Taten sind, so kann wohl Mühe, es kann Beschwerlichkeit dabei eintreten,

und ich trage dabei kein Bedenken zu erklären, daß
alle Weisen stets glücklich sind, daß es aber doch geschehen kann, daß der eine glücklicher ist als der andere. Gleichwohl mußt du diesen Satz, mein Piso,
mehr und mehr begründen, sagte ich; und wenn du
ihn halten kannst, so sollst du nicht nur meinen Vetter Cicero, sondern auch mich selbst mir abspenstig
machen.«

96. Darauf sagte Quintus: »Mir scheint das schon
genügend erwiesen, und ich freue mich, daß diejenige
Philosophie, deren Hausrat ich früher schon höher
schätzte als die Besitzungen der übrigen – so reich
schien sie mir, daß ich von ihr alles entnehmen konnte, was ich nur irgend zu unseren Studien wünschen
mochte –, ich freue mich also, daß ich diese Philosophie nun auch scharfsinniger gefunden habe als die
anderen; denn einige sagten, gerade das gehe ihr ab.«

»Nur nicht scharfsinniger als die unsrige«, entgegnete scherzend Pomponius; »allein, beim Herakles,
sehr angenehm ist mir dein Vortrag gewesen. Was
ich nämlich lateinisch auszudrücken für unmöglich
hielt, das hast du in angemessenen Worten, und zwar
nicht weniger verständlich, als es die Griechen tun,
gesagt. Doch nun ist es Zeit; ist es euch recht, so brechen wir auf, und zwar geradeswegs zu mir.«

Nach diesen Worten machten wir uns, da der Gegenstand auch zur Genüge erörtert schien, alle auf in
die Stadt zur Wohnung des Pomponius.

ANMERKUNGEN

EINFÜHRUNG

[1] Theodor Mommsen, Römische Geschichte, Bd. 3, Berlin 1857, S. 619

[2] Richard Harder, Die Einbürgerung der Philosophie in Rom, in: Antike 5, 1929, S. 299

[3] Vgl. dazu Richard Heinze, Von den Ursachen der Größe Roms, Leipzig 1930, S. 18 f.

[4] Friedrich Klingner, Cicero, in: Römische Geisteswelt, München 1956, S. 106

[5] Klingner a.a.O., S. 99

[6] Karl Büchner, Cicero, Grundzüge seines Wesens, in: Gymnasium Bd. 62, 1955, S. 300

[7] Vgl. Eduard Norden, Die antike Kunstprosa, Bd. 1, Leipzig 1898, S. 231 ff.

[8] Harder a.a.O., S. 313

[9] Friedrich Gundolf, Caesar, Geschichte seines Ruhms, Berlin 1925, S. 14

[10] Gundolf a.a.O., S. 33

[11] Otto Seel, Vox humana. Ein Lesebuch aus Cicero, Stuttgart 1949, S. 315 f.

[12] Epist. ad Atticum 10, 8, 2

[13] Epist. ad Fam. 15, 15, 1

[14] De officiis 1,26; 2,23 ff.; 3,19. 32. 82 f.

[15] ad Att. 14,9,2

[16] Joseph Vogt, Ciceros Glaube an Rom, Würzburger Studien zur Altertumswiss., Heft 6, 1935, S. 76 ff. und 89 ff.; Ulrich Knoche, Die geistige Vorbereitung der augusteischen Epoche durch Cicero, in: Das neue Bild der Antike, Bd. 2, S. 200 ff.; Cicero, Philippica 6,19

[17] Viktor Pöschl, Römischer Staat und griechisches Staatsdenken bei Cicero, Berlin 1936, S. 176

[18] Harder a.a.O., S. 316
[19] Vgl. auch De finibus 5,23 und 3,26
[20] De divinatione 2,1 ff.
[21] Friedrich Klingner, Cicero, a.a.O., S. 137
[22] Klingner, S. 138 f.
[23] Deutsche Übersetzungen zu Cicero, De finibus, sind:
M. T. Cicero, Über das höchste Gut und das höchste Übel, übers. von E. W. Eckermann, Prenzlau 1828, 2 Bde.
M. T. Cicero, Fünf Bücher vom höchsten Gut und Übel, übers. von Gottlob Christian Kern, Stuttgart 1836
Ciceros Bücher vom höchsten Gut und höchsten Übel, übers. von Johann Gustav Droysen, in: Ciceros philosophische Schriften in deutschen Übertragungen, hg. v. Reinhold Klotz, 1. Teil, Leipzig 1840
Fünf Bücher vom höchsten Gut und Übel, übers. von Raphael Kühner, Stuttgart 1861
Des M. T. Cicero fünf Bücher über das höchste Gut und Übel, übers. von J. H. v. Kirchmann, Berlin 1874 (Philosophische Bibliothek, Bd. 62, Berlin 1874)
Dem Übersetzer lag auch die französische Übertragung vor: Cicéron, Des termes extrêmes des biens et des maux, Tome I et II, Texte établit et traduit par Jules Martha, Paris, Société d'édition »Les belles lettres«, 95. Bd., Raspail, 1928
[24] Vgl. Philippson, M. T. Cicero, Rhetorische Schriften, in: Realenzyklopädie der klassischen Altertumswissenschaften, 2. Reihe, VII, Spalte 1104 ff.
[25] Teuffel, Römische Literatur, dritte Auflage, S. 343
[26] De divinatione 2,1 ff.
[27] A.a.O., S. 620 ff.
[28] Harder a.a.O., S. 310
[29] Otto Seel, Cicero, Humanitas, Stuttgart 1948, S. 79
[30] Vgl. Harder a.a.O., S. 306 ff.; Max Pohlenz, Ciceros De re publica als Kunstwerk, Festschrift für Richard Reitzenstein, Berlin/Leipzig 1931, S. 70 ff.; Viktor Pöschl, Römischer Staat und griechisches Staatsdenken bei Cicero, Berlin 1936; Erdmann Struck, Ciceros Schrift De re publica im Unterricht des Gymnasiums und der Oberschule, in: Neue Jahrbücher für Antike und deutsche Bildung, Heft 5, 1939, S. 216 ff.; Ulrich Knoche, Die geistige Vorbereitung der augusteischen Epoche durch Cicero, a.a.O., S. 200 ff.; Karl

Büchner, Cicero, Vom Gemeinwesen, Zürich 1952; Maximilian Schäfer, Cicero und der Prinzipat des Augustus, in: Gymnasium 64, 1957, besonders S. 320 ff.

[31] Werner Jäger, Die geistige Gegenwart der Antike, Berlin 1929, S. 9

[32] Göttingen 1956, S. 9

[33] Vgl. dazu Gerhard Liebers, Virtus bei Cicero, Diss. Leipzig, Dresden 1942. – Ferner Hans Drexler, Dignitas, Rektoratsrede Göttingen 1943; ders., Die moralische Geschichtsauffassung der Römer, in: Gymnasium, Bd. 61 (1954), bes. S. 173 ff.; davon teilweise abweichend Günther B. Philipp, Zur Problematik des römischen Ruhmesgedankens, in: Gymnasium Bd. 62, 1955, S. 51 ff. und bes. S. 79 ff.

[34] Vgl. zu diesem Gedanken auch De fin. 5,57 f. ». . . falls sie höheren Geistes sind, bewerben sie sich um Ehrenstellen und Befehlsgewalten in der Staatsverwaltung, andere wieder widmen sich ganz den Studien und der Gelehrsamkeit«.

[35] Nach altrömischer Staatsgesinnung steht die dignitas neben der libertas, der Freiheit des Gemeinwesens, wie dies aus der Briefstelle Ciceros an Curio (ad fam. 2,5,2) hervorgeht: Tu autem ea para, meditare, cogita, quae esse in eo civi ac viro debent, qui sit rem publicam adflictam et oppressam miseris temporibus ac perditis moribus in veterem dignitatem et libertatem vindicaturus. – Vgl. auch De re publica 2,51

[36] Eduard Fraenkel, Die Stelle des Römertums in der humanistischen Bildung, Berlin 1926, S. 22

[37] Die übrigen Stellen des Werkes sind: 2,58 (humanitas), 2,80 (humanus), 3,64 (inhumanus)

[38] Otto Regenbogen, Humanismus – heute?, Heidelberg 1947, S. 9 f.

[39] Vgl. Wolfgang Schadewaldt, Sinn und Wert der humanistischen Bildung im Leben unserer Zeit, Göttingen 1956, S. 12

[40] Vgl. dazu Josef Pieper, Muße und Mußelosigkeit, in: Taschenbuch für junge Menschen, Berlin 1946, S. 308 ff.

[41] De finibus 5,44; De legibus 1,58 und 61; Tuscul. disput. 1,52. – Vgl. dazu auch Klingner, Humanität und Humanitas, in: Römische Geisteswelt, S. 644 und Anm. 78

[42] Walter F. Otto, Die Götter Griechenlands, Bonn 1929, S. 310

[43] Siehe dazu Max Pohlenz, Die Stoa, unter dem Stichwort »Pronoia«

[44] Dazu Richard Harder in seiner ausgezeichneten Analyse des Somnium Scipionis: Schriften der Königsberger Gelehrten Gesellschaft, 1929, S. 121, sowie Joseph Vogt, Ciceros Glaube an Rom, a.a.O., S. 98 f.

[45] De fin. 1,63–2,37–5,51. De leg. 1,26. Tuscul. disput. 5,76. De off. 2,5

[46] Vor Cicero ist caelestis nur belegt bei den Dichtern Ennius, Pacuvius, Accius und Lucretius. – Etwa gleichzeitig mit Cicero gebraucht an wenigen Stellen Caesar caelestes für dei. – Von den 43 Stellen für caelestis in der hier verfolgten Bedeutung können nur einige besonders wichtige zitiert werden: De re publ. 6,20; De leg 1,24; De nat. deor. 2,90 u. 2,153; De fin. 2,114 u. 5,95; Tuscul. disput. 1,47. 1,66. 1,75

[47] Vgl. dazu etwa Hans Jürgen Baden, Das Tragische. Die Erkenntnisse der griechischen Tragödie, Berlin 1941; hier besonders das Kapitel »Schuld«, S. 31–49; ferner Gerhard Nebel, Weltangst und Götterzorn. Eine Deutung der griechischen Tragödie, Stuttgart 1951

[48] Vgl. dazu A. Bauer, Vom Griechentum zum Christentum, Leipzig 1923; ferner das feine Werk von Johannes Hessen, Platonismus und Prophetismus. Die antike und die biblische Geisteswelt in strukturvergleichender Betrachtung, München 1955

[49] Siehe Pohlenz, Die Stoa, besonders das Kapitel »Das Christentum«, S. 400–465

[50] Thassilo von Scheffer, Hellenistische Mysterien und Orakel, Stuttgart 1940

[51] Friedrich Klingner, Römische Geisteswelt, S. 221 ff. und 568 ff.; ferner Theodor Haecker, Vergil, Vater des Abendlandes, Leipzig 1938, besonders S. 142 ff.

[52] Die Zeit der ersten Gefangenschaft des Paulus in Rom fällt in die Jahre 61–63; Seneca lebte in jenen Jahren als Berater und Vertrauter des Kaisers Nero in Rom; 62 zog er sich von der Öffentlichkeit zurück und lebte seinen wissenschaftlichen Studien, bis er 65 von Nero zum Tode gezwungen wurde.

[53] Unter den fast zahllosen Beispielen aus Seneca, die hier angeführt werden könnten, seien nur die eindrucksvollsten genannt: Ad Marciam 20,3; 23; 26,4. De ira 3,36. De brevitate vitae 7,3. De otio 4,1 und 6,4. De providentia 4. Epistulae ad Lucilium 77,4; 78; 82,16; 102,26; 115, 3 ff.; 120,13

[54] Antithesen: Gegensätze, rhetorische Sinnfiguren; sie stellen Begriffe, die sich logisch gegenüberstehen, in parallelen Satzgliedern einander entgegen.

[55] a.a.O., S. 26 f.

[56] Walther Kranz, Die griechische Philosophie, Sammlung Dieterich Bd. 88

[57] Max Pohlenz, Gestalten aus Hellas, München 1950

[58] Max Pohlenz, Die Stoa, Geschichte einer geistigen Bewegung, Göttingen 1948

ERSTES BUCH

[1] Q. Hortensius Hortalus, gefeierter Redner und Advokat, Konsul 69, gehörte zu den von Cicero hier erwähnten Gegnern der Philosophie überhaupt. Sein Freund und Rivale Cicero hatte sein erstes systematisches Werk über Philosophie (De philosophia) nach ihm auch »Hortensius« benannt (vgl. De divinatione 2, 1 f.). Das Gespräch, in dem Hortensius auftritt und gefeiert wird, ist kurz vor De finibus geschrieben und wohl im März 45 vollendet; nur wenige Bruchstücke sind uns erhalten. Dieses Lob auf die Philosophie hat die sittliche Bekehrung des späteren hl. Augustinus eingeleitet.

[2] Terenz ist der bekannte römische Lustspieldichter, 190–159. In seinem Lustspiel »Der Selbstpeiniger« (Heautontimorumenos) ermahnt Chremes seinen Nachbarn Menedemus, sich nicht über Gebühr mit Feldarbeit abzuplagen.

[3] Q. Ennius, 239–169. Epischer (Annales) und dramatischer Dichter, vielfach nach Euripides, dessen »Medea« (Rache derselben an ihrem ungetreuen Jason) er lateinisch bearbeitet hat.

[4] M. Pacuvius, 220–130, römischer Tragödiendichter, Schwestersohn des Dichters Ennius, hat u. a. auch die »Antiopa«, ein nicht mehr erhaltenes Drama des Euripides, be-

arbeitet. Antiopa war die Mutter des Amphion und Zethos, vgl. Od. XI, 260 ff.

[5] Q. Caecilius Statius, aus dem cisalpinischen Gallien, früher Sklave, gehört zu den besten römischen Lustspieldichtern. Er starb 168 v. Chr. Das Stück »Die Synepheben« (Jugendgenossen) ist verlorengegangen.

[6] »Das Mädchen von Andros« ist der Titel eines noch vorhandenen Lustspiels von Terenz.

[7] Menander aus Athen, gest. 291 v. Chr., ist der Schöpfer der neueren attischen Komödie und Verfasser zahlreicher Stücke, welche die römischen Lustspieldichter bei ihren Werken so zugrunde legten, daß sie nur als Überarbeitung der Stücke des Menander gelten können.

[8] Atilius, den Lustspieldichter, nennt Cicero in einem Briefe an Atticus »Poeta durissimus«.

[9] Näheres über diesen Licinius ist nicht bekannt, wahrscheinlich ist es der bei Gellius erwähnte Porcius Licinius.

[10] »Utinam ne in nemore« ist der Anfang der »Medea« des Ennius.

[11] Chrysippos aus Soloi in Kilikien, gest. um 205 v. Chr., war Schüler des Zenon, des Stifters der stoischen Schule, hat auch den Kleanthes gehört und war dessen Nachfolger auf dem Lehrstuhl der Stoa. Die Lehre der Stoiker ist durch ihn zur Vollendung gebracht worden.

[12] Diogenes von Seleukeia am Tigris, Stoiker, Schüler des Zenon und Chrysippos, war mit Karneades und Kritolaos athenischer Gesandter in Rom 155 v. Chr.

[13] Antipater von Tarsus ist Schüler des vorigen.

[14] Mnesarchos ist Schüler des Panaitios.

[15] Panaitios von Rhodos, ca. 185–110. war Schüler und Nachfolger des Antipater, seit 129 Vorsteher der Schule der Stoiker in Athen, Begründer der sogenannten mittleren, gemäßigt-eklektischen Stoa. In Rom im Umgang mit dem jüngeren Scipio und Laelius. Seine Pflichtenlehre war Vorbild für Ciceros Buch De officiis.

[16] Poseidonios aus Apameia in Syrien, ca. 135–50, bedeutender Vertreter der mittleren Stoa, Philosoph mit mystischem Einschlag, Naturforscher, ausgezeichneter Historiker (Fortsetzer des Polybios); lehrte in Rhodos, wo ihn Cicero im Jahre 78 hörte.

[17] Theophrastos aus Eresos auf Lesbos, ca. 371–287, athe-

nischer Philosoph und Universalgelehrter im Sinn des Aristoteles, dessen Schüler, Freund und (seit 322) Nachfolger in der Leitung des Peripatos er war. Starke Wirkung auf Cicero. Wie Cicero schrieb schon Th. über das Alter und über die Freundschaft.

[18] Lucius Afranius war ein Lustspieldichter und Zeitgenosse des Terenz.

[19] C. Lucilius, römischer Ritter, 148–103, besonders als Satirendichter ausgezeichnet. Er pflegte zu sagen, daß er sich weder ganz gelehrte noch ganz ungelehrte Leser für seine Schriften wünsche, weil die letzteren nichts verstünden und die ersteren mehr als er selbst.

[20] C. Persius, ein durch seine Gelehrsamkeit ausgezeichneter Mann und Zeitgenosse des Dichters Lucilius, vgl. Cicero, Brutus 99.

[21] P. Cornelius Scipio Aemilianus Africanus minor Numantinus: leiblicher Sohn des L. Aemilius Paullus, des Siegers von Pydna 168; von dem geistig hochstehenden, aber kranken Sohn des älteren Scipio adoptiert und so ins Cornelierhaus aufgenommen. Konsul 147 u. 134, Censor 142. Eroberer von Karthago 146 (Beiname Africanus) und von Numantia in Spanien 133. Mittelpunkt eines Kreises von Trägern und Freunden griechischer Bildung (Polybios, Panaitios usw.).

[22] Publius Rutilius war 104 v. Chr. Konsul und wurde 92 verbannt. Cicero nennt ihn in seinem Orator einen gelehrten und in der griechischen Literatur bewanderten Mann, welcher den Panaitios gehört und die stoische Lehre vollkommen innegehabt habe.

[23] Tarentiner, Consentiner, Sikuler: Lucilius sagte damit, daß er für Leute schreibe, die sich an dem Inhalt seiner Satiren erfreuten und sie nicht in gelehrter Weise kritisierten, denn für ungebildet galten diese Leute nicht. – Consentia ist die Hauptstadt der Bruttier.

[24] Bruchstücke dieser Schrift De virtute finden sich bei Seneca, Ad Helviam matrem de consolatione 9,4 ff.

[25] Titus Albucius ging frühzeitig nach Athen, wurde von Griechen unterrichtet und selbst ein vollständiger Grieche und Anhänger des Epikur, vgl. Brutus 131.

[26] Q. Mucius Scaevola Augur: Konsul 117, Stoiker. Von

90 bis etwa 87 wurde Cicero, zusammen mit Atticus, von ihm bei seinen Rechtsberatungen zugezogen und in die Praxis des Rechtslebens eingeführt. Scaevola ging 121 als Prätor nach Asien und mag da auf seiner Hinreise in Athen wohl mit Albucius zusammengetroffen sein.

[27] Die Frage, ob das von einer Sklavin geborene Kind dem Nutznießer oder dem Eigentümer der Sklavin zufalle, war bei den römischen Juristen sehr umstritten. M. Iunius Brutus wird diese Frage in seiner Schrift über das bürgerliche Recht behandelt haben, die nach Quintilian 6,3,46 in Dialogform verfaßt war, wobei die hier genannten Männer als Gesprächspartner auftraten.

[28] P. Mucius Scaevola: Konsul 133, Pontifex maximus seit 130, tüchtiger Redner, ausgezeichneter Jurist.

[29] Manius Manilius: Konsul 149, bedeutender Jurist. Geschätztes Mitglied des Scipionenkreises, von Cicero als Mitunterredner in De re publica eingeführt.

[30] Das Cumanum war Ciceros 57 oder 56 erworbenes Landgut bei Cumae, westlich von Neapel am Meere.

[31] Phaidros und Zenon waren zu Ciceros Zeit die berühmtesten Epikureer. Sie lehrten in Athen, wo Cicero sie bei seiner ersten Reise im Jahre 79 gehört hatte.

[32] T. Pomponius Atticus: 109–32, reicher Römer, Verehrer attischer Bildung (Beiname Atticus!). Ein intimer Freund Ciceros, vgl. Atticusbriefe Ciceros.

[33] Physik ist im Altertum etwa das, was wir Naturphilosophie nennen.

[34] Demokritos aus Abdera in Thrakien, um 460 v. Chr. geboren und im Alter von 100 Jahren gestorben, ist zusammen mit Leukippos der berühmte Begründer der Atomenlehre.

[35] Polyaenus aus Lampsakos war ein Mathematiker, ein Freund und Anhänger Epikurs.

[36] Über Epikurs Lehre von den Atomen sowie über seine sehr unkomplizierte Erklärung der Naturphänomene vgl. Pohlenz, Epikur, in: Gestalten aus Hellas 1950, S. 564, 567–569.

[37] Aristippos aus Kyrene, in der Jugend Schüler des Sokrates in Athen, lehrte zuerst in Aigina, dann in Syrakus am Hofe des jüngeren Dionysios, zuletzt in Athen. Stifter der nach ihm benannten Schule der Kyrenaiker. Seine

Lehre stellt das Prinzip des Genießens dem des Entbehrens entgegen.

[38] Titus Manlius Torquatus hatte in einem Krieg gegen die Gallier um 360 einen riesigen Barbaren im Zweikampf erschlagen und ihm die Halskette (torques) als Beute abgenommen, daher sein Name, der in der Familie blieb.

[39] Der Veseris ist ein Fluß in der Nähe des Vesuvs. Der Sohn des Manlius hatte gegen das strenge Verbot des Volkes sich in einen Kampf mit den Feinden eingelassen, der Vater ließ ihn zur Sühnung der verletzten Disziplin hinrichten.

[40] Kerameikos, »Töpferstadt«, Stadtteil von Athen nordwestlich von der Agora. In der klassischen Zeit war der Kerameikosmarkt der Mittelpunkt Athens wie das Forum in Rom. Prachtbauten, besonders Hallen zum Schutz vor der Sonne, geschmückt mit Bildern und Statuen berühmter Männer, umgaben ihn. – Vgl. Kirsten-Kraiker, Griechenlandkunde, Heidelberg 1955, S. 68 ff.

[41] Die Epikureer stimmen in der Frage über die sittliche Zulässigkeit des Selbstmordes mit den Stoikern genau überein. Die Stoiker leiten ihre Auffassung aus der Herrschaft des Menschen über seine Lust ab und daraus, daß sie das Leben nicht zu den Gütern, sondern nur zu dem »Vorgezogenen« (proegmena) rechnen, wo der Weise die Größe ebenso wie bei Epikur abmessen und danach sein Handeln bestimmen kann.

[42] Vgl. Diogenes Laertios 10,27 und Cicero, De nat. deor. 1,43: »Denn wo gibt es einen Volksstamm oder ein Geschlecht von Menschen, das nicht schon ohne Belehrung einen gewissen Vorbegriff von den Göttern hätte? Dies nennt Epikur Prolepsis, das heißt einen gewissen, von der Seele vorher gefaßten Begriff einer Sache, ohne welchen weder etwas eingesehen noch untersucht noch erörtert werden kann. Über die Bedeutung und Nützlichkeit dieser Einrichtung sind wir durch jenes himmlische Buch des Epikur ›Über Richtschnur und Urteil‹ belehrt worden.«

[43] Vgl. Epikurs eigene Worte bei Diog. Laert. 10, 198.

ZWEITES BUCH

[1] Gorgias aus Leontinoi in Sizilien, 483–375, großer Redner und Lehrer der Beredsamkeit, blieb nach seinem ersten Auftreten in Athen 427 als Gesandter seiner Vaterstadt dort lange im Gedächtnis; und wenn er später wiederkam, war er der große Mann, so wie es Platon im Gorgias schildert.

[2] Unter »unseren Philosophen« sind die Akademiker gemeint, zu welchen ja Cicero selbst sich rechnete.

[3] Arkesilaos aus Pitane in Aitolien, ca. 315–241, bedeutendes Schulhaupt der Akademie, Schüler des Peripatetikers Theophrastos und des Akademikers Polemon; Gegner des Stoikers Zenon. A. hat nichts selbst veröffentlicht, sondern beschränkte sich auf mündlichen Vortrag und dialektische Erörterung.

[4] Vgl. Platons Phaidros, p. 227 b.

[5] Um die Einheitlichkeit des Lebensziels zu wahren, hat Epikur im Gegensatz zu Demokrit nachdrücklichst betont, daß auch die geistigen Freuden ihre letzte Wurzel in den sinnlichen Lustgefühlen haben, und erklärt (fr. 67): »Ich wüßte nicht, was ich mir unter dem Guten vorstellen sollte, nähme ich die Lustgefühle des Geschmacks hinweg, hinweg auch die des Geschlechtsgenusses, hinweg die des Gehörs, hinweg endlich auch die lustvollen Bewegungen, die durch den Anblick schöner Formen hervorgerufen werden.« (Pohlenz, Gestalten aus Hellas, S. 572).

[6] Metrodoros aus Lampsakos in Mysien (am Hellespont), einer der bedeutendsten Schüler Epikurs. Vgl. Cic., De natura deor. 1,113 und Seneca, epist. 52,3.

[7] Hieronymos von Rhodos, Mitte des dritten Jahrhunderts v. Chr., ein Schüler des Aristoteles. Vgl. Cic., Or. 57, 190: Peripateticus imprimis nobilis; Cic., acad. 2, 131: finem esse ... censuit vacare omni molestia Hieronymus.

[8] L. Quinctius Cincinnatus, Diktator im Jahr 296, vgl. Livius 3,26.

[9] Trabea: römischer Lustspieldichter in der 2. Hälfte des 2. Jhdts. v. Chr.

[10] Zu Caecilius vgl. Buch 1, Anm. 5

[11] Terenz, Heaut. 1, 1, 1

[12] Herakleitos aus Ephesos, um 500 v. Chr., großer Philo-

soph der Ionier, bekam wegen seiner schweren Deutbar-
keit den Beiamen »der Dunkle«.

[13] Über Zenon, den Begründer der Stoa, vgl. Pohlenz, Gestalten aus Hellas, S. 583 ff.

[14] Aristoteles, Nikomachische Ethik 1, 4, 1 f.

[15] Zu Kalliphon vgl. auch De finibus 5,25 und Tusculan.
disput. 5,85, De officiis 3, und Clemens Alexandrinus,
Stromat. 2,127 f. K. suchte die Prinzipien der Lust und der
Sittlichkeit zu vereinigen und darin das Ziel des menschlichen Lebens zu erfassen.

[16] Diodoros aus Iasos in Karien, ca. 100 v. Chr., Peripatetiker, Schüler des Kritolaos, wird mit Kalliphon an den
meisten Stellen zusammen genannt.

[17] Die Worte stehen im Original bei Diog. Laert. 10,192.

[18] »Hymnis« hieß eine Komödie des Caecilius Statius.

[19] C. Laelius Sapiens, geboren gegen 190, Konsul 140; wird
von Cicero häufig erwähnt, nach ihm ist die Schrift »Laelius, Über die Freundschaft« benannt. Angesehener Augur,
schlichter, anmutiger Redner, Freund der Dichter Terenz
und Lucilius, Beziehungen zu athenischen Philosophen und
zu Panaitios.

[20] Zu Diogenes siehe Buch 1, Anm. 12

[21] Der Sauerampfer war bei den Römern jener Zeit Speise
der ärmeren Leute.

[22] P. Gallonius war ein reicher ausschweifender Römer um
130, der in Rom den Stör als einen Leckerbissen bei Mahl-
zeiten einführte.

[23] Manius Curius Dentatus besiegte 275 den König Pyrrhus von Epirus; er war arm und enthaltsam und verschmähte das, was samnitische Gesandte ihm anboten.

[24] Das »erste Begehrenswerte« oder die »ursprünglichen
Naturgüter« (prima naturae) ist ein Begriff, der wesentlich
den Stoikern angehört und auf dem ihre Ethik aufbaut. Er
wird erst im dritten Buch seine Erläuterung erhalten.
Diese »ersten natürlichen Triebe« sind für Cicero hier
nicht identisch mit den Trieben nach Lust; sie gehen nur
auf Erhaltung des Lebens und der Unversehrtheit aus,
deshalb konnten auch die Stoiker sie für ihre Ethik benutzen.

[25] Polemon, Schüler und Nachfolger des Xenokrates in der
Leitung (314–270) der Akademie.

[26] Karneades aus Kyrene, Leiter der Akademie etwa 160–137, tritt 155 in Rom auf als Mitglied der athenischen Philosophengesellschaft.

[27] Pyrrhon aus Elis wird als der eigentliche Begründer der skeptischen, d. h. ursprünglich »zweifelnd betrachtenden«, dann aber »die Erkenntnismöglichkeit leugnenden« Philosophie angesehen. Er hatte 327 Alexander auf seinem Feldzug bis nach Indien begleitet; er lebte später in Elis und starb um 270 in hohem Alter.

[28] Ariston aus Chios, Stoiker, Schüler Zenons, beschränkte sich auf den Satz, daß nur das Sittliche ein Gut sei, da alles übrige erst durch den Gebrauch, den der Mensch davon mache, einen Wert erhalte. Unter seinem Einfluß, der auch Kleanthes in den Schatten stellte, stand auch der unbedeutendere

[29] Herillos von Karthago, Schüler Zenons. Er meinte alle Schwierigkeit am ehesten dadurch zu überwinden, daß er in offenem Widerspruch zum Schulstifter das höchste Gut und Lebensziel aus dem praktischen Handeln ganz in das Wissen verlegte.

[30] Ein Vers aus der »Hekabe« (Hecuba) des Euripides (Vers 627 f.), welche Ennius für die Römer lateinisch bearbeitet hat.

[31] Archytas aus Tarent, Pythagoreer, berühmt als Mathematiker, mit Platon befreundet. Die hier erwähnte Stelle ist noch im 9. Brief (p. 358a) Platons erhalten. Pl. benutzt sie aber da nicht zu der Begründung des Begriffes des Sittlichen, sondern gibt sie nur als eine Reflexion über das Sittliche einem Gesinnungsgenossen gegenüber.

[32] Platon, Phaidros p. 250 d. – Vgl. Cic., De off. 1,15

[33] L. Hostilius Turbulus, Prätor 142, wird von Cicero häufig als Verbrecher erwähnt (De fin. 4,77; 5,62; De nat. deor. 1,63; 3,74). Er soll sich im Gefängnis durch Gift getötet haben.

[34] Q. Pompeius war Konsul 141. Er schloß 140 mit den Numantinern einen Vertrag, wonach sie sich unter für sie günstigen Bedingungen ihm ergeben sollten; später leugnete er den Vertrag ab, entging aber der Strafe der Auslieferung, die für solche Fälle bei den Römern galt.

[35] Über Rufus und Gallus ist nichts Näheres bekannt.

[36] Das Vokonische Gesetz von 174 oder 169 bestimmte,

daß Frauen nie Universalerben sein und nicht mehr als 100 000 Sesterzen erben dürften. Solche Bestimmungen zu umgehen, setzte man einen Scheinerben ein, den man verpflichtete, die Erbschaft an die Frau zu übergeben. Sextilius handelte nach dem Gesetz, wenn er die Auszahlung der Erbschaft verweigerte.

[37] M. Licinius Crassus war durch seinen Reichtum bekannt. Er war Triumvir mit Pompeius und Caesar und fiel 53 in dem Krieg gegen die Parther.

[38] Cn. Pompeius Magnus, der von Caesar in der Schlacht bei Pharsalus geschlagen und dann in Ägypten durch die Treulosigkeit des dortigen Königs 49 ermordet wurde. Im Jahre 52 war er alleiniger Konsul und stand auf der Höhe seiner Macht. Auf diesen Zeitpunkt wird hier angespielt.

[39] Sextus Peducaeus war 75 Prätor in Sizilien, als Cicero dort Quästor war. Cicero erwähnt ihn oft rühmlich.

[40] C. Plotius ist nicht weiter bekannt.

[41] P. Decius war Konsul 340, und das hier Berichtete geschah in der Schlacht am Veseris.

[42] Von Balbus ist nichts weiter bekannt.

[43] M. Atilius Regulus verlor 255 eine Schlacht gegen die Karthager und geriet in ihre Gefangenschaft, soll von ihnen nach Rom geschickt worden sein, um Frieden zu vermitteln, diesen den Römern aber widerraten haben und, seinem Versprechen gemäß nach Kathago zurückgekehrt, grausam zu Tode gemartert worden sein. Die Reguluslegende ist längst als römische Greuel-Propaganda erwiesen.

[44] Themista war eine Freundin Epikurs, die Gattin des Leonteus von Lampsakos.

[45] Kleantes aus Assos in der Troas, gest. 230, war Nachfolger des Zenon, des Begründers der stoischen Schule, wird besonders wegen seiner Charakterfestigkeit gerühmt. In hohem Alter soll er sich bei einer Krankheit durch Hunger das Leben genommen haben.

[46] Postumius ist seiner Persönlichkeit nach unbekannt.

[47] C. Sergius Orata oder Aurata war ein bekannter Lebemann, der seinen Beinamen entweder von den Goldforellen oder von zwei großen goldenen Ringen erhalten haben soll.

[48] Aulus Manlius Torquatus war Prätor 52. Cicero hat 45 an ihn die Briefe ad fam. 6,1–4 geschrieben, als Tor-

quatus nach der Besiegung des Pompeius in der Verbannung lebte.

49 N. Piso Frugi war ein Gegner des C. Gracchus, 133 Konsul, 120 Censor. Cicero rühmt ihn oft als einen Mann von großer Sittenstrenge.

50 Die Verse sind wahrscheinlich aus des römischen Tragödiendichters Accius bekanntem Stücke »Philoctetes«.

51 Wortlaut des Briefes bei Diog. Laert. 10,22. Wahrscheinlich war der Brief an mehrere Schüler des Epikur zugleich gerichtet.

52 Monat Gamelion: 2. Hälfte des Januar und 1. Hälfte des Februar.

53 Simonides aus Julis auf der Insel Keos, 559–469, war ein berühmter Dichter und soll die Gedächtniskunst erfunden haben.

54 Mit den Manlianischen Machtsprüchen, die sprichwörtlich waren, sind die des Titus Manlius Torquatus gemeint. Vgl. auch Livius 4,29,6 und 8,7,22.

55 Über das Epigramm des Sardanapal vgl. Cicero, Tuscul. 5,101

56 Diese Geschichte von Xerxes erzählt Herodot, 7, Kap. 21. Sie hat einen tiefen Sinn. Xerxes will damit die Unermeßlichkeit seiner Macht darlegen, bei der es ihm auch für einen kleinen Genuß ein leichtes war, große Mittel anzuwenden. – Der Honig vom Berge Hymettos östlich von Athen war im Altertum wegen seiner Güte so berühmt, wie er es noch heute ist.

57 Gemeint sind die Politik, die Beredsamkeit, das Recht.

58 Calatinus, für den jene Grabschrift verfaßt war, hatte um die Zeit des 1. Punischen Krieges einige Male das Konsulat innegehabt.

59 Siro soll der Lehrer Vergils gewesen sein; Philodemos aus Gadara in Koilesyria war ein epikureischer Philosoph und Dichter; einige seiner Werke hat man in Herculaneum gefunden.

DRITTES BUCH

1 Der junge Lucullus ist der Sohn des Buch 2, 107 erwähnten Lucullus; das hier genannte Landhaus hatte sein Vater mit großer Pracht erbaut. Zum Vormund seines Sohnes hatte Lucullus den Cato ernannt, zugleich aber ihn in seinem Testament auch der Fürsorge des Cicero empfohlen.

[2] M. Porcius Cato Uticensis ist Urenkel des alten M. Porcius Cato; geb. 95, Volkstribun 62, endete 46 in Utica unweit Karthago durch Selbstmord als Gegner Caesars, überzeugter und konsequenter Republikaner. Freund Ciceros, mit dem zusammen er 63 die Catilinarier unterdrückte.

[3] Quintus Scaepio war ein leiblicher Bruder des Cato.

[4] Zu den »ersten Geschenken der Natur« oder »ersten Naturtrieben« oder »ursprünglichen Naturgütern« vgl. Buch 2, Anm. 24.

[5] Es sind dies Aristippos, Hieronymos und Karneades.

[6] Damit sind gemeint Polemon, Kalliphon und Diodoros.

[7] Das war die Ansicht des Herillos.

[8] Das war die Ansicht des Pyrrhon und Ariston.

[9] Diogenes von Seleukeia am Tigris, vgl. zu Buch 1, Anm. 12.

[10] Am ausführlichsten behandelt diese Lehre der Stoiker Seneca, epist. 66,7 ff. und epist. 74,26 u. 27.

[11] Cato meint den M. Porcius Cato Censorius, geb. 234 in Tusculum, Konsul 195, berüchtigt als strenger Censor 184, gest. 149. Er war das Urbild altrömischer Virtus und reifer Altersweisheit, ist Hauptfigur von Ciceros Dialog »Cato, de senectute«, von ihm häufig »Sapiens« genannt. Zu seinen Verehrern zählte der jüngere Scipio. Er war Verfasser der »Origines«, einer altrömischen Geschichte.

[12] Was die theoretische Einstellung zum Ruhm (gloria) betrifft, so lassen sich bei Cicero zwei entgegengesetzte Strömungen feststellen. Die eine (z. B. De off. 2,31) baut das Streben nach Ruhm in die Ethik ein; die andere, die vor allem im Somnium Scipionis (vgl. auch De re publica 1,27) und an unserer Stelle zu Worte kommt, scheidet es aus. Es findet geradezu eine »Entartung der gloria zur eudoxia« statt. Für Cicero kommt die Resignation und der Verzicht auf den Ruhm nicht in erster Linie aus dem Erlebnis der Stoa und damit griechischer Geistigkeit, sondern sie ist nur ein Ausdruck jener Krise des Staates, die alle Bezirke des römischen Lebens erfaßte, eine Reaktion auf die eigene Unsicherheit der Lebensstimmung. – Vgl. dazu Günther B. Philipp: »Zur Problematik des römischen

Ruhmesgedankens«, in: Gymnasium, Bd. 62, 1955, Heft 1–
2, S. 66 f. und 77.
[13] Vgl. dazu Ernst Hoffmann, Leben und Tod in der stoischen Philosophie, Heidelberg 1946.
[14] Vgl. Tusculan. disput. 4,71 f.

VIERTES BUCH

[1] Unter dem dritten Konsulat des Pompeius, 52, wurde
gesetzlich bestimmt, daß ein Rechtsstreit an ein und demselben Tag von dem Kläger und dem Angeklagten zu
Ende geführt werden müsse. Der Kläger sollte zwei und
der Angeklagte drei Stunden sprechen dürfen.
[2] Speusippos war der Schwestersohn Platons und dessen
Nachfolger in der Akademie, Leiter dieser 347–339.
[3] Xenokrates aus Chalkedon an der Propontis ist Nachfolger des Speusippos in der Leitung der Akademie 339–
314.
[4] Circeji ist ein Landstädtchen an der nördlichen Küste
Latiums.
[5] Q. Aelius Tubero war Volkstribun vor 129, Stoiker von
übertriebener Schlichtheit, Schüler des Panaitios, jüngerer
Freund seines Onkels Scipio Africanus und des Laelius.
[6] Zenon stammte aus Citium, einer alten phönikischen
Stadt auf der Insel Cypern.
[7] Ennius behandelt nach dem Vorgang der Griechen ein
»Alcmaeo« benanntes Drama. Alkmaion war der Sohn des
Amphiaraos und der Eriphyle. Er rächte seinen Vater, der
in den Krieg gezogen und gefallen war, an seiner Mutter,
weil sie ihn verraten hatte, tötete sie, verfiel aber wegen
dieser Freveltat in Raserei.
[8] Phalaris war der wegen seiner Grausamkeit bekannte
Tyrann von Agrigent auf Sizilien (565–549).
[9] Drusus leistete als Volkstribun den Anträgen des C. Sem-
pronius Gracchus 133 wegen der Ackerverteilung Widerstand und wurde deshalb »Schutzherr des Senats« genannt.
[10] Accius, geb. 172, war ein römischer Tragödiendichter,
dessen Stücke teils Übersetzungen, teils freie Bearbeitungen griechischer Originale sind. In Buch 2, 94 sind Bruchstücke aus seinem Philoktet erwähnt.

[11] M. Pupius Piso Frugi Calpurnianus: Konsul 61, stark philosophisch interessiert, Anhänger des Antiochos von Askalon, von Jugend auf ein Freund Ciceros. Piso ist im 5. Buch einer der Hauptgesprächspartner.

[12] Vgl. Ciceros Rede »Pro L. Murena« 29,30.

[13] Dikaiarchos aus dem sizilischen Messene (Messina), Peripatetiker, Schüler des Aristoteles, lebte offenbar in Sparta. Er war philosophischer Materialist und Praktiker im Gegensatz zu dem Dynamiker und Theoretiker Theophrast.

FÜNFTES BUCH

[1] Über Piso vgl. Buch 4, Anm. 11.

[2] Von dem Gymnasium, das nach seinem Erbauer Ptolomaios Philadelphos genannt war, sind keine Spuren erhalten. Desgleichen nicht von der Akademie.

[3] Quintus Tullius Cicero, ca. 102–43, ist der jüngere Bruder Ciceros, Prätor 62, Statthalter der Provinz Asia 61–58, Legat des Pompeius in Sardinien, des Caesar in Gallien, des Cicero in Kilikien, im Bürgerkrieg auf des Pompeius Seite. Er wurde 43 wie sein Bruder als Gegner des Antonius getötet. Quintus war Dichter und Publizist, er stand seinem Bruder Marcus bewundernd und beratend nahe, begleitete ihn schon 79–77 auf der Studienreise nach Griechenland und Kleinasien.

[4] Titus Pomponius Atticus ist der intime Freund Ciceros, vgl. Buch 1, Anm. 32.

[5] Lucius Cicero war der Sohn eines Oheims (väterlicherseits) unseres Cicero. Dieser Vetter war dem Cicero bei der Sammlung der Anklagepunkte gegen Verres in Sizilien behilflich gewesen, ist aber schon im Jahr darauf gestorben. Cicero nennt ihn in seinen Briefen an Atticus einen vortrefflichen Mann und aufrichtigen Freund.

[6] Die Akademie, genannt nach einem Heiligtum des altattischen Heros Akademos, lag am Kolonos Hippios nordwestlich von der Stadt Athen. Auf dem Weg nach Eleusis sieht man 5 km vom Heiligen Tor entfernt nach Überquerung des Kephissosflusses Reste eines alten Ölwaldes; hier lag einst die Akademie Platons. – Vgl. Kirsten-Kraiker, Griechenlandkunde, S. 85 u. 102.

[7] Das Dipylon war ein verschließbares Doppeltor beim Heiligen Tor. Durch das Dipylon ging der Verkehr von der Stadt in Richtung Eleusis. Vor dem Tor begann der antike Friedhof mit den prächtigen Grabdenkmälern. Vgl. Kirsten-Kraiker a.a.O. S. 74 f.

[8] Das lateinische Wort sessio gibt hier das griechische Exedra wieder. Es war dies ein mit Sitzen umgebener Platz oder ein mit Sitzen versehener bedeckter Gang vor dem Hause, in dessen Mitte der Philosoph Platz zu nehmen pflegte. Vgl. Vitruvius 5, Kap. 11: »Man errichtet in den Säulenhallen Plätze (exedrae), welche Sitze haben, auf denen Philosophen, Rhetoren usw. sitzend zu disputieren pflegen«. Beispiele solcher halbrunder, mit Sitzen versehener Nischen in oder in der Nähe von Säulenhallen sind uns z. B. in Delphi erhalten. – Vgl. Kirsten-Kraiker, Griechenlandkunde, S. 164 f.

[9] In dem Versammlungshaus, das nach Tullus Hostilius Curia Hostilia genannt wird, versammelte sich der Senat. Es wurde etwa 2 Jahre vor der Zeit dieses Gesprächs durch Sulla umgebaut und erweitert. Wenn es dem Cicero dennoch kleiner vorkommt, so ist dies eine Anspielung auf die größeren Männer, die in der alten Curia gewaltet haben.

[10] Kolonos Hippios, einst Hügel im Nordwesten vor der Stadt Athen, heute ein Stadtteil, siehe oben Anm. 6. Dort war Sophokles geboren, der ja im »Oidipus auf Kolonos« seinen Geburtsort verherrlicht.

[11] Pomponius Atticus war ein Anhänger des Epikur; Phaidros lehrte damals die Philosophie des Epikur in Athen.

[12] Metapont ist eine Stadt in der Landschaft Lucania in Süditalien.

[13] Exedra, vgl. oben Anm. 8

[14] Demosthenes, der Gegner des Königs Philipp von Makedonien, und Aischines, der Führer der Partei des Philipp in Athen.

[15] Phaleron: an der Reede von Phaleron ist der älteste und östlichste der Häfen Athens.

[16] Vgl. dieses Gespräch (Erinnerungen an große Männer, geweckt durch Örtlichkeiten) mit der Einführung von De legibus 1,1 u. 2.

[17] Krantor aus Soloi in Kilikien, Akademiker, Hörer Platons, hat unter Polemon gewirkt; seine Trostschrift »Über

das Leid« ist von großer Bedeutung für das Altertum gewesen. Vgl. Cicero, Academica 2, cp. 44 und Tuscul. disput. 1,115.

[18] Staseas aus Neapel, Peripatetiker, verweilte längere Zeit in Rom und war mit M. Piso und Cicero befreundet. Vgl. De orat. 1,22.

[19] Aristos, Bruder des Philosophen Antiochos, wohl Freund des Brutus, ebenfalls Lehrer der Philosophie in Athen.

[20] Straton aus Lampsakos war (287–ca. 270) Nachfolger des Theophrast in der Leitung des Peripatos. Er war vor allem ein Physiker hohen Ranges, und die rein physikalische Erklärung der Phänomene wurde ihm ein wichtiger Inhalt der Philosophie; sie war aber keineswegs rein mechanistisch, vielmehr versuchte er eine Vereinigung aristotelischer und demokriteischer Naturdeutung. »Alle göttliche Kraft«, hat er gelehrt, »liegt in der Natur, die die Ursachen des Zeugens, Vermehrens und Verminderns in sich hat, freilich jeden Bewußtseins und (göttlicher) Gestalt entbehrt.« (De nat. deor. 1,35).

[21] Ariston aus Iulis auf der Insel Keos, nicht zu verwechseln mit dem Stoiker Ariston aus Chios, ist Peripatetiker, Schüler und (um 226) Nachfolger des Lykon in der Leitung des Peripatos.

[22] Kritolaos aus Phaselis in Lydien, Peripatetiker und Nachfolger des Ariston von Keos, kam 155 v. Chr. mit dem Akademiker Karneades und dem Stoiker Diogenes in der berühmten athenischen Gesandtschaft nach Rom, um im Senate um Erlassung einer Geldstrafe zu bitten. In Rom widmete er sich mit großem Erfolg der Redekunst und starb in hohem Alter. Alle seine Schriften sind verlorengegangen.

[23] Zur Lehre des Kalliphon und Dinomachos vgl. noch Tusc. 5,85 und De off. 3,119 sowie Clemens Alex., Stromat. 2, p. 497 f.

[24] Damit ist die Lust gemeint.

[25] Vgl. Max Pohlenz, Die Stoa, Bd. I, S. 251 zu der Stelle.

[26] Diese Stelle sowie der folgende Vers sind Worte des Menedemus in dem Drama »Der Selbstpeiniger« des Terenz.

[27] Verse aus dem »Alcmaeon« des Ennius.

[28] Verse aus dem »Philoctetes« des Accius.

[29] Zu dem folgenden Abschnitt Buch 5, 34–71 vgl. Cicero, De legibus 1, 22–27 und 58–62; De fin. 2,33. 45–47; 3, 20–21 und 62–66; 4, 16–18; Tuscul. Disput. 5, 37–39; De off. 1, 11–14.

[30] Odyssee XII, 184 ff.

[31] Der berühmte Mathematiker Archimedes wurde bei der Eroberung von Syrakus durch Metellus 212 von einem römischen Soldaten getötet, dem er verbot, auf seine Figuren im Sande zu treten.

[32] Aristoxenos aus Tarent, Peripatetiker, Schüler des Aristoteles, hat ein Werk »Über die Elemente der Harmonie« geschrieben. Er suchte das Studium der Musik mit dem der Philosophie zu verbinden. Er war auch, zugleich mit Dikaiarchos, der Schöpfer der Biographie als der Lebensbeschreibung einer einzelnen Persönlichkeit.

[33] Damit ist nicht der berühmte Komödiendichter gemeint, sondern Aristophanes aus Byzanz, um 220, ein berühmter Grammatiker, der unter Ptolemaios Philometor Vorsteher der Bibliothek in Alexandria war. Er betrieb Kritik und Erklärung der alten Dichter.

[34] Demetrios von Phaleron war ein Zögling des Philosophen Theophrast. Von 317–307 war er Oberbefehlshaber in Athen; dann wurde er vertrieben und ging nach Alexandria. Seine zahlreichen Schriften über Geschichte und Philosophie sind verlorengegangen.

[35] Cn. Auphidius war 120 Prätor, schrieb eine römische Geschichte in griechischer Sprache.

[36] Endymion war ein von Jupiter in den Himmel erhobener Hirte. Weil er aber Juno liebte, wurde er daraus wieder verstoßen. Luna liebte ihn und verbarg ihn in einer Grotte auf dem Berge Latmos in Karien. Er schlief dort ein und wachte nicht wieder auf.

[37] Platons Worte, die Cicero ganz wörtlich wiedergibt, stehen Gesetze 2, p. 653. – Vgl. zu der Stelle bei Cicero auch Fr. Klingner, Römische Geisteswelt, München 1956, S. 139.

[38] Q. Numitorius Pullus war der vornehmste Bürger in Fregellae, einer Stadt der Volsker. Er verriet dem Prätor Lucius Opinius eine Verschwörung seiner Landsleute in Fregellae gegen Rom, worauf diese Stadt von den Römern zerstört wurde.

[39] Kodros, der letzte König von Athen, rettete sein Land im Krieg gegen die Dorer durch freiwilligen Tod.

[40] Die Töchter des attischen Königs Erechtheus opferten sich freiwillig für ihr Vaterland in einem Krieg gegen Eleusis, deshalb wurden ihnen göttliche Ehrungen zuteil.

[41] Publius Cornelius Scipio Nasica wurde 204 als der beste Mann im Verein mit vornehmen Frauen Roms beauftragt, die Heiligtümer der Kybele, der Mutter der Götter, die aus Phrygien nach Rom gebracht wurden, in Empfang zu nehmen.

[42] Der Konsul Fabricius schickte dem Pyrrhus, König von Epirus, einem der gefährlichsten Feinde Roms, einen vom Leibarzte des Königs erhaltenen Brief zu, worin dieser sich erboten hatte, den König gegen eine Belohnung zu vergiften.

[43] Gemeint sind Lucretia und Virginius, vgl. Buch 2, 66.

[44] Dieser Wettlauf, teils zu Fuß am Tiberufer, teils auf Fahrzeugen auf dem Fluß, fand jährlich am Feste der Fortuna, am 25. August, statt.

[45] Ich folge hier der Auslegung von Jules Martha: Cicéron, Des termes extrêmes des biens et des maux, tome II, p. 160.

[46] Phalaris war der wegen seiner Grausamkeit berüchtigte Tyrann von Agrigent, gestürzt 554. In dem hohlen bronzenen Stier wurden angeblich Gefangene geröstet, ihr Geschrei ahmte das Brüllen des Stieres nach.

[47] Echekrates aus Phlius in der Argolis war einer der letzten Pythagoreer, der nach den Verfolgungen seiner Schule in Süditalien über Rhegion nach Phlius gekommen war. Der Umstand, daß Phaidon dem Echekrates in Platons Dialog »Phaidon« die letzten Gespräche und den Tod des Sokrates mitteilt, läßt wohl auf eine nähere Verbindung mit Echekrates deuten, der auch zu Lokroi in Italien dessen Unterricht genossen haben soll.

[48] Dionysios von Herakleia in Unteritalien war ein Anhänger Zenons, trat aber später zu den Kyrenaikern über. Hier werden Augenschmerzen als Grund dafür angegeben. Wenn Cicero in den Tusculanischen Gesprächen (2,60) Nierenschmerzen als Grund angibt, so tut das wenig zur Sache, denn Cicero folgte in solchen Anekdoten verschiedenen Traditionen.

LITERATURVERZEICHNIS

Zu Cicero

Realenzyklopädie der klassischen Altertumswissenschaften, 2. Reihe, Bd. VII, Spalte 827 ff., Artikel: Tullius, M. Tullius Cicero von Matthias Gelzer, Wilhelm Kroll, Robert Philippson, Karl Büchner.

K. Büchner, Römische Literaturgeschichte, Stuttgart (Kröner) 1957, S. 181 ff.

K. Büchner, Cicero, Grundzüge seines Wesens, in: Gymnasium, Bd. 62, 1955, S. 299 ff.

Fr. Gundolf, Caesar, Geschichte seines Ruhms, Berlin 1925.

R. Harder, Die Einbürgerung der Philosophie in Rom, in: Antike 5, 1929, S. 291 ff.

R. Heinze, Ciceros politische Anfänge, in: Vom Geist des Römertums, hgg. von E. Burck, Leipzig 1939, S. 59 ff.

U. Kahrstedt, Geschichte des griechisch-römischen Altertums, Müchen 1952.

Fr. Klingner, Römische Geisteswelt, München 1956.

U. Knoche, Die geistige Vorbereitung der augusteischen Epoche durch Cicero, in: Das neue Bild der Antike, Bd. 2, Leipzig 1942, S. 200 ff.

W. Kroll, Die Kultur der ciceronischen Zeit, 2 Bde., Leipzig 1933.

V. Pöschl, Römischer Staat und griechisches Staatsdenken bei Cicero, Berlin 1936.

M. Maffii, Cicero und seine Zeit, aus dem Italienischen übertragen von Anton Zahorsky, Zürich 1943.

R. Reitzenstein, Das Römische in Cicero und Horaz, in: Neue Wege zur Antike, Bd. 2, Leipzig 1925.

M. Schäfer, Cicero und der Prinzipat des Augustus, in: Gymnasium, Bd. 64, 1957, 310 ff.

H. K. Schulte, Orator. Untersuchungen über das ciceronische Bildungsideal, Frankfurter Studien zur Religion und Kultur der Antike, Bd. 11, 1935.

O. Seel, Vox humana. Ein Lesebuch aus Cicero, Stuttgart 1949.

O. Seel, Cicero. Wort, Staat, Welt, Stuttgart 1953.

Th. Zielinski, Cicero im Wandel der Jahrhunderte, Leipzig 1929, 4. Auflage.

Zu »De finibus«

R. Hirzel, Untersuchungen zu Ciceros philosophischen Schriften I–III, Leipzig 1877–1883, hier Bd. II.

A. Lörcher, Das Fremde und das Eigene in Ciceros Büchern De finibus bonorum et malorum und den Academica, Diss. Halle 1911.

A. Lüder, Die philosophische Persönlichkeit des Antiochos von Askalon, Göttingen 1940.

M. Pohlenz, Grundfragen der stoischen Philosophie, Abh. Gött. Ges., phil.-hist. Kl., 3, Folge 26 (1940), S. 47–81.

Zur Philosophie

P. Barth und A. Goedeckemeyer, Die Stoa, Stuttgart 1946.

W. Kranz, Die griechische Phihosophie, Sammlung Dieterich Bd. 88.

F. Pfister, Einführung in die Philosophie des Altertums, Würzburg 1948.

M. Pohlenz, Die Stoa. Geschichte einer geistigen Bewegung. Bd. 1, Göttingen 1948, Bd. 2 Erläuterungen, Göttingen 1955.

M. Pohlenz, Gestalten aus Hellas, München 1950 (Epikur, Panaitios, Poseidonios).